芝加哥价格理论

CHICAGO PRICE THEORY

[美] 索尼亚·贾菲　罗伯特·明顿
凯西·B. 马里根　凯文·M. 墨菲　著
李一杭　戴玉雯　李洋　周琼　译

Sonia Jaffe, Robert Minton,
Casey B. Mulligan, and Kevin M. Murphy

东方出版中心

图书在版编目(CIP)数据

芝加哥价格理论 / ( ) 索尼亚 · 贾菲等著；李一杭等译. —上海：东方出版中心，2021.8
ISBN 978-7-5473-1826-3

Ⅰ. ①芝… Ⅱ. ①索… ②李… Ⅲ. ①微观经济学–高等学校–教材 Ⅳ. ①F016

中国版本图书馆 CIP 数据核字（2021）第 118013 号

上海市版权局著作权合同登记：图字 09-2021-0254 号

芝加哥价格理论

著　　者　索尼亚 · 贾菲 等
责任编辑　刘　鑫
装帧设计　Lika

出版发行　东方出版中心
地　　址　上海市仙霞路345号
邮政编码　200336
电　　话　021-62417400
印 刷 者　上海盛通时代印刷有限公司

开　　本　700mm×1000mm　1/16
印　　张　15
字　　数　225千字
版　　次　2021年8月第1版
印　　次　2021年8月第1次印刷
定　　价　75.00元

献给加里·贝克尔（Gary Becker）

目录

致谢 / ix

芝加哥价格理论：序章 / 1

芝加哥学派传统 / 1
价格理论不同于微观经济学 / 2
用芝加哥价格理论学习经济学 / 4
例子：乙醇燃料补贴 / 6
例子：后天比较优势 / 13
课程大纲 / 16

第一部分：价格和替代效应

第1章
效用最大化和需求 / 21

效用最大化 / 21
需求理论 / 25

第2章
成本最小化与需求函数 / 30

成本函数 / 30
希克斯广义需求原理 / 34
无差异曲线与需求系统之间的关系 / 35
希克斯需求函数的性质 / 36

第 3 章

关于马歇尔系统和希克斯系统 / 39

斯勒茨基方程 / 39

马歇尔系统的加和与对称性 / 42

需求系统的自由度 / 44

价格变动的收入效应 / 45

第 4 章

价格指数：消费者理论指导度量方法 / 49

支出增长的拉氏分解和派氏分解 / 49

环比价格指数 / 52

用成本函数评估质量变化 / 57

第 5 章

消费者理论的深入 / 60

买方的无差异曲线 / 60

消费者误导信息和“可说服性”是消费者理论的一种预测 / 62

第 6 章

长期需求和短期需求以及成瘾案例 / 63

一个例子：汽车和汽油的需求 / 63

短期需求曲线与需求系统的关联 / 65

从消费存量的角度来理解成瘾 / 67

成瘾行为的短期和长期价格效应 / 69

第一部分习题：

价格和替代效应 / 73

第二部分：市场均衡

第 7 章
离散选择与产品质量 / 79
市场需求是一个分布函数 / 79
均衡产品质量 / 82
异质性的厂商 / 87
异质性的厂商和消费者 / 91
第 8 章
选址问题：
均衡补偿差异简介 / 94
租金梯度模型的性质 / 96
第 9 章
干中学和在职投资 / 101
从雇主管理的培训方案中获得的人力资本 / 101
干中学 / 102
人力资本的类型 / 104
第 10 章
生产、利润和要素需求 / 106
比较优势及生产可能性前沿 / 106
生产函数 / 109
利润最大化 / 110
成本最小化 / 113
厂商的斯勒茨基方程 / 115
双要素生产函数 / 116
替代效应和规模效应对要素需求的影响 / 121
后天比较优势 / 122

第 11 章
行业模型 / 126
行业模型的性质 / 126
从供需角度看待行业行为 / 128
行业模型的四个构成要素 / 131
行业弹性和劳动力需求 / 132
劳动力和资本是互补品还是替代品? / 133
第 12 章
禁令的影响 / 135
管制药品的销售收入 / 135
合法化乘数 / 137
敷衍的禁令成本最为高昂 / 137
第 13 章
基于价格理论的核心论 / 140
交易的收益：买卖双方的无差异曲线 / 140
独家交易、数量折扣和偏离马歇尔需求函数的其他市场结果 / 142
第 14 章
多要素行业模型 / 145
行业模型回顾 / 145
多要素行业模型的性质 / 146
分析生产 / 148
内生要素价格 / 149
第二部分习题：
市场均衡 / 150

第三部分：技术进步和耐用品市场

第 15 章

耐用品的生产要素 / 155

要素价格和数量的存量及流量 / 155

资本品的使用和投资市场 / 157

四个均衡条件 / 157

稳态 / 159

稳态扰动 / 159

第 16 章

连续时间下的资本积累 / 166

稳态扰动（续）/ 166

连续时间下的四个均衡条件 / 168

第 17 章

从规划角度看投资 / 171

适用于净投资的调整成本 / 173

内生化利率：新古典主义增长模型 / 175

第 18 章

生产要素供给与需求应用 1：

技术进步与资本所得税的分配问题 / 179

劳动生产率的定义 / 179

在互补性存在下对经济增长的解释 / 180

无偏向的技术变革的结果 / 181

资本所得税的分配问题 / 183

资本供给在长期有弹性的原因 / 185
企业所得税的分配问题 / 186

第 19 章
生产要素供给与需求应用 2：
有生产要素偏向的技术进步、生产要素份额和马尔萨斯经济 / 188

技术偏向的定义 / 188
劳动力份额与经济增长的联系 / 190
马尔萨斯特例 / 194
劳动力也得利于资本偏向的技术变革 / 194
增加人力资本 / 196

第 20 章
健康投资和生命统计值 / 198

自我保护方面的投资 / 199
生命统计值 / 203

第三部分习题：
技术进步和耐用品市场 / 206

参考文献 / 210
索引 / 213

致谢

除了我们之前提到的加里·贝克尔，我们还要感谢：芝加哥大学的罗伯特·卢卡斯（Robert Lucas）、舍温·罗森（Sherwin Rosen）、乔斯·沙因克曼（Jose Scheinkman）和罗伯特·托佩尔（Robert Topel）；加利福尼亚大学洛杉矶分校的阿芒·阿尔奇安（Armen Alchian）、本·克莱因（Ben Klein）、迈克·沃德（Mike Ward）和菲尼斯·韦尔奇（Finis Welch）；哈佛大学的罗伯特·巴罗（Robert Barro）、爱德华·格莱泽（Edward Glaeser）和亨德里克·霍撒克（Hendrick Houthakker），他们向我们教授了许多价格理论的知识，无论课堂内外。我们也感谢马尔格温（MarrGwen）和斯图尔特·汤森（Stuart Townsend）发起并支持了该项目。

同时我们还要感谢"价格理论"这门课的许多学生们，我们从他们那里学到了很多东西，是他们的兴趣和热情促使我们写了这本教材，这样他们未来也可以更轻松地教授和传播价格理论的方法和技巧。这本教材和相关教学视频中的例子，源于 2015、2016 和 2017 年进修这门课程的芝加哥大学研究生们在课堂上的提问。

我们还收到了多拉·科斯塔（Dora Costa）、迈克尔·迪纳斯坦（Michael Dinerstein）、乔·杰克逊（Joe Jackson）、马修·卡恩（Matthew Kahn）、戴维·德·梅萨（David de Meza）、金采额（音译，Ging Cee

Ng）、埃米莉·奥斯特（Emily Oster）、托马斯·菲利普森（Tomas Philipson）、约纳·鲁宾斯坦（Yona Rubinstein）、杰西·夏皮罗（Jesse Shapiro）、彼得罗·泰巴尔迪（Pietro Tebaldi），以及经济顾问委员会（Council of Economic Advisers）的经济学家们和匿名审稿人有关初稿的宝贵意见与鼓励。

我们同时感谢丹尼尔·查维斯（Daniel Chavez）和弗吉尼娅·博瓦（Virginia Bova）在这份手稿的编译和编辑中提供的协助。

芝加哥价格理论

芝加哥价格理论

——序章——

芝加哥学派传统

长久以来，芝加哥学派传统都将经济学作为一门度量、解释和预测人类行为的经验学科。价格理论则是在多年以来为形成解释和预测以及指引度量，而形成的一套分析工具。

按照芝加哥大学"经济学 301"课程的传统，本课程的目标是帮助你掌握这一套工具，以便你运用它们来回答实际问题。在芝加哥大学学习价格理论，是"沉浸于模型中，令这些模型成为我们工作的直觉，以至于它们通过结合新的实证调查，能为市场组织和政府政策的评估打开一扇新大门的过程"。①

因为芝加哥学派的价格理论一直与实际问题相联系，这门课程和雅各布·瓦伊纳（Jacob Viner）大约 90 年前（Viner 1930/2013）在芝加哥教授的课程有某种惊人的相似性。这一传统很大程度上借鉴了阿尔弗雷德·马歇尔（1890）的方法：在一个行业、地区或特定人口群体的总量的基础上研究人类

---

① 引用自 Ross B. Emmett（2010，p.2）在其关于"芝加哥经济学派"的书中的序章。

的行为。市场分析对价格理论至关重要，因为经验表明，在市场存在的情况下，每个人的行为都与他孤立一人生活时大不相同。这样看的话，我们用“价格”这一基本的市场现象来命名这套理论，也并非偶然。

价格理论并不主要考虑个人行为；仅当有助于研究总量时，才需要能呈现个体特征的模型。但这些并不是说定价只考虑平均数据和具有代表性的群体。的确，市场改变人类活动的一个主要原因是，市场促进了人类之间的先天差异的扩大。异质性也可能会很重要，正如我们从后文的比较优势的例子所看到的一样，市场可以通过对专业化的回报而扩大异质性。

2 不过，价格理论并非一成不变。加里·贝克尔教授“经济学 301”多年，并在本书的视频系列中做过几次讲座。他提出了人力资本分析理论，并扩展了价格理论，以应对歧视、犯罪、家庭和其他“非经济”行为。贝克尔和墨菲更新了互补品这一部分，并用它来研究成瘾、广告和社会互动（Becker 1957，1968，1993；Becker and Murphy 1988，1993，2003）。最重要的是，今天的人们和企业所处的环境与瓦伊纳所在的时代已然不同了——农业就业的减少、预期寿命的延长和信息技术的兴起都证明了这一点。

价格理论不同于微观经济学

虽然价格理论曾经被等同于策略行为，比如在卖方数量很少的市场中卖家之间的互动（Weyl 2018），芝加哥价格理论的概论课程并没有强调这一点，而是在更多的篇幅中强调了竞争（在这里我们把竞争定义为买卖双方均为价格的接受者，而边际进入者赚取零利润的情形）。这是因为竞争在大多数情况下都是一种对大多数市场的合理描述（Pashigian and Self 2007）。此外竞争模型的框架也足够简单，能为我们驾驭攸关实际问题的口味和科技的其他方面——比如产品质量、习惯养成、社会交互、耐用生产投入和互补品——腾出空间。在涉及价格设置行为的情况下，我们会使用垄断模型（Friedman 1966，34-35；Stigler 1972；Demsetz 1993，799）。一般情况下，价格理论在任意实际应用中，都对把“重要”这一头衔给予变量相当谨慎。

在强调市场和竞争方面，价格理论不同于微观经济学。虽然两者通常都以消费者或家庭为出发点，但价格理论强调消费者对价格的反应，很多时候不考虑效用，甚至不考虑“理性”；而微观经济学则致力于为效用函数和个人需求 3
函数奠定公理基础。价格理论随后则很快就致力于应对市场均衡，处理如补偿差异、税收分配和价格控制这样的相关主题。

微观经济学更多地使用博弈论，博弈论在一定程度上更强调理性和个体最优化。价格理论和博弈论都将行为当成一种均衡来建立模型，但后者通常关注小规模个体之间的相互作用，并努力为每个个体做出独立的预测。市场的其余部分被视为一个常数。

典型的价格竞拍模型（Klemperer 2004）就是博弈论方法的一个例子。在这一模型下，一定固定数量的商品在拍卖会上出售，产品是怎么生产的，或者如果产品在拍卖会上没有卖出的话又该怎么被使用，则不被考虑。在该模型下，买家数量固定。模型则预测了每个买家如何各自就待售商品进行投标。对为什么有两个而非其他数量的买家的理解，或者是什么决定了卖家的保留价格，则被看作是一个高级课题。而价格理论的重心则放在竞争市场均衡上。基础价格理论关注的不是投标价格，而是最终的交易价格以及总生产和总销售数量，它们和各种成本的关系，以及商品在消费者需求系统中所处的位置。

市场均衡理论认为，政策、技术变化和其他事件的最重要影响不一定发生在该事件直接作用的市场上。下面将讨论一个乙醇燃料补贴的例子，其特点是补贴只作用于燃料市场，玉米总产量中只有一小部分用于生产燃料，但燃料需求对价格更为敏感。动物饲料市场没有补贴，但玉米种植户出售动物饲料的机会成本与受到补贴的燃料市场相关。他们从补贴中获得的很大部分收益都来自动物饲料均衡价格的提高。

现实生活包括一些策略交互的情况，在这种情况下，小规模游戏中的玩家知道在一个更大的市场中存在着其他外部选择权。我们可以同时对策略和市场价格建模。原则上，拍卖模型中具有可以反映拍卖之外经济活动的内生生产、投入和保留值。但是，经济学或其他任何领域的理论的要点是把重点放在重要的变量上，而让其他变量靠边站。如上所述，众多市场中存在数不清的买家和卖家，并且在考虑特定买家或卖家的策略细节之前，都存在互补品、税收、习惯和其他需要注意的变量。这些就是需要价格理论的情形。

4 乙醇燃料补贴的例子也说明了价格理论是如何指导度量的。在对市场随时间推移的实证研究或对不同国家或行业的比较研究中，我们必须考虑如何总结每个观测值背后看似复杂的现实。价格理论表明，不同度量方法是否合适与眼前的问题息息相关。

把实际问题放在市场环境中会改变这一答案。受过训练的经济学家一般都知道，市场分析是税收的经济归宿不同于纳税的法律责任的原因。但如果没有价格理论，经济学训练在市场分析方面的实际应用就会太少，并导致在政策调查中过快地假定企业所得税主要损害企业，或劳动所得税抵免主要使工人受益。

用芝加哥价格理论学习经济学

研究生的微观经济学课本，在博弈论上花的篇幅往往比在竞争均衡上更多，并且它们的一部分竞争分析致力于证明均衡在数学上是存在的。对价格理论家来说，这一套工具的数学基础以及可能抽象的一般化是令专家觉得有趣的课题，但一般的经济学教育则需要知道这些工具在过去是如何被成功应用的，并且需要把它们轻松用于应对我们遇到的下一个问题。学习一门数理经济学课程不会让你因此而精通价格理论，价格理论技能是通过实践应用这一套工具而获得的。

虽然许多经济学课程可以帮助你掌握模型，然后将对模型的应用作为一个进阶课题来对待，但是价格理论立足于让学生参与的实际应用。本书和视频系列（可获取于 https://press.princeton.edu/titles/30205.html 或 ChicagoPriceTheory.com）提供了三到四种实践应用的方法。首先，书和视频都包含了整章整章的例子，比如成瘾商品、城市房地产定价、干中学、禁令的影响、生命统计值以及职业选择。这些章节都是由重要研究论文提出的价格理论应用实例，它们有时还催生出一个包含全新的、反直觉结果的研究领域。

在芝加哥大学，无论是学生还是老师都在过去的几年里通过致力于习题而 5
在价格理论方面进步卓越。如果你想要一个能够助你驾驭价格理论的方法，那就是——练习。知道在学习市场的过程中有哪些可用的工具，通过反复练习注意到每个工具最适用于哪些类别的问题，从而提供与观测相符的带有预测性的简单分析。

芝加哥价格理论的习题并没有与特定的课程联系在一起，因为要在实际的应用上得心应手，不可或缺的就是知道针对特定实际问题，到底哪个价格理论工具最适用。因此，本书只在每个部分的最后才会提供若干习题。视频系列则包括了墨菲教授针对学生提出的有关当前市场事件的问题的十几个即兴回答。

贝克尔和墨菲的课程往往特别侧重于解决应用型问题。指导教师和高水平的研究生用了相当多的时间致力于拟定和帮助学生解答习题。本书初稿和视频正在被芝加哥大学用来进一步“翻转”价格理论课堂，以期使学生与墨菲教授之间的互动更多用于解决应用型问题。① 即使不在芝加哥大学任教的价格理论讲师，也有机会在课堂之外通过本书和本书的视频系列重新安排自己的时间——把重心从课程教授上，转移到开发和讨论具有挑战性的相关习题。

另一种练习应用的方法是在开始课程之前就做一些作业，之后再回过头温习它们。在最后，你将对自己思维的转变幅度感到惊讶！以下六个问题就是很好的例子：

1. 相比起正式教育，在职过程中的“干中学”会更加便宜吗？（参见第9章）

2. 禁止大麻销售和对大麻销售征收重税的区别是什么？（参见第12章）

---

① “翻转课堂”是指学生在家接触背景资料或一般方法（通过课本或视频课程），并利用和老师一起的时间练习应用这些方法。

6 3. 很多制造商对机器和人工劳动的使用比例是固定的。这是不是意味着工资率对生产中使用的劳动量几乎没有影响?(参见第 7 章)

4. 电子书的普及会减少纸质书的销售吗?(参见第 11 章)

5. 当房价高于它们的长期价值并且在不断升高，这是不是意味着房子的买家和卖家对未来房价有着不切实际的期望?(参见第 15 章)

6. 联邦政府对农业的 10 亿补贴是不是意味着农业收入的增加会超过 10 亿?(本章)

你在致力于习题和应用章节的同时，你也在练习识别和应用价格理论的工具。但这些工具只是达到目的，即理解人类行为的一种手段。因此，价格理论中大多数习题和应用章节都是关于人类行为的现实问题。在各国中央银行、亚马逊这样的大公司以及像美国食品和药物管理局这样的监管机构中的专业经济学家，每天都在跟这类问题打交道。

因为价格理论很实用，所以该理论被应用到大量的实际问题当中。因此，价格理论的每个实践者都积累了丰富的经验，并在随后的应用中获得了回报。人们不断认识到新问题与已经解决的问题之间的关系。也许这就是价格理论有时被称为“凭借直觉”的原因。①

例子：乙醇燃料补贴

一个市场“乘数”

联邦政府一直通过各种税收减免、补贴、担保等方式支持乙醇燃料的生产。当美国政府开始补贴乙醇燃料时，用于种植玉米（美国乙醇生产的主要

① 如果有人说“直觉”是数学严谨的反义词，我们不同意。这本书在数学上是严谨的，因为它的结果是从完全明确的假设中推导出来的。诚然，本书中的许多演绎法结果都是在计算机上执行的，而计算机无法填补遗漏的隐含假设（其中许多假设的符号化计算表示可见于 http://examples.economicreasoning.com/）。但是这门课程强调的是对应用的实践——知道什么工具可用以及什么时候使用哪种工具——而非对推导的实践。

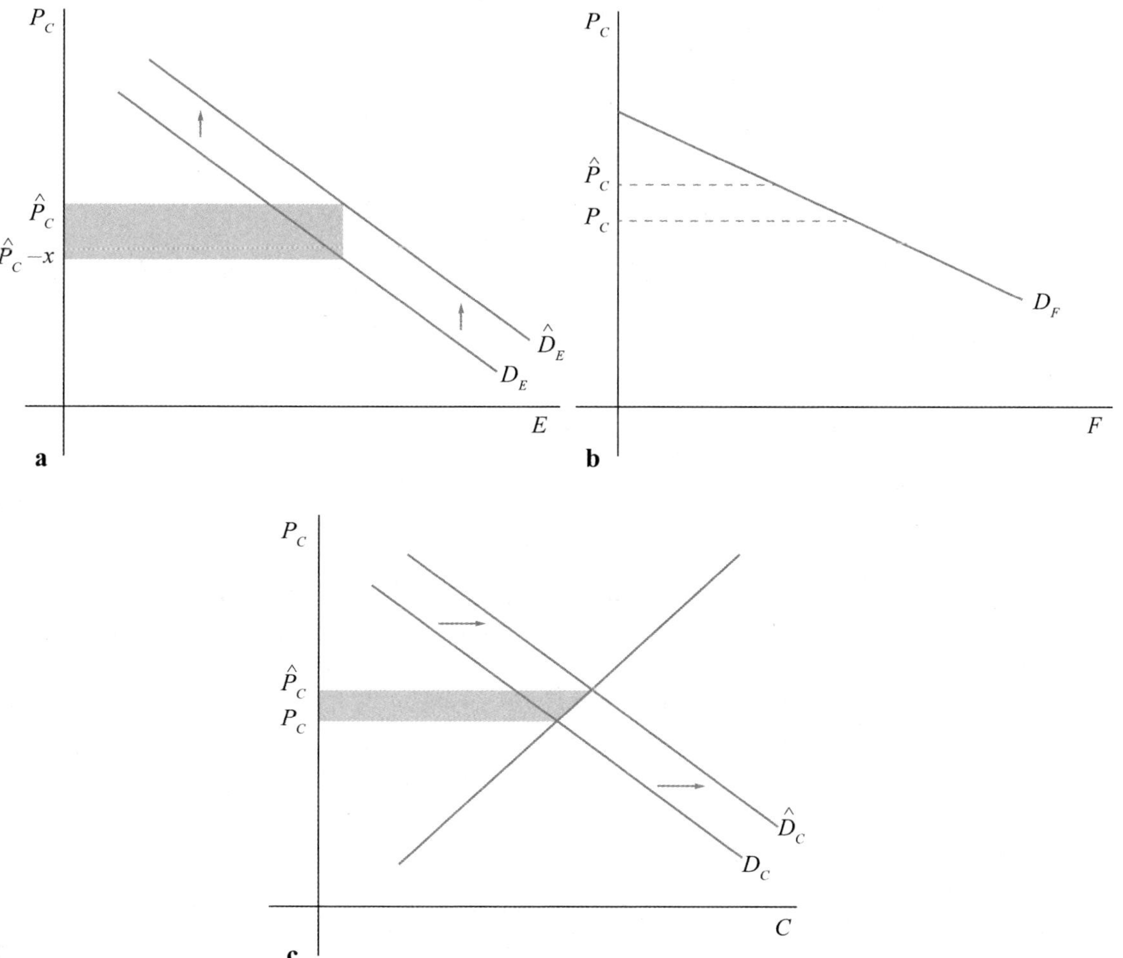

图 I-1a、I-1b 和 I-1c：农民在乙醇补贴中获得的收益会比政府支出的数目多吗？

原料）的土地价格就上涨，无论那片土地上种植的玉米是否最终会成为燃料。

鉴于美国的乙醇主要是用玉米生产的，那么联邦财政部在玉米补贴上每投入 10 亿美元，玉米种植户能从中获益超过 10 亿美元吗？换句话说，让我们用价格理论来检验乙醇燃料补贴的归宿。

以一个简单的模型为例，其中 C 代表玉米，用于制造乙醇燃料 E，或者动物饲料 F。我们将考虑需求曲线 D_E、D_F 和 D_C，分别如图 I-1a、I-1b 和 I-1c 所示；玉米的市场需求曲线 D_C 是通过乙醇和动物饲料的需求曲线相加得到的。对 7

用于乙醇的每单位玉米的补贴 x，将导致每单位乙醇的需求曲线在价格轴方向增加 x，形成 $\hat{D}_E$。将新的乙醇需求曲线与保持稳定的饲料需求曲线水平地相加，就得到了新的玉米总体需求曲线 $\hat{D}_C$。玉米的供给和需求决定了玉米的均衡价格，无论其用途如何，价格都是一样的。图 I-1a—c 展现了这样的一个市场。

8 补贴的结果是玉米总体成交量增加，并且成交价格也更高（$\hat{P}_C$ 而非 P_C）。用于动物饲料的玉米成交量则减少，因为动物饲料的需求曲线不变但是价格升高了。多余的那一部分玉米销售则流向了乙醇制造，因为补贴金额 x 超过了价格的上涨程度。

基于这张图我们提出的问题则是，玉米市场上代表生产者盈余的梯形（见图 I-1c），是否可能大于乙醇市场上代表补贴支出的矩形（见图 I-1a）。

假设这样一种情况：乙醇燃料的需求是完全弹性的（图 I-2a），而饲料需求严格递减（图 I-2b）。当价格低于乙醇市场所能承受的价格时，总需求曲线是平坦的（图 I-2c）。在高于这个价格的情况下，所有的玉米都被用作动物饲料，而不用于生产乙醇。将两者结合在一起，我们就得到了一个曲棍球棒形状的总体需求曲线。当我们将之前的图表调整到这个新情形时，就得到了图 I-2a—c。

9 假设补贴是每加仑 * 0.10 美元。随后，在这个市场上，乙醇市场上的买家和卖家之间产生的每加仑 0.10 美元的价差，会完全转移到玉米的总体市场上①。如果补贴足够少，玉米种植户获得的收益就大于政府支付的金额。② 为什么？因为玉米种植户不仅可以从政府支付的用于生产乙醇的玉米中多得到 0.10美元；他们还能从购买饲料的玉米中多得到 0.10 美元，而购买动物饲料的人则需要支付这笔钱。也许这也有助于解释为什么联邦政府通过乙醇补贴来扶持玉米种植户，而不是直接付给农民现金。

10 现在假设一个乙醇需求完全无弹性的情形。这里饲料的需求曲线不变。

---

* 1 美制加仑≈3.785 升。——编辑注

① 这里我们假设，在没有补贴的情况下，存在严格正数量的玉米用于乙醇生产。这个假设在图中可表示为，供给曲线总是与总需求曲线的水平部分相交。

② 对于数额大的补贴，这种比较是不明确的，因为大量的玉米可能被引入乙醇市场，因此需要额外的政府收入来资助补贴项目。参见图 I-2c，其中一些补贴支付给边际供应，其净收益严格小于 x。

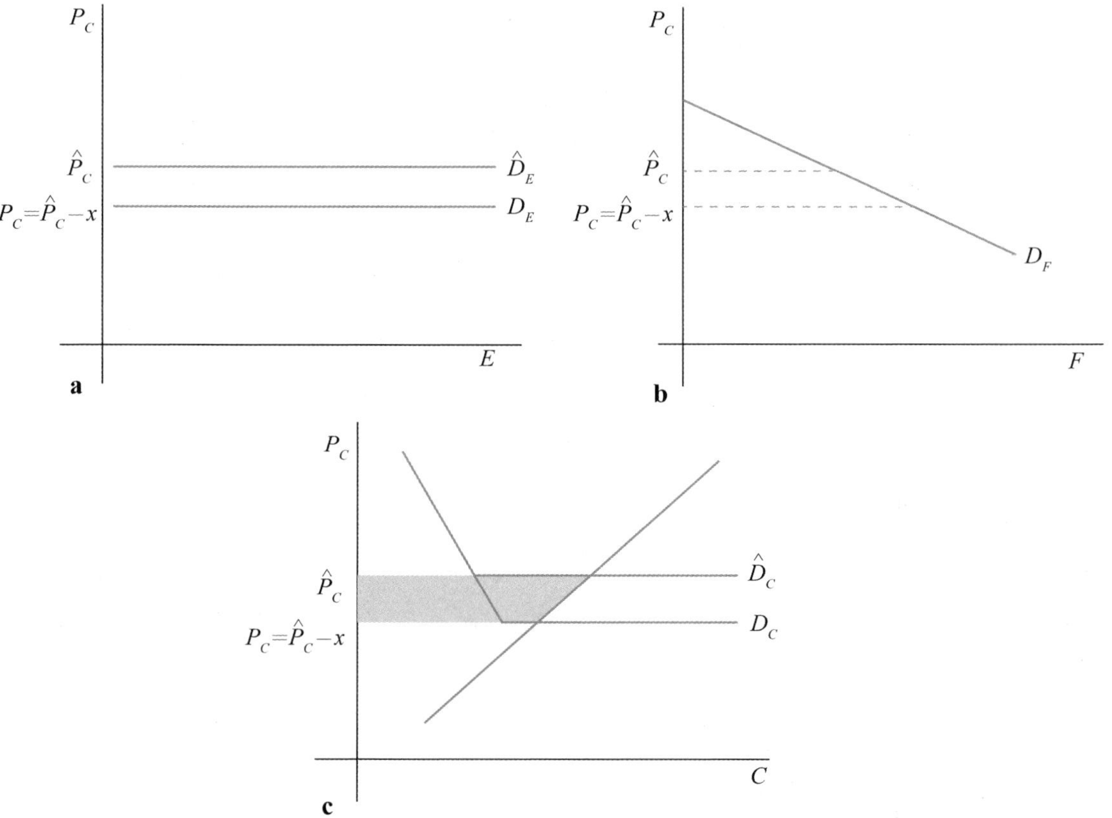

图 I-2a、I-2b 和 I-2c：在一个乙醇需求比饲料需求更有弹性的市场，乙醇补贴带给玉米种植户的收益可能超过政府在补贴上的支出。

图 I-3a 显示，乙醇玉米的需求是完全无弹性的，这意味着，在任何价格下，人们的需求都相同。因此，乙醇补贴虽然降低了乙醇玉米买家支付的价格，但是对他们的需求没有影响。因为玉米市场需求曲线是乙醇和饲料市场需求曲线的总和，如图 I-3c 所示，所以这对总体市场需求同样没有影响。在这种情况下，无论政府在玉米补贴上花了多少钱，玉米种植户都不会从补贴中得到任何盈余。

一般来说，只有当对乙醇的需求比对饲料的需求更有弹性时，玉米种植户才能获得比政府补贴更多的收益。从经验角度来看是有这个可能的，因为对燃料消费者来说有许多不使用玉米的制造燃料的方法，而它们制造出来的燃料本质上是相同的，但要转换成其他动物饲料就不那么容易了。此外，用于种植玉

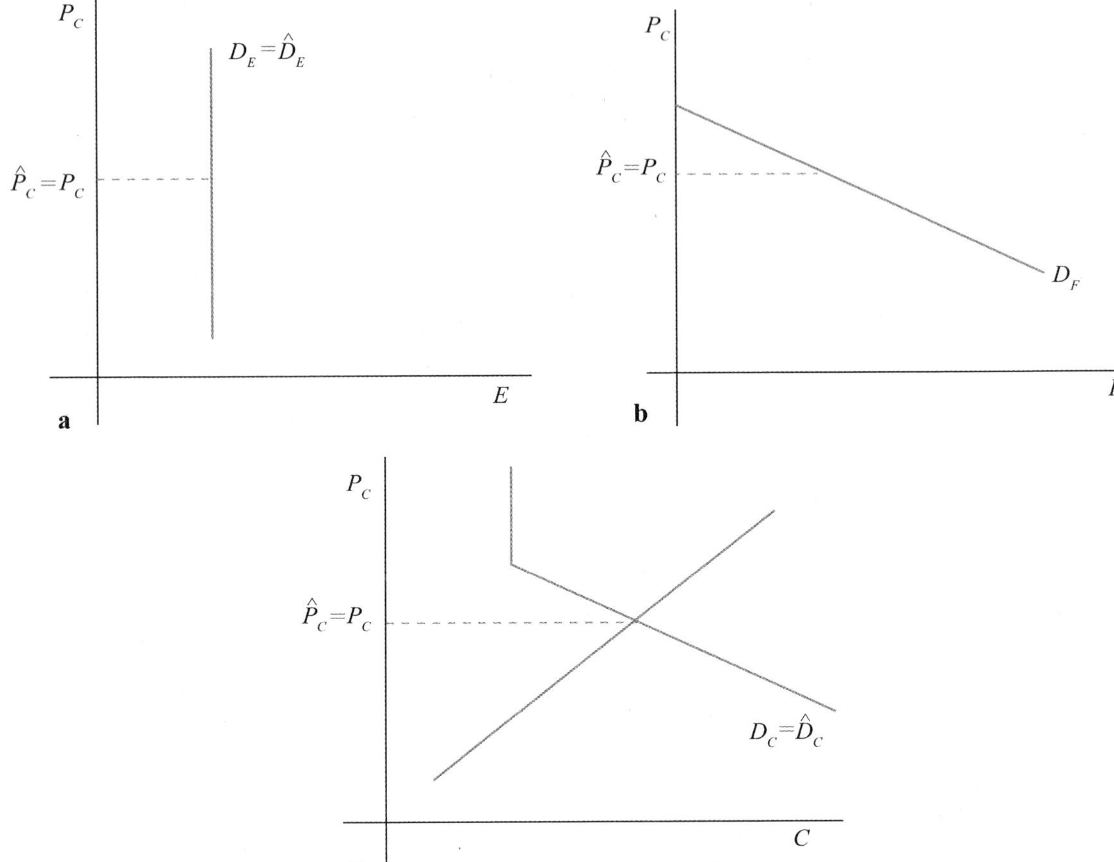

图 I-3a、I-3b 和 I-3c：在一个乙醇需求比饲料需求更缺乏弹性的市场中，乙醇补贴给农民带来的收益无法超过政府的补贴支出。上图所示的乙醇需求是完全无弹性的，因此补贴对价格没有影响。

米的土地供应在短期内可能是无弹性的（但在长期内可能是有弹性的）。

我们如何直观地思考这个问题呢？想想价格歧视。一般情况下，我们希望对有弹性需求的人收取低价，而对相对无弹性需求的人收取高价。当对乙醇的需求相对于饲料具有价格弹性时，乙醇燃料的补贴看起来就像是一种价格歧视，因为相对于饲料价格它降低了乙醇价格。相较于在所有用途的玉米销售中分配相同的补贴，这种方法能使玉米种植户获得大量的收益。

我们也可以从饲料市场的角度来看待均衡。图 I-1b、I-2b 和 I-3b 中已经绘制了几种可能的饲料需求曲线。饲料供给曲线其实是一种剩余供给曲线：它

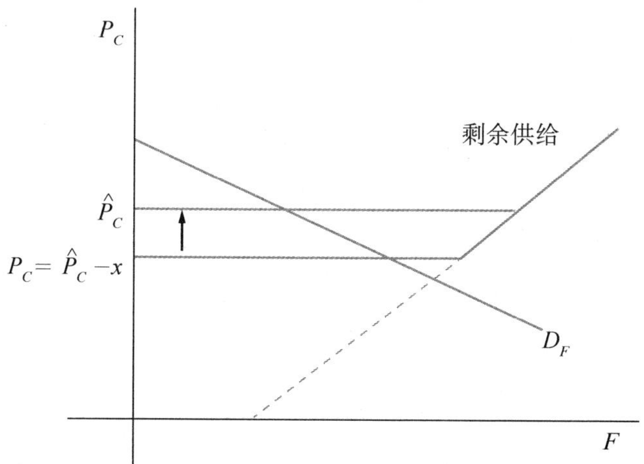

图 I-4： 剩余供给曲线代表用作饲料的玉米供给。乙醇市场的补贴使该曲线上升。这里显示的情况对应于水平乙醇需求。

是总体玉米供给曲线和乙醇需求曲线之间的水平差异。乙醇需求弹性越大，剩余供给弹性越大。在图 I-2 中引入完全弹性的情况下，当价格低于乙醇需求曲线（所有的玉米都转化为乙醇）时，饲料市场不供应任何东西；当价格高于此曲线（没有玉米转化为乙醇）时，总供给曲线与饲料市场曲线一致。因此，图 I-4 绘制了一条位于价格轴和总供给曲线之间的水平供给曲线。

乙醇补贴金额 x 将剩余供给曲线向上移动了 x 个单位，并且将饲料买家支 11
付的玉米金额抬高了 x。玉米种植户在饲料市场获得的收入可以轻松地超过他们在补贴（乙醇）市场所获得的收入，因为（i）玉米产量仅有少部分用于生产乙醇，（ii）更重要的是，乙醇需求比用作饲料的玉米需求更加价格敏感。

这里的主要观点是，因为市场的存在，乙醇补贴的影响要大于它最初的补贴金额。用作动物饲料的玉米价格也将上涨。

价格理论指导度量

在许多劳动力市场、医疗市场和其他有大量补贴或税收的市场中，买方支付的价格和卖方收到的价格之间存在很大差异，因为其中一方在支付税收或者在接受补贴。在这些情况下，价格理论清楚地表明，价格的度量合适与否，取决于买卖双方的行为是否得到解释。

在我们的乙醇补贴的例子中，一些买家比其他买家支付的价格更少。旨在进行实证分析的各种价格的使用，取决于手头的问题。为预测政府补贴玉米销售的数额，在市场上以数量加权的平均补贴至关重要。这是饲料玉米零补贴和乙醇玉米补贴率的加权平均值，以每种用途的玉米的数量为权重。

12 为了度量价格影响，我们需要根据买方的价格敏感性调整数量权重。在零补贴附近，价格影响公式是三项的乘积：①

$$\frac{dP_C}{dx}=\theta\,\frac{E}{C}\,\frac{P_C D_E'/E}{P_C D_C'/C},\quad \theta=\frac{D_C'}{D_C'-S'}$$

其中 x 是补贴率；S' 是供给曲线的斜率；θ 是常用关联参数，用来代表每单位统一补贴如何提高卖方收到的价格。尽管针对一个代数问题，我们可以进一步简化公式，但我们此处故意保留这三项，以便讨论它们的经济含义。价格影响公式中的第二项是数量权重，代表供应的玉米中只有一部分(E/C) 用于生产乙醇。第三项的分子和分母都代表价格弹性，根据乙醇需求弹性和总需求弹性之间的差异进行调整。第三项从乙醇需求完全无弹性时的 0（图 I-3)，到拥有无限弹性时的 $C/E>1$(图 I-2)；如果两类买家的价格弹性相同，那就是 1。②

换句话说，卖给价格弹性较大的买家的单位商品，比卖给价格弹性较小的买家的单位商品更重要。在我们的例子中，价格更有弹性的买家赢得补贴，而价格弹性较小的买家未赢得补贴。通过价格敏感性调整过的加权平均补贴，比纯粹的数量加权平均补贴高。这就解释了为什么玉米种植户实际获得的收益比财政部的拨款更多。

上面的分析是建立在补贴率相比价格而言很小的基础上。如果补贴较大，我们需要考虑上述三项跟随补贴水平的变化。这本质上是价格指数问题，其解决方案将在第 4 章中讨论。

① 为求得该公式，对均衡条件 $D_E(P_C-x)+D_F(P_C)=S(P_C)$ 进行全微分，对 dP_C/dx 进行求解。分子分母同时乘以 P_CE/C，并且使用已知事实 $D_E'+D_F'=D_C'$。

② 如图 I-2 和 I-3 所示，价格影响本身的范围在 0 和 1 之间。

例子：后天比较优势

价格理论的重心在市场，所以它经常会强调比较优势，即通过专业化和交易而取得的经济进步。市场赋能的专业化帮助解释了很多问题，如：人们在哪里生活和工作（Becker and Murphy 1992）；经济增长原因（Smith 1776/1904，卷 I，章节 I）；为什么男人和女人会有所不同（Becker 1985），但这种不同为什么在近期没有那么显著（Mulligan and Rubinstein 2008）；等等。

我们在一个只有 A 和 B 两项任务的简单市场格局中观察比较优势的获 13
得。一个个体具有人力资本 H_A 和 H_B 来完成这两项任务。无论选择哪一项任务，都要支付每单位人力资本的工资：w_A 或者 w_B（视情况而定）。这将意味着个体从任务 A 中获得的总收入为 $Y_A=w_AH_A$，从任务 B 中获得的总收入为 $Y_B=w_BH_B$。个体可获得的最大收入为：

$$Y=\max\{w_AH_A，w_BH_B\}$$

如果 $w_AH_A>w_BH_B\Leftrightarrow\frac{w_A}{w_B}>\frac{H_B}{H_A}$，则选择任务 A；如果 $\frac{w_A}{w_B}<\frac{H_B}{H_A}$，则选择任务 B；如果两项比值一样，则任意选择。这就是比较优势，因为任务的选择取决于人力资本持有的相对数量而非绝对数量。

我们通过在 $[H_A，H_B]$ 平面画一条任务无差异射线，来说明这个选择。这条射线显示了所有个体可以达到的且两个任务对其没有区别的情况。

任务 A 和任务 B 都存在需求，在均衡状态下该需求必须与可用的人力资本，以及之前提到的选择其中一个任务而非另一个任务的动机相匹配。需求跟工资的调整一起变化。如果对任务 A 的需求很大，则在图 I-5 的任务无差异射线必须很陡，才使得很多工人选择任务 A 而非任务 B。换句话说，w_A/w_B 将会大于 1。

现在假设我们已经达到了均衡，则 w_A/w_B 反映了市场的供求关系。那么对于这条直线上的任意一点，在它的正下方和正左侧所代表的每一个人都必须获得相同的收入。参见图 I-5 中的虚线。这是因为在任务无差异射线上方的虚

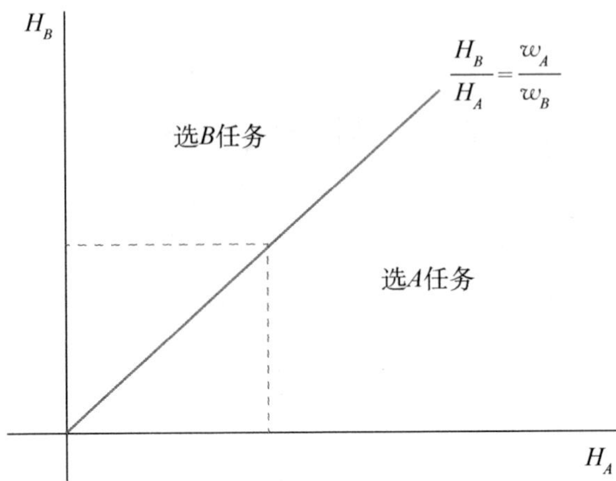

图 I-5：供给会使任务无差异曲线旋转至每个任务中都有合适数量的工人。

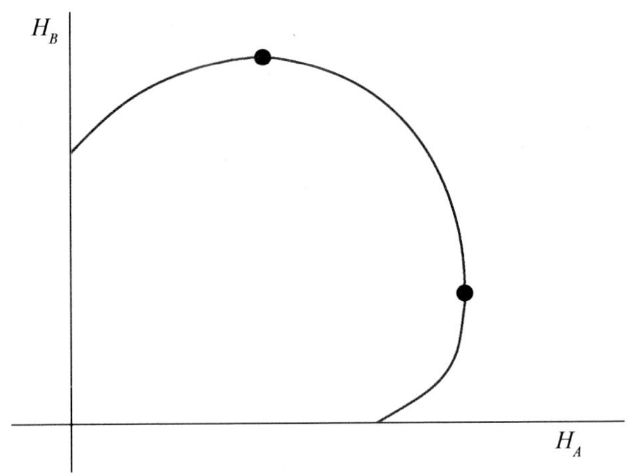

图 I-6：选择人力资本的机会集。对任务 *A* 拥有最大人力资本的个体仍然对任务 *B* 有正的人力资本。

线上的每个人都具有相同的 H_B 水平，而他的 H_A 并不重要，因为它没有被真正用到。在任务无差异射线下面虚线上的每个人都具有相同水平的 H_A，而 H_B 并不重要，因为其没有被使用。我们把这两条虚线的并集称为工人的无差异曲线。

现在我们允许每个个体选择其人力资本。比如现在一个个体正在考虑是成
为一个称职的管道工还是做一个称职的木匠。所有人力资本的机会集，可能生
14 成一个如图 I-6 所示的有趣的形状。我们来看代表 H_B 最大的点。正如图中所
示，此人也会具有一些正水平的 H_A。这潜在反映了任务 A 和任务 B 要求一些

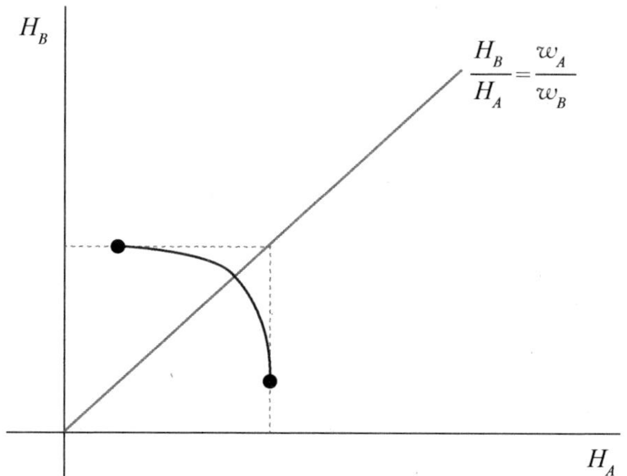

图 I-7：专业化。个体会在任务 *A* 或者任务 *B* 中最大化他们的人力资本。

相同的能力。因此，如果我选择成为一个称职的管道工，并不意味着我成为一名木匠的人力资本为 0。

在这个图中还需要注意的是，机会集上的经济相关区域位于两点之间。另外我们可以将靠近轴附近的曲线擦除，因为没有人会选择顶点左侧的点或者右点下方的点。在擦除的区域，个体可能更擅长这两项任务！

现在让我们将机会集与工人的无差异曲线放在一起，如图 I-7 所示。我们甚至可以将每个人视为同一，因为他们都有同样的机会曲线。然而，专业化是最优行为。同样擅长任务 A 和任务 B 的情形比只擅长一项任务的情形更糟糕，因为你已经获得了很多你不会使用的人力资本。

我们一开始通过指出对两项任务都无差异的工人类型（即人力资本配置）描绘了这幅图。但现在我们已经证明，人们不会选择成为那种类型的工人。由于人力资本是后天获得的，在均衡中不会出现对两项任务都无差异的情况。①

均衡状态要求两件任务都需要被执行，所以有些人专攻 A，有些人专攻 B。尽管每个人都拥有相同的选择机会，但他们最终的选择却是不尽相同的。

---

① 这个简单的模型抽象了时间、不确定性和其他因素。在更普遍的情况下，市场可能会使一些人位于任务无差异射线上，因为他们在获得技能的时候不知道最终会做什么任务。但即使在这种情况下，让每个人都在这条射线附近也说不通：他们中的一些人可能对他们将从事一项特定的任务有把握，从而专门从事这项任务。

15 你可能会说这就像抛硬币决定谁会去做任务A，谁会去做任务 B。如果人们完全相同的话，我们会同意这点。但在现实中，人们有不同的机会：图 I-6 和图 I-7 意味着不同的机会曲线。有些机会曲线可能相对陡峭，有些则相对平坦。那么人与人之间在曲线斜率上的一个小差异就会决定谁擅长什么。市场的专业化则将小差异变成大差异。

16

课程大纲

当从经济理论的角度审视人类行为时，我们会反复遇到三个经济主题：替代效应、市场均衡和耐用品。每一个都是该课程的一部分。这些课程将会从介绍经典模型开始，然后涉及一些重要应用，比如价格指数、干中学和房价。

第一部分是关于价格与替代效应，从消费者理论的角度撰写。我们认为没有必要重复，再从厂商角度详细探讨一次。替代效应理论是价格和数量指数的基础（参见第 4 章），是最广泛使用的经济度量工具之一。第 5 章从马歇尔需求曲线的角度研究“行为经济学”。在第 6 章则讨论了短期和长期需求之间的区别，它有许多直接和重要的应用，例如习惯和嗜好。

一旦我们探讨了消费者，引入厂商的目的就是为了探讨市场（第二部分），这是本课程的主要重点。这里我们从亚当·斯密（1776/1904）的补偿差异开始，并由舍温·罗森（1986）撰写的出版物和他在芝加哥大学教授的价格理论进一步发展。在不谈生产的情况下，这使得我们能够就城市经济和人力资本积累取得成果。

补偿差异的教训之一就是要警惕“免费午餐”。干中学中的应用对此具有重要的内在意义，但这也是贝克尔和罗森最喜欢的对市场竞争后果的演示之一。它在很多应用中又重新出现，从健康保险到工业组织再到税收。

在第二部分结尾，我们将仔细研究厂商。在这部分我们完成了“行业模型”（又名供求）基础，打开了通往大范围应用的大门。其中一个应用的结果令人诧异，即禁止买卖非法毒品等特定商品的后果。这是我们第 12 章要探讨的内容。一旦我们在第 13 章将消费者和厂商放在一起研究，独家交易、数量折扣和其他定价举措也将会被涉及。第二部分的最后一章将行业模型扩展到两个生产要素，而这对针对耐用品的研究起到了助力作用（参见第三部分）。

第三部分着眼于随时间推移而发生的变化。它首先定义了耐用品，并扩展 17
了行业模型，使其囊括了资本租赁市场和资本购买市场（第 15 章和第 16 章）。这使我们离投资调整成本模型和新古典主义增长模型又更近一步（第 17 章）。这些通常被认为是“宏观经济学”的主题，但由于要素供给和需求随着时间不断重复，这两个模型不应该被从价格理论中剔除。最重要的是，价格理论探讨了耐用品，因为耐用性是许多实际问题的一个重要特征。

最后三章讨论了耐用品模型的重要应用，比如资本所得税的分配问题，劳动力在国民收入中占比的确定，以及对健康的投资。

第一部分

价格和替代效应

—第 1 章—

效用最大化和需求

效用最大化

我们首先从消费者理论的角度分析替代效应，而对于生产者理论则到后期市场均衡的相关章节中再做阐述。我们将更多地采用常在实践工作中使用的更偏应用的方法，而不是采用微观经济学教科书中常见的公理化方法。我们先从效用函数开始，该函数定义了一组商品 $X_1, \ldots, X_N$，用函数 $U(X_1, \ldots, X_N)$ 表示。我们假设这些商品都在市场上流通。紧接着我们假设商品可能是自家生产的，以其他方式购买的，或者是一个人初始即拥有的。我们进一步假设购买这些商品的价格为 $P_1, \ldots, P_N$。最后，我们假设消费者的收入为 M。请注意，单位要保持一致。如果 M 是指每周的收入，则消费 X 也是每周的消费。

我们通常认为消费者在一定程度上是被预算约束的：

$$\sum_{i=1}^{N} X_i P_i \leqslant M$$

也就是说，消费者不能入不敷出。在后面的模型中我们还将考虑时间约束。现在我们先考虑受到预算约束的效用最大化问题：

$$\max_{X_1,\ldots,X_N} U(X_1,\ldots,X_N)$$

$$s.t. \sum_{i=1}^{N} X_i P_i \leqslant M$$

22 该理论中最困难的部分之一是，我们没有太多有关效用函数的先验信息。这与生产理论大不相同，在生产中我们看到投入，然后知道这些投入产生了多少产出。因此，我们希望尽量减少效用本身对分析的影响。

我们建立了拉格朗日方程：

$$L = U(X_1,\ldots,X_N) + \lambda[M - \sum_{i=1}^{N} X_i P_i]$$

我们通过拉格朗日方程对每个 X 和 λ 求导可以解决这一问题。求导过程给出了以下一阶条件：

$$\frac{\partial U}{\partial X_1} - \lambda P_1 = 0$$

$$\cdots$$

$$\frac{\partial U}{\partial X_N} - \lambda P_N = 0$$

$$\sum_{i=1}^{N} X_i P_i = M$$

由此我们可得：

$$\frac{\frac{\partial U}{\partial X_i}}{\frac{\partial U}{\partial X_j}} = \frac{P_i}{P_j}$$

公式右侧表示什么呢？它告诉我们要想得到 1 单位商品 i，我们**必须放弃** P_i/P_j 个单位的商品 j。一般来讲，我们称 P_i/P_j 为商品 i 的成本(以商品 j 为单位)。那么公式左侧呢？它告诉我们为了获得 1 单位商品 i 所**愿意放弃**商品 j 的数量。一般来讲，我们将左侧称为商品 i 的价值(以商品 j 为单位)。所以，这个公式表达的是，当消费者最大化效用时，消费更多商品 i 所需的成本等于这些额外的商品 i 所带来的价值。这种表达通常解释为“边际收益必须等于边际成本”。

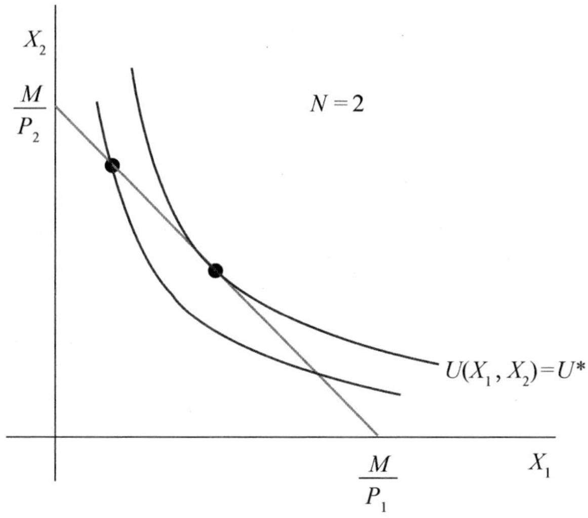

图 1-1：预算约束线与由 U^* 标记的那条无差异曲线的交点是最优点。图上第二点不是最优点，因为消费者仍能从每单位商品 X_1 获得比商品 X_2 更多每一货币的边际效用。

图 1-1 描述了市场上只有两种商品情况下的最优消费的图形。切点所表示
的消费选择，将使得两种商品间移动的效用成本等同于预算成本。第二点显示 23
无差异曲线穿过了预算约束线，这意味着在不违反预算约束的前提下，将消费
由商品 2 转换至商品 1 可以进一步增加效用。

价格与边际效用的比例关系之所以重要，是因为我们可以直接衡量价格。我们可以从观察到的行为中推断出一些关于消费者偏好的信息。人们的行为是在最大化某些事物——这一假设帮助我们深入了解偏好，而偏好是我们无法直接衡量的。在人们做出有关商品购买的决策之前，偏好理论无法提前判断人们喜欢什么，因此我们转而采用一套经验偏好理论：人们喜欢他们所选择的东西。

边际收益和成本方程也可以写成如下形式：

$$\frac{\frac{\partial U}{\partial X_i}}{P_i}=\frac{\frac{\partial U}{\partial X_j}}{P_j}=\lambda$$

这个公式表示，在最优点，所有商品的每一货币单位的边际效用都必须相

等。从直觉上讲这是有道理的。假设商品 i 的一货币单位的边际效用高于商品 j。那么你最好放弃一些商品 j 转而消费更多的商品 i。该表达式还告诉我们，
24 λ 就是每一货币单位的边际效用。重要的是，我们不必担心这些货币是如何被花掉的。我们可以把关注点放在价值本身，而无须考虑具体怎么去做。例如，假设牙医正在考虑在供水中添加氟化物以减少蛀牙。不过氟化物一旦浸入水中，人们可能会停止刷牙，他们可能生出和以前一样多或者更多的蛀牙。牙医们可能会说该政策适得其反，人们没有从中受益。经济学家会说：人们当然受益了，因为现在他们不必刷牙了。供水中的氟化物可以带来两方面好处——减少蛀牙或不必刷牙，而人们具体选择哪一个，则不影响这一政策的价值。

我们接着讨论 λ。我们的一阶条件

$$\frac{\partial U}{\partial X_i}=\lambda P_i$$

在最优点，对于每一个 i，边际效用与价格成正比，且该比例就是 λ。所以只要我们可以度量人们面前的价格，我们就可以间接地衡量他们的边际效用，因为边际效用是成比例的。假设商品 10 的价格是商品 6 的五倍，因此 $P_{10}=5P_6$。从这个式子我们知道边际上一个单位的商品 10，值五个单位的商品 6。这对市场上消费商品 6 和 10 的每个人都是成立的。这不仅仅是“市场价值”。

现在，我们考虑世界上的两种状态。在状态 1 中，人们收入为 M 并以价格 $P_1,\ldots,P_N$ 消费商品 $X_1^*,\ldots,X_N^*$。现在我们稍微变动一下。将消费进行调整，幅度为 $dX_1,\ldots,dX_N$，价格变化用 $dP_1,\ldots,dP_N$ 表示，收入变化为 dM。那么效用会如何变化呢？也就是说，dU 是多少？我们知道 $dU=dU(X_1,\ldots,X_N)=\sum_{i=1}^{N}\frac{\partial U}{\partial X_i}dX_i=\lambda\sum_{i=1}^{N}P_i dX_i$。关键点在于由于我们知道价格和消费的变化，$P_i dX_i$ 是可以观测到的。由此可知$\frac{dU}{\lambda}=\sum_{i=1}^{N}P_i dX_i$。但是公式左边恰好是消费者效用提升的货币价值。该分析的核心是什么？因为人们在做优化，所以商品的边际效用与它们的价格成正比。

同样，我们可以考虑效用是如何随时间变化的。首先考虑随时间变化的消

费 $X_1(t), \ldots, X_N(t)$。我们可以得到$\frac{dU}{dt} = \sum_{i=1}^{N} \frac{\partial U}{\partial X_i} \frac{dX_i}{dt} = \sum_{i=1}^{N} \lambda P_i \frac{dX_i}{dt}$。在最后一步中我们再次使用“边际效用与价格成正比”这一事实。

因此，效用变化的货币价值可以表示为：25

$$\frac{\frac{dU}{dt}}{\lambda} = \sum_{i=1}^{N} P_i \frac{dX_i}{dt}$$

根据图 1-1 的相切图，我们可以认为这个公式衡量了从一个最优点到另一个最优点的效用变化，根据的是达到新效用水平所需要的额外收入。第 4 章我们分析价格和产量指数时，还会再讨论这个衡量方法。

需求理论

一阶条件的解 $X_1^* = X_1^M(P_1, \ldots, P_N, M), \ldots, X_N^* = X_N^M(P_1, \ldots, P_N, M)$，$\lambda^* = \lambda(P_1, \ldots, P_N, M)$，被称为需求方程。它们是一种特殊的方程组，称为马歇尔需求方程，以阿尔弗雷德·马歇尔（Alfred Marshall）命名。

应用工作通常始于需求方程，而不是始于从效用函数中推导出它们的确切形式。但并非每一组关于价格与个人购买数量的方程都是与效用最大化一致的，我们的目的只是想展示需求方程的特殊之处。

请注意，马歇尔需求方程允许消费者改变所有商品的消费以应对价格变化。例如，我们可以考虑改变 P_j 对商品 1 的影响，即 $\partial X_1^M / \partial P_j$。如果将上述考虑体现在数据中，短期反应与长期反应之间很可能会存在差异，因为现实中人们需要时间进行调整（请参阅第 6 章）。

效用最大化对马歇尔需求函数设置了一些限制。这些限制常常被简单地表示成需求弹性。首先，ϵ_{ii}，商品 i 关于价格 i 的需求弹性如下：

$$\epsilon_i = \epsilon_{ii} e = \frac{\% \Delta X_i}{\% \Delta P_i} = \frac{P_i}{X_i} \frac{\partial X_i^M}{\partial P_i} = \frac{\partial X_i^M}{X_i} \bigg/ \frac{\partial P_i}{P_i}$$

26 这也称为自身价格弹性，通常把 ϵ_{ii} 缩减至 ϵ_i 。它告诉我们商品 i 的价格每增加 1%所导致的商品 i 的需求的百分比变化。我们也可以定义交叉价格弹性如下：

$$\epsilon_{ij} = \frac{P_j}{X_i} \frac{\partial X_i^M}{\partial P_j}$$

该公式表示，商品 j 的价格每增加 1%，商品 i 的需求的百分比变化。通常，如果 $\epsilon_{ij} > 0$—— 当商品 j 的价格增加时，商品 i 的需求也会增加，这时我们说商品 i 和 j 是替代品。如果 $\epsilon_{ij} < 0$，则商品 i 和 j 是互补品。

最后，商品 i 的需求的收入弹性为：

$$\eta_i = \frac{M}{X_i} \frac{\partial X_i^M}{\partial M}$$

这个公式告诉我们，收入每变化 1%，商品 i 的需求的百分比变化。如果 $\eta_i > 0$，商品 i 是正常物品。很自然，我们会考虑收入弹性为 1，因为它表示收入增加 10%，所有的消费也会同比例增加 10%。这是奢侈品和必需品之间的边界：当 $\eta_i < 1$，商品 i 为必需品；当 $\eta_i > 1$，商品 i 是奢侈品。这也表明平均收入弹性为 1：

$$\sum_{i=1}^{N} s_i \eta_i = 1$$

其中 s_i 是在总支出中商品 i 所占的份额(商品 i 的“预算份额”)。请注意，份额和弹性都是在特定的价格集和特定的收入内进行评估的。需求的份额加权收入弹性为 1，有时被称为“恩格尔聚合”(Engel aggregation)。

从数学上我们可以知道，平均收入弹性为 1：(a) 预算约束对收入求导，(b) 根据相应的收入弹性重写每个收入效应项，(c) 根据相应的支出份额重写每个价格项，(d) 消除分子和分母中的相同项：

$$1 = \sum_i \frac{\partial X_i^M}{\partial M} P_i = \sum_i \left(\frac{X_i^M \eta_i}{M} \right) \left(s_i \frac{M}{X_i^M} \right) = \sum_i \eta_i s_i$$

27 弹性还有两个约束，即：

$$\sum_i s_i \epsilon_{ij} = -s_j$$

和：

$$\sum_j \epsilon_{ij} + \eta_i = 0$$

第一个被称为“加和”约束（马歇尔需求系统），是商品的总和。① 可以通过预算约束对商品 j 的价格求导来证明。和以前一样，按照价格、弹性和数量（按份额）重写需求函数的斜率：

$$\sum_i \frac{\partial X_i^M}{\partial P_j} P_i + X_j^M = 0 \Leftrightarrow \sum_i \left(\frac{X_i^M}{P_j}\epsilon_{ij}\right)\left(s_i \frac{M}{X_i^M}\right) = -\frac{M}{P_j}s_j$$

$$\Leftrightarrow \sum_i s_i \epsilon_{ij} = -s_j$$

因为商品数量不能是负数，所以这个约束也是需求定理的另一种解释。② 如果增加商品 j 的价格可能会增加商品 j 的马歇尔需求[特别地，当商品 j 是吉芬商品（Giffen good）时]，但随后必须以价格为权重，减少对其他商品的需求。

第二个弹性约束，称为“同质性”（针对马歇尔需求函数），是以弹性表示的价格的总和。同比例增加收入和所有的价格不会影响消费选择。例如，假设商品 i 的需求是严格为正的，并且价格和收入变化了 $\mu \neq 0$ 比例：

$$0 = \sum_j \frac{\partial X_i^M}{\partial P_j} P_j \mu + \frac{\partial X_i^M}{\partial M} M\mu = \mu X_i^M \left(\sum_j \epsilon_{ij} + \eta_i\right)$$

什么是劣等品的例子？经典的例子包括土豆和卡夫麦片奶酪。但是食物是劣等品吗？一般来说不是。随着收入的增加，人们会购买“更多”的食物。但是“更多”是什么意思？这意味着 $FOOD = \sum_{i \in FOOD} P_i X_i$，并且 $dFOOD =$ 28
$\sum_{i \in FOOD} P_i dX_i$。我们并没有用卡路里或者磅等去度量更多的食物，我们用价格加权的消费来衡量它。因为 P_i 让我们能够了解商品 i 的消费者价值，这样度

① 这有时又被称为古诺聚合，以便和之前提到的恩格尔聚合相区分。此后所有的“加和”通指古诺聚合。

② 参见第 3 章及 Becker（1962）对只依赖家庭预算约束的需求原理的阐述。

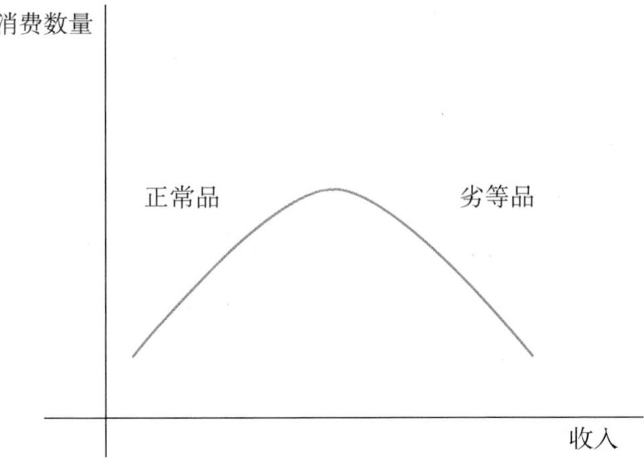

图 1-2： 商品可以在某些收入范围内是正常品，而在其他收入范围内是劣等品。

量非常有用。当我们以价格衡量的食物增加时，很容易发现这些食物消费的总卡路里或者总磅数是减少的。

请注意，商品是正常品还是劣等品，在很大程度上取决于收入水平。在世界许多地区，沃尔玛经验表明，当收入增加时，对其产品的需求也会增加。然而在美国，当消费者的收入增加时，他们更有可能停止在沃尔玛购物而去其他地方购物。图 1-2 用恩格尔曲线说明了收入与需求量的关系——一种商品在低收入时是正常品，而在相对高的收入时是劣等品。如果商品是在沃尔玛买的，那么它的需求峰值将发生在人们倾向于将购物转移到“高档”商店的收入值。

到目前为止，我们的分析中都将 U 视为黑匣子。但是以汽车和汽油为例，它们是否因为心理偏好，在效用函数中是互补品呢？不是的。汽车和汽油是互补品乃是因为它们都是运输所需要的。这与技术有关，而不是因为偏好。

我们提出的这一理论并不是启发式的或者赘述的。例如，假设我们知道一个人选择以价格 $P_1, \ldots, P_N$ 消费 $X_1, \ldots, X_N$ 且 $\sum P_i X_i = M$。那么我们知道这
29 个人会偏好 $\hat{X}_1, \ldots, \hat{X}_N$，其中 $\sum P_i \hat{X}_l < M$，因为 $\hat{X}$'s 的组合是消费者原本就可以负担但是没有选择的。此外，通过观察真实选择，我们可以忽略无差异曲线，如图 1-3 所示。

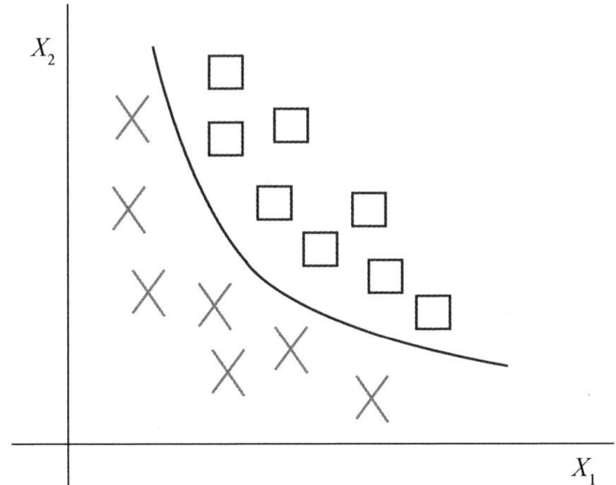

图 1-3：在无差异曲线上，方框表示的选择优于无差异曲线上的选择；叉号表示的选择不如无差异曲线上的选择。

“真实的”选择是很重要。但是不要问一个酒鬼喝了多少酒。因为他很可能会低估自己的消费量。应当看人们在市场上做出的真实选择，也就是图 1-3 中所表示的选择。

—第 2 章—

成本最小化与需求函数

在第 1 章中，我们推导出了一个收入为 M，且从 N 种商品中进行选择的消费者的马歇尔需求曲线。为方便读者，我们在此将公式再次列举如下：

$$X_1 = X_1^M(P_1, \ldots, P_N, M)$$

$$X_N = X_N^M(P_1, \ldots, P_N, M)$$

值得注意的是，马歇尔需求函数中没有商品数量。用这套理论分析的任何价格变化都会涉及每一种商品的消费数量的变化。玩具价格的变化不仅影响每个孩子购买的玩具数量，还会影响购买玩具的孩子的数量！在处理数据的过程中，重要的是要知道真正变化的是什么：可能某些数量是保持不变的，在这种情况下，存在一个数量恒定的系统（稍后将对此进行详细介绍）用于分析。

成本函数

现在我们来考虑成本最小化问题，即效用最大化问题的对偶问题。它可以表示为：

$$\min_{X_1, \ldots, X_N} \sum_{i=1}^{N} X_i P_i$$

$$s.t.\ U(X_1, \ldots, X_N) = \bar{U}$$

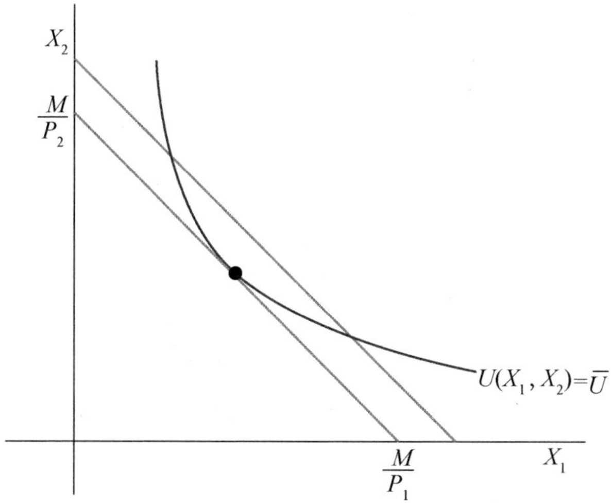

图 2-1：解决消费者问题的两个方法会得到相同的一阶条件。给定预算约束条件找最高的无差异曲线，与给定无差异曲线找最低预算约束是等价的。

现在，我们不再关注给定收入下可获得的最大效用水平的消费选择，而是 31
关注给定效用水平下最小化支出的消费选择。在第 1 章中，我们讨论效用最大化问题时，预算约束是固定的，我们寻找在该预算下可获得的最高无差异曲线的消费选择。在成本最小化问题中，我们固定了无差异曲线，并寻找可达到该效用的最少收入的消费选择，如图 2-1 所示。这两种方法会得到同一个最优解。

这个问题的拉格朗日函数是：

$$L=\sum_{i=1}^{N} X_i P_i+\mu[\overline{U}-U(X_1, \ldots, X_N)]$$

通过取导数并使其值为 0，我们可以得到以下一阶条件：

$$P_1=\mu \frac{\partial U}{\partial X_1}$$

$$\ldots$$

$$P_N=\mu \frac{\partial U}{\partial X_N}$$

$$\overline{U}=U(X_1, \ldots, X_N)$$

32 除最后一个条件外，其他条件与之前效用最大化推导过程中的一阶条件相同，我们得到 $\mu = 1/\lambda$。成本最小化问题的一阶条件可以推导出希克斯需求函数：

$$X_1^* = X_1^H(P_1, \ldots, P_N, \bar{U})$$
$$X_N^* = X_N^H(P_1, \ldots, P_N, \bar{U})$$

由成本最小化问题中得到的选择，与从效用最大化问题中得到的选择没有差异。即，$X_1^* = X_1^H(P_1, \ldots, P_N, \bar{U}) = X_1^M(P_1, \ldots, P_N, M)$。唯一的不同是，现在我们标注的是能够达到的效用而不是所需的收入。

作为经济学家，我们希望通过这一理论做出预测。成本最小化问题非常实用的一个推论是成本函数——在给定价格 $P_1, \ldots, P_N$ 的情况下，达到效用水平 $\bar{U}$ 所需的最小成本可以表示为：

$$C(P_1, \ldots, P_N, \bar{U}) = \min \sum_{i=1}^{N} X_i P_i \; s.t. \; U(X_1, \ldots, X_N) = \bar{U}$$

成本函数有一些特性使其成为解决经济学问题的有效工具。它在价格上是1次齐次的。如果所有价格翻倍，则成本翻倍。它对价格是非递减的，即：$\frac{\partial C}{\partial P_i} \geqslant 0$。此外，成本函数的偏导数即希克斯需求曲线，$\frac{\partial C}{\partial P_i} = X_i^H(P_1, \ldots, P_N, \bar{U})$。成本函数还是价格的凹函数。[①] 最后，成本函数随效用的增加而增加，即 $\frac{\partial C}{\partial U} > 0$。成本函数的性质总结如下：

1. C 在价格上是1次齐次的
2. $\frac{\partial C}{\partial P_i} \geqslant 0 \; \forall i$
3. $\frac{\partial C}{\partial P_i} = X_i^H(P_1, \ldots, P_N, \bar{U})$
4. C 是价格的凹函数
5. $\frac{\partial C}{\partial U} > 0$

---

① 请回顾，如果 $\alpha \in [0, 1]$ 且 F 是凹的，则 $F(\alpha X_1 + (1-\alpha) X_2) \geqslant \alpha F(X_1) + (1-\alpha) F(X_2)$。

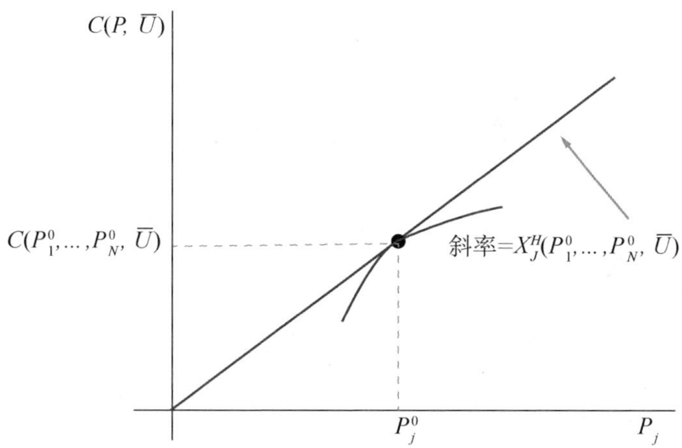

图 2-2：成本函数的凹性和导数性质的图形证明。直线描述了在价格 P_j 不同于 P_j^0 时，购买同样数量商品 j 的“傻瓜”方案，曲线则代表成本函数。

我们从直观角度证明性质（3）和（4）。

首先，我们考虑只有一种商品价格变动的情况，如图 2-2 所示。我们将商 33
品 j 的价格从初始价格 P_j^0 开始移动，而所有其他商品的价格 $P_1^0, \ldots, P_{j-1}^0$，$P_{j+1}^0, \ldots, P_N^0$ 保持不变。观察点(P_j^0，$C(P_1^0, \ldots, P_N^0, \bar{U})$)，并假设我们考虑“猴子”方案，当商品 j 的价格变化，消费组合完全不变，那么我们将沿着线性于 P_j 的直线移动。即，如果我们消费 10 个单位的商品 j，那么 P_j 每增加 1 美元，我们就会多花费 10 美元。这条直线的斜率等于 $X_j^H(P_1^0, \ldots, P_N^0, \bar{U})$。它恰好表示需求组合，因此也等于这些价格和收入下的马歇尔需求量。但我们知道，在斜率为 $X_j^H(P_1^0, \ldots, P_N^0, \bar{U})$ 的直线上只有点(P_j^0，$C(P_1^0, \ldots, P_N^0, \bar{U})$)是最优的，因为最优消费组合会随着 P_j 的变化而变化。直线上的每一个点都对应着一个实现最大效用的可行成本，而最低成本必须低于或等于任何可行成本。因此我们可以得知，其他最优点一定在“猴子”方案线的下方。但是最优成本线凹出程度有多大？凹性越大则可调整的空间也越大。

这也将成本函数与需求弹性联系起来。我们只是直观地考虑了为什么 $\frac{\partial C}{\partial P_j} = X_j^H(P_1, \ldots, P_N, \bar{U})$，但同时，我们也有$\frac{\partial^2 C}{\partial P_j^2} = \frac{\partial X_j^H(P_1, \ldots, P_N, \bar{U})}{\partial P_j}$。换句话说，该函数只有当需求函数对价格的变化敏感的时候才是凹的。

34 希克斯广义需求原理

让我们换一个角度来考虑成本函数的凹性。考虑两个有着相同效用水平的价格-效用向量 $(P_1^0, \ldots, P_N^0, \bar{U})$ 和 $(P_1^1, \ldots, P_N^1, \bar{U})$。假设与这对向量对应的最优数量为 $X_1^0, \ldots, X_N^0$ 和 $X_1^1, \ldots, X_N^1$。事实是这个组合是成本最小的：

$$\sum_{i=1}^{N} X_i^1 P_i^0 \geqslant \sum_{i=1}^{N} X_i^0 P_i^0$$

类似地，我们可以得到 $\sum_{i=1}^{N} X_i^0 P_i^1 \geqslant \sum_{i=1}^{N} X_i^1 P_i^1$。将这两个不等式相加可得：

$$\sum_{i=1}^{N} X_i^1 P_i^0 + \sum_{i=1}^{N} X_i^0 P_i^1 \geqslant \sum_{i=1}^{N} X_i^0 P_i^0 + \sum_{i=1}^{N} X_i^1 P_i^1$$

将条件化简，我们可以得到：

$$\sum_{i=1}^{N} (X_i^1 - X_i^0)(P_i^1 - P_i^0) \leqslant 0$$

这是需求原理的广义版本，同样也归功于约翰·希克斯（John Hicks）①。它比 $\frac{\partial X_i^H}{\partial P_i} \leqslant 0$ 更为通用，因为广义版本描述了所有价格的同时变化，价格变化不必是无穷小的，希克斯需求曲线也并不需要在关注点处进行求导运算。平均来讲，价格上升的商品，相应的消费会变低（反之亦然）。相同地，跨商品的价格变化和需求变化之间的相关关系非正，所以需求原理恰恰与成本最小化理论同源。你不会说："当我的有效收入没有改变而商品更便宜的时候，我消费会减少。"这将与成本最小化的想法不一致。

---

① 希克斯，《价值和资本》，第二版（Hicks, *Value and Capital*, Oxford: Clarendon Press, 1946）。

广义需求原理认为希克斯需求函数是凹的。希克斯需求曲线的需求原理——$\frac{\partial X_i^H}{\partial P_i} \leqslant 0$——对每一种商品而言，其数量与价格是非正相关的。

成本函数还表明，希克斯需求的交叉价格效应是对称的，即 $\frac{\partial X_i^H}{\partial P_j} =$ 35
$\frac{\partial X_j^H}{\partial P_i}$，因为两者都等于$\frac{\partial^2 C}{\partial P_i \partial P_j}$。这**并不**意味着弹性相等，一般来讲，弹性系统性地不相等。

无差异曲线与需求系统之间的关系

成本和需求函数都与无差异曲线有所关联。随着无差异曲线变得更加弯曲，需求变得更加缺乏弹性，而成本函数则变得更“直”。因此，当无差异曲线具有明显的曲率时，成本函数接近线性，反之亦然。假设我们有价格线性的成本函数 $C(P_1, P_2, \bar{U}) = a(\bar{U})P_1 + b(\bar{U})P_2$。这时的无差异曲线是什么样子的？它们在$(a, b)$点呈直角。如果 $C(P_1, P_2, \bar{U}) = \min(a(\bar{U})P_1, b(\bar{U})P_2)$呢？ 无差异曲线则是直线。

那么对于无差异曲线从原点向外凸的人来说呢？如图 2-3 所示。如果预算线很陡，厂商将仅选择位于 y 轴上的商品对象；如果它很平，则消费者只会选择 x 轴对象。从经验来讲，这些厂商就像是那些有线性无差异曲线（例如图中 36
的虚线）的消费者，因为他们只选择端点上的商品。

考虑一条无差异曲线，该曲线具有更典型的形状，但与前面的情况一样，具有向原点反向凸出的区域。参见图 2-4，这种情况下对于某些非常小的价格波动，消费集会有较大的变动。

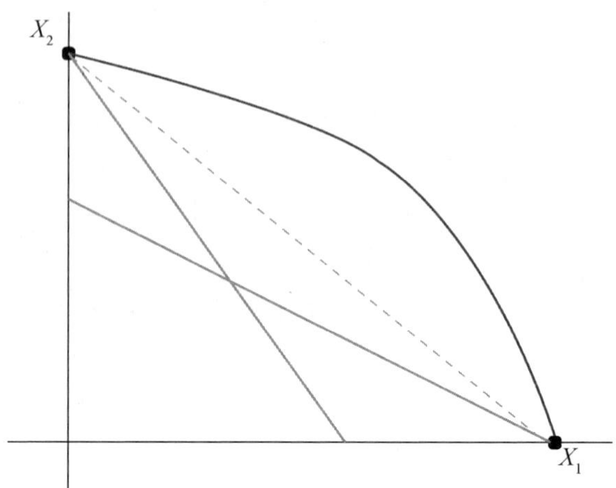

图 2-3：朝原点方向凹的无差异曲线的解，与线性无差异曲线的解没有区别。消费者可以根据预算约束的陡度，在角点处选择最优点。

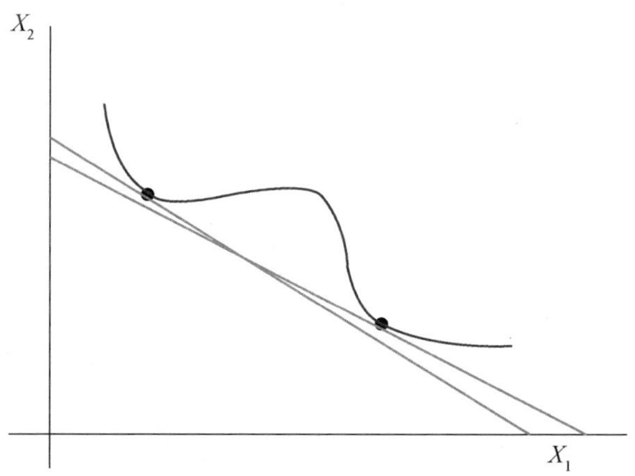

图 2-4：非凸性偏好区域创建了一个价格阈值，在该阈值附近，面临相对价格的小幅变化时，消费者将做出较大的消费变化。

希克斯需求函数的性质

成本函数在价格上是 1 次齐次的，这意味着，每个希克斯需求函数在价格上都是 0 次齐次的。即，$X_i^H(\alpha P_1, \ldots, \alpha P_N, \bar{U}) = X_i^H(P_1, \ldots, P_N, \bar{U})$。由于这

些函数对于任意 α 是等价的，因此它们的导数也相同，这意味着 $\sum_{j=1}^{N} \frac{\partial X_i^H}{\partial P_j} P_j = 0$。在等式两边同时除以 X_j，并将相对于 P_j 的商品 i 的需求的希克斯交叉价格弹性表示为 ϵ_{ij}^H，我们可以得到：

$$\sum_{j=1}^{N} \epsilon_{ij}^H = 0$$

这表示商品 i 的所有交叉价格弹性的总和为 0。同时，对称性也让我们对弹性有了一些直觉。我们可以在等式 $\frac{\partial X_i^H}{\partial P_j} = \frac{\partial X_j^H}{\partial P_i}$ 左右乘除 1 几次，将其化为 $\frac{X_i P_i}{M} \frac{P_j}{X_i} \frac{\partial X_i^H}{\partial P_j} = \frac{\partial X_j^H}{\partial P_i} \frac{P_i}{X_j} \frac{P_j X_j}{M}$。使用每种商品的收入份额$\left(\text{回忆 } s_i = \frac{X_i P_i}{M}\right)$，我们得到 $s_i \epsilon_{ij}^H = s_j \epsilon_{ji}^H$。这样一来，我们可以得到，商品的交叉弹性的比率等于其对应的收入份额的比率。一般来说，这个公式表示 ϵ_{ij}^H 与 ϵ_{ji}^H 并不相同。但是我们可以从中得出更多的结论。假设 $s_j > s_i$，那么显然，大份额的商品 j 比小份额的商品 i 更为重要——商品 i 相对于商品 j 价格的需求弹性，大于商品 j 相对于商品 i 价格的需求弹性。

现在我们再次考虑效用。请注意，通过构造等式，我们可以得到： 37

$$U(X_1^H(P_1, \ldots, P_N, \bar{U}), \ldots, X_N^H(P_1, \ldots, P_N, \bar{U})) = \bar{U}$$

但是这对任何 P 都是成立的，因此我们可以对 P_i 进行微分得到：

$$\sum_{j=1}^{N} \frac{\partial U}{\partial X_j^H} \frac{\partial X_j^H}{\partial P_i} = 0 \underset{F.O.C.}{\Rightarrow} \sum_{j=1}^{N} P_j \frac{\partial X_j^H}{\partial P_i} = 0$$

我们可以再次看到边际效用与价格成比例。这也为我们带来了弹性相关的推论，即：

$$\sum_{j=1}^{N} s_j \epsilon_{ji}^H = 0$$

这种针对商品的累加称为“加和”（在希克斯需求理论体系中）。它将单一商品价格变化（P_i）的影响施加在了所有商品的需求（$j = 1 \cdots N$）上。另一方面，同质性是关于单一商品需求的方程：它在该方程式中添加了所有价格效应。如果我们以相同的百分比改变所有的价格，那么消费就不会改变。“加和”认为，在所有等式中，每当一个商品价格发生变化时，所有商品都必须按其份额加权变化，且总变化为 0。因此，出现了三个限制：同质性、对称性以及加和。请注意（并请说服自己），对称性和同质性就意味着加和；加和和对称性则意味着同质性。在仅有两个商品的情况下，加和和同质性意味着对称，但这一般并不成立。

第 3 章将运用斯勒茨基方程，把希克斯理论体系和马歇尔理论体系连接起来。

—第 3 章—

关于马歇尔系统和希克斯系统

第 1 章和第 2 章讨论了两种不同的需求系统：马歇尔方法——在预算约束 38
下效用最大化，及希克斯方法——在效用约束下成本最小化。因为它们是解决同一问题的两种方法，我们并不被消费者解决问题所采用的工具所局限。也就是说，即便我们知道一个消费者正在预算约束下解决效用最大化问题，作为分析师，我们仍可以使用希克斯方法。对于许多问题，希克斯方法被证明是非常有用的。在本书中我们两种方法都使用，你可以选择其中更适合解决手头问题的方法。

斯勒茨基方程

知道如何在希克斯系统和马歇尔系统间互相转化是非常方便的。参见图 3-1,假设成本最小化的消费者选择了最优点（X_1^*，X_2^*），则 $X_1^* = X_1^H(P_1, P_2, \bar{U})$。但现在假设消费者的收入水平等于 $C(P_1, P_2, \bar{U})$，他要解决的是效用最大化问题，而不是成本最小化问题。消费者将选择相同的最优点(X_1^*，X_2^*)。也就是说，$X_1^* = X_1^H(P_1, P_2, \bar{U}) = X_1^M(P_1, P_2, C(P_1, P_2, \bar{U}))$。我们称之为“斯勒茨基对应”。这个方程比关于导数的斯勒茨基方程高一个层次。

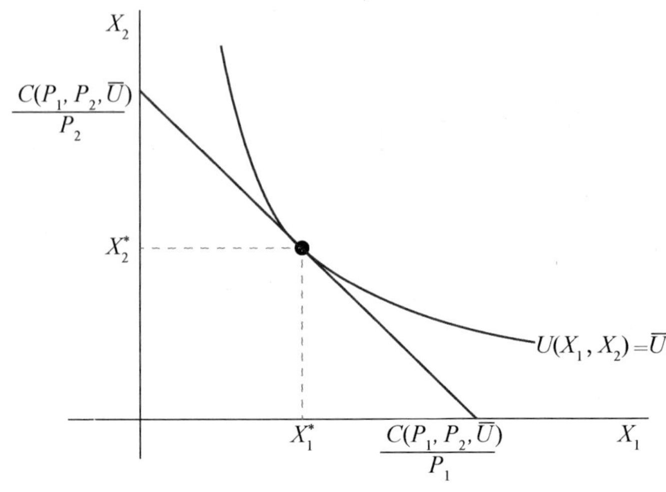

图 3-1：$X_1^* = X_1^H(P_1, P_2, \bar{U}) = X_1^M(P_1, P_2, C(P_1, P_2, \bar{U}))$的图形描述。

39 但请注意，斯勒茨基对应并不是决定价格或效用水平的均衡条件。相反，当收入被成本函数替代时，希克斯方程和马歇尔方程是相同的：这个等式适用于任意价格和效用水平。

一般来讲，商品 i 的斯勒茨基对应是 $X_i^H(P_1, \ldots, P_N, \bar{U}) = X_i^M(P_1, \ldots, P_N, C(P_1, \ldots, P_N, \bar{U}))$。那么我们将其对第 j 个商品的价格取导数，并且利用成本函数对所有商品价格的导数都等于对应的商品需求量$\left(\frac{\partial C}{\partial P_j} = X_j\right)$这一事实，可以得到：

$$\frac{\partial X_i^H}{\partial P_j} = \frac{\partial X_i^M}{\partial P_j} + \frac{\partial X_i^M}{\partial M} X_j$$

这就是斯勒茨基方程。它使我们能够在希克斯系统和马歇尔系统的导数之间来回转换，并且它告诉我们，固定收入的价格变化如何与固定效用的价格变化相关。它们之间的差异就是公式中的最右项，也叫作收入效应。我们可以把表达式重写为 $\frac{\partial X_i^M}{\partial P_j} = \frac{\partial X_i^H}{\partial P_j} - \frac{\partial X_i^M}{\partial M} X_j$。左边是马歇尔效应，右边第一项是替代效应或希克斯效应，最后一项是收入效应。

斯勒茨基方程直观地说明了什么呢？假设 P_j 增加 1 美元，为了保持效用 40
不变会有一个商品数量的变化，这就是替代效应。虽然我们称之为“替代效应”，它也可以是替代关系或互补关系。但价格的变化也改变了我们的收入，这也会带来影响。如果我们消费了 10 个商品 j，那么从某种意义上说，我们的收入就少了 10 美元。也就是说，我以前买的东西在涨价后要多花 10 美元。收入效应告诉我们商品 i 对于收入的反应有多灵敏。也就是说，如果我的收入变化了 10 美元，那么我对商品 i 的需求会变化多少？

马歇尔价格效应和希克斯价格效应在收入效应项上有差别。对大多数商品而言，收入效应项往往很小，因为大多数商品在家庭总预算中所占份额很小。如果我年薪 10 万美元，但由于商品 j 的价格变化，我只变穷了 10 美元，那么收入效应对商品 i 需求的影响不会很大。

为了更清楚地理解这一点，我们把斯勒茨基方程转化成弹性形式。两边同乘以 $\frac{P_j}{X_i}$，再给指定的收入效应乘以$\frac{M}{M}$，我们可以得到：

$$\epsilon_{ij}^{M}=\epsilon_{ij}^{H}-s_j\eta_i$$

这就是斯勒茨基方程的弹性形式。它说明，商品 j 对商品 i 的价格每上涨一个百分点，对应的马歇尔反应的百分比变化等于对应价格变化的希克斯反应，再减去价格已变化的商品 j 的收入份额乘以商品 i 的收入弹性。因此，收入效应的大小取决于商品 j 的份额以及商品 i 对收入的反应程度。

这里需求法则会遇到一些问题。让我们考虑一下自身价格的情形，令 $j=i$，得到：

$$\epsilon_{ii}^{M}=\epsilon_{ij}^{H}-s_i\eta_i$$

理论告诉我们 $\epsilon_{ii}^{H}\leqslant 0$。此时，如果商品是正常品，$\eta_i>0$，且份额是正的，我们必须保证 $\epsilon_{ii}^{M}<0$ 使得需求原理成立。此外，对于正常品，希克斯需求曲线是向下倾斜的，但是由于收入效应强化了替代效应，马歇尔需求曲线对价格的反应更大。

但是如果商品的份额较大，且是劣等品，则有可能使得 ϵ_{ii}^{M}不为负数，从 41

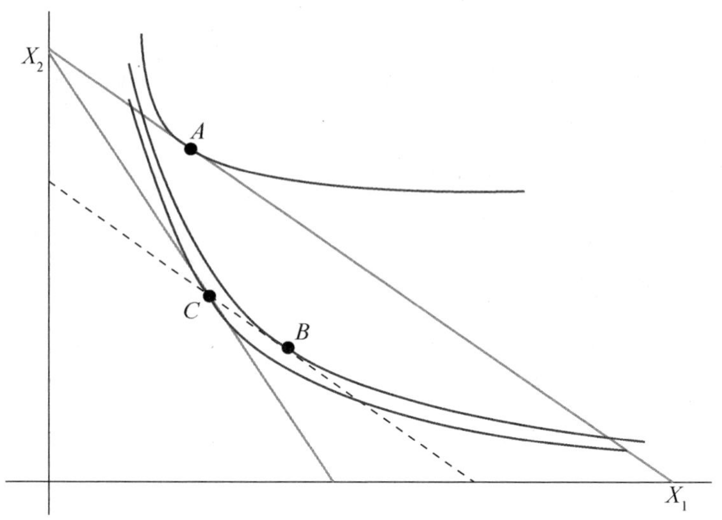

图 3-2：P_1 增加后，消费从 A 移动到 C。从 A 移到 B 表示消费变化的收入效应部分。随着收入的下降，更多的 X_1 被消费掉：商品 1 是劣等品。从 B 到 C 的移动是替代效应：变昂贵的商品消费减少。这张图展示的是一种吉芬商品，因为 P_1 的增加对商品 1 的收入效应大于其替代效应。

而使得 $\eta_i < 0$。这种情形被称为**吉芬商品**，通常会有较弱的替代效应和大份额的劣等品。但是这种情形很少见，因为大部分高份额的商品都是正常品。图 3-2为吉芬商品情形的图形描述。

马歇尔系统的加和与对称性

斯勒茨基方程也允许我们在马歇尔需求和希克斯需求的条件之间转换。在马歇尔体系中，我们在价格和收入上具有同质性；在希克斯体系中，我们仅在价格上具有同质性。马歇尔系统的“加和”直接来自预算约束，也就是说，因为 $\sum_{i=1}^{N} X_i P_i = M$，它必须在最优点成立，所以 $\sum_{i=1}^{N} X_i^M(P_1, \ldots, P_N, M)P_i = M$。这与理性没有太大关系；我们刚刚说过，人们花掉了所有的收入。这对所有价格都成立，所以我们可以对商品 j 的价格求导得到（完整推导见第 1 章）：

$$\sum_{i=1}^{N} s_i \epsilon_{ij}^{M} + s_j = 0$$

假设 $s_j = 0.1$，商品 j 的价格上涨 10% 的话，实际收入就会减少 1%。因为 42
实际收入减少了 1%，根据公式，平均来说，必须把其他商品的消费减少 1%。加里·贝克尔（1962）曾经说过：很多需求都是从预算约束中直接得到的。从这个角度看，即使是需求原理也离预算约束不远。如果一个商品变得更贵，你就更穷；平均地来看，你必须减少消费。但你在哪里消费更少呢？很自然，我们会猜测减少消费那些变得更昂贵的商品，这就是需求原理。

我们在第 1 章没有研究马歇尔需求的对称性，但我们可以从希克斯的对称性（第 2 章）和斯勒茨基方程得到它。希克斯需求的对称性是 $\frac{\partial X_i^H}{\partial P_j} = \frac{\partial X_j^H}{\partial P_i}$。我们可以用斯勒茨基方程来写：

$$\begin{aligned}
\frac{\partial X_i^M}{\partial P_j} &= \frac{\partial X_i^H}{\partial P_j} - \frac{\partial X_i^M}{\partial M} X_j = \frac{\partial X_j^H}{\partial P_i} - \frac{\partial X_i^M}{\partial M} X_j \\
&= \frac{\partial X_j^M}{\partial P_i} + \frac{\partial X_j^M}{\partial M} X_i - \frac{\partial X_i^M}{\partial M} X_j \\
&= \frac{\partial X_j^M}{\partial P_i} + \frac{\partial X_j^M}{\partial M} \frac{M}{X_j} \frac{X_i X_j}{M} - \frac{\partial X_i^M}{\partial M} \frac{M}{X_i} \frac{X_j X_i}{M} \\
&= \frac{\partial X_j^M}{\partial P_i} + \frac{X_i X_j}{M} (\eta_j - \eta_i)
\end{aligned}$$

在弹性形式中，这种马歇尔对称性是：

$$s_i \epsilon_{ij}^{M} = s_j \epsilon_{ji}^{M} + s_i s_j (\eta_j - \eta_i)$$

因此，当两种商品具有相等的收入弹性（即 $\eta_i = \eta_j$）时，马歇尔情形的对称性成立。回顾第 1 章，份额和弹性是在特定的价格集和特定的收入下评估的。因此，加和、对称性、同质性和斯勒茨基方程都是在某一特定点上描述需求系统的。

43

需求系统的自由度

为了在很多问题上取得进展，保证模型简单是非常重要的。限制商品的个数作用巨大，因为在特定的收入和价格集下，N 个商品的模型有 N 个支出份额、N 个收入弹性和 N^2 个马歇尔价格弹性。这 $N(N+2)$ 个参数是相互关联的，原因是对称性、预算约束的份额、对收入弹性的预算约束(即恩格尔聚合)和加和；但这些仅仅是$(N-1)N/2+N+2$个限制，所以 N 个商品的模型仍然有$(N+4)(N-1)/2$ 个自由参数。① 对 $N=2$、3、4、5， 相应地有 3、7、12 和 18 个自由参数。

以两个商品的例子来说，如果给定 s_1，η_1 和 ε_{11}^M 的值，则可以使用预算约束、加和和对称性来获得其他五个参数(ε_{12}^M，ε_{21}^M，ε_{22}^M，s_2 和 η_2)。具体来说，用预算约束可以根据商品 1 的份额得到商品 2 的份额：$s_2=1-s_1$。有这些份额，我们还可以使用预算约束从商品 1 的收入弹性得到商品 2 的收入弹性：

$$\eta_2=\frac{1-s_1\eta_1}{s_2}$$

根据同质性，我们用 ε_{11}^M 和收入弹性得到 ε_{12}^M：

$$\varepsilon_{12}^M=-\varepsilon_{11}^M-\eta_1$$

根据对称性，我们由 ε_{12}^M、收入弹性和份额得到 ε_{21}^M：

$$\epsilon_{21}^M=\frac{s_1\epsilon_{12}^M+s_2s_1(\eta_1-\eta_2)}{s_2}$$

根据同质性，我们由 ε_{21}^M 和收入弹性得到 ε_{22}^M：

$$\varepsilon_{22}^M=-\varepsilon_{21}^M-\eta_2$$

① 请回顾，对称性与加和意味着同质性。

三个商品的情形下，我们需要两个份额和两个收入弹性，再加上预算约束可以确定剩下的份额和收入弹性。我们还需要三个交叉价格弹性，如 ε_{21}^{M}，ε_{31}^{M}，ε_{32}^{M}，对称性和同质性由此可以决定其余六个价格弹性。

双商品模型是保证模型简单的一种方法。其他时候，我们会使用附加了限
制条件的三商品模型。第 8 章的租金梯度模型是一个例子，其中两个商品—— 44
工作时间和通勤时间——被假设为完美的替代品。第 10 章中引入生产，因此经常会考虑恒定收益约束。很多政策问题涉及两种以上的商品，例如企业所得税对非公司经营活动的影响（第 18 章）。针对随时间变化的优化的分析（第 17 章），复合商品的概念是有帮助的。所有这些三商品模型的特例都相对容易处理，因为自由参数少于 7 个。

价格变动的收入效应

贝克尔（1962）提出的另一个观点是，当价格变化时，购买机会如何转移。假设商品 1 的价格下降，如图 3-3 所示。消费组合的新机会主要出现在大量被消费的廉价商品上。在价格降低后，“重心”在某种意义上会向商品 1 移动；也就是说，如果我在预算集合内随机选择一个组合，平均来讲，它将包含更多的产品 1。

到目前为止讨论的收入效应都是在个人层面上，但它们也提供了总体情况的信息。参见图 3-4。

给定预算约束下，不同的人会做出不同的选择。考虑平均选择，假设价格 45
变化围绕均值点旋转，一个价格上升，另一个价格下降。因为有些商品现在变贵了，那些曾经消费更多这类商品的人可能会不喜欢新的价格。更普遍地说，尽管平均收入是恒定不变的，但它们是从消费更多涨价商品的群体中重新分配的——在图中，收入从重 X_2 消费者重新分配转移到重 X_1 消费者。现在进一步假设，个体的无差异曲线是完全互补的，所以个体不能互相替代。总体来说，我们仍然可以得到替代品，因为我们让喜欢 X_1 的人更富有了，喜欢 X_2 的人更

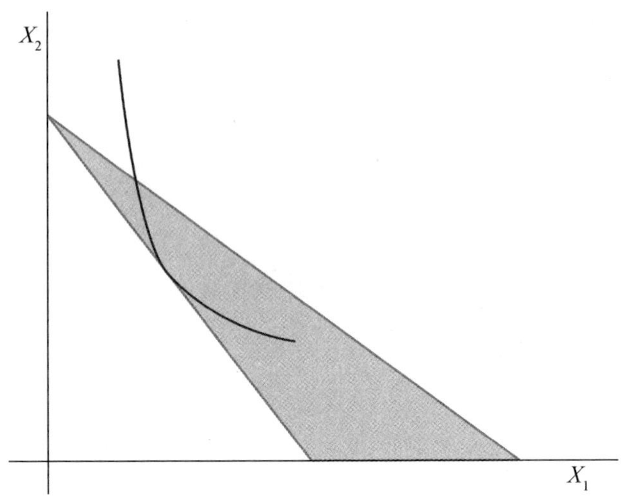

图 3-3：商品 1 价格下跌，导致商品 1 的消费空间增长比商品 2 多。

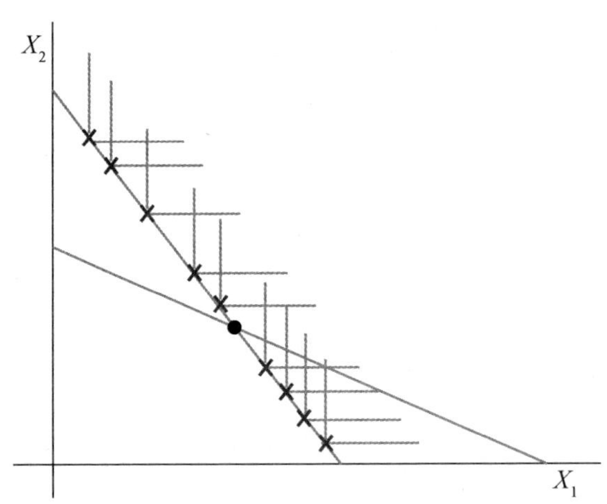

图 3-4：总补偿变化（实际收入保持不变）将收入从大量消费 X_2 的人重新分配给大量消费 X_1 的人。

贫穷了。

可以想象，当商品 1 变得更便宜时人们可以拥有足够多的 X_1，这样他们就可以把所有额外的钱花在 X_2 上。雨果 · 索南夏因（Hugo Sonnenschein）提出过一个著名的定理，因为有这些类型的收入效应，你可以得到几乎所有的商品，也就是说，“任何商品都有”。即使随便画出一条曲线，这条曲线也有可能

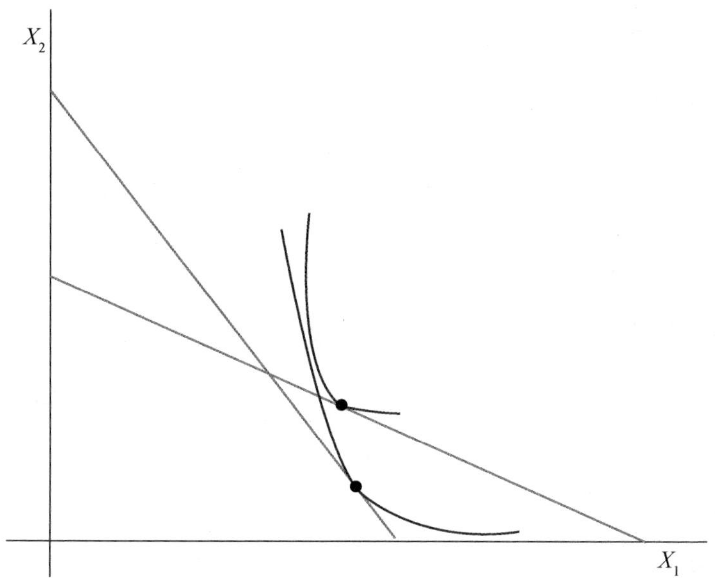

图 3-5：相对价格变动后，X_1 的重消费者会购买更少的 X_1。

就是一个总和的需求曲线。虽然我们承认这种可能性的存在，但收入效应最常见的作用是强化需求变动；也就是说，它最常见的作用方式与替代品强化需求原理的方式相同。图 3-5 描述了某种非标准需求曲线的情况。

要考虑这些非标准情况，考虑将斯勒茨基方程加和，并给收入效应项乘以 46

$\dfrac{\sum_{people} X_j}{\sum_{people} X_j}$，得到：

$$\sum_{people} \frac{\partial X_i^M}{\partial P_j} = \sum_{people} \frac{\partial X_i^H}{\partial P_j} = -\left(\sum_{people} X_j \frac{\partial X_i}{\partial M}\right)\left(\frac{\sum_{people} X_j}{\sum_{people} X_j}\right)$$

$$= \sum_{people} \frac{\partial X_i^H}{\partial P_j} - \left(\sum_{people} X_j\right)\left(\sum_{people} \frac{X_j}{\sum_{people} X_j} \frac{\partial X_i}{\partial M}\right)$$

马歇尔和希克斯的价格项都有自然的加总的解释：当每个人都面临商品 j 价格的相同上涨时，商品 i 的总购买量会发生什么变化。总斯勒茨基方程的最后一项中商品 j 的总消费量（$\sum_{people} X_j$），正是在个人方程中的个人消费部分。然而消费要乘以一个取决于商品价格变化的效应，这是鉴于个人斯勒茨基方程中会有 $\partial X_i/\partial M$ 项，被称为收入效应，因为它与收入的来源无关(即，商品 j 不出现)。除非每个人都有相同的收入效应，在这种情况下可以将 $\partial X_i/\partial M$ 从求和中提取出来，否则提到总收入效应是没有什么意义的，因为它取决于是谁获得收入。

47 从现在起，我们将马歇尔需求曲线绘制为向下倾斜。也就是说，我们排除了吉芬商品的情况，这意味着收入效应与替代效应的方向相同，或者收入效应足够小。

—第 4 章—

价格指数

消费者理论指导度量方法

消费者理论指导我们如何度量实际收入和 GDP（国内生产总值）；以价格 48
作为权重来度量商品数量的变化（越昂贵的商品越有价值，因此它们的数量变化更重要），以商品数量为权重来度量价格变化（消费者购买更多的商品的价格变化对他们影响更大）。受第 2 章的成本函数启发，我们现在来看几个加权方案。

支出增长的拉氏分解和派氏分解

支出是所选商品组合的总成本——价格与数量的乘积之和。我们可以将支出增长 E_{t+1}/E_t 分解为价格指数 P_{t+1}/P_t 和产量指数 Q_{t+1}/Q_t：

$$\frac{E_{t+1}}{E_t}=\frac{\sum_i X_{i,\ t+1}P_{i,\ t+1}}{\sum_i X_{i,\ t}P_{i,\ t}}=\frac{\sum_i X_{i,\ t}P_{i,\ t+1}}{\sum_i X_{i,\ t}P_{i,\ t}}\times\frac{\sum_i X_{i,\ t+1}P_{i,\ t+1}}{\sum_i X_{i,\ t}P_{i,\ t+1}}=\frac{P_{t+1}}{P_t}\times\frac{Q_{t+1}}{Q_t}$$

这个公式特别有用，因为我们只需要度量三个变量中的两个。价格有时比数量更容易度量，因为我们可以在样本中看到价格。只需找到市场上的一位卖

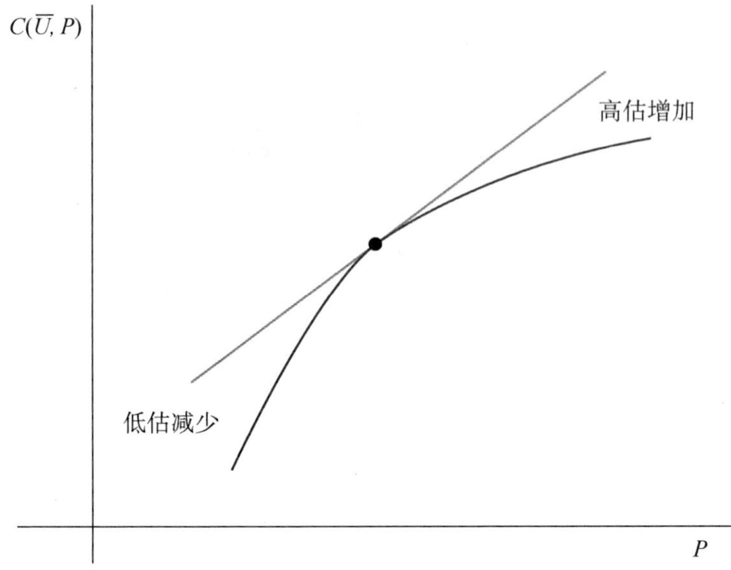

图 4-1：由于成本函数的凹性，生活成本的增加被高估了，而生活成本的减少被低估了。

家，例如一家杂货店，看看它的鸡蛋价格。定量度量更加困难——您必须询问每个卖家卖了什么，你需要做某种形式的卖方普查。在这种情况下，我们通常
49 利用支出、价格和以上的分解公式倒推出数量。

为了分解，我们将 $\frac{\sum_i X_{i,\ t+1} P_{i,\ t+1}}{\sum_i X_{i,\ t} P_{i,\ t}}$ 乘以 $\frac{\sum_i X_{i,\ t} P_{i,\ t+1}}{\sum_i X_{i,\ t} P_{i,\ t+1}} = 1$。为什么这么做呢？只要分子和分母相同，我们就可以乘以任意数来分解 $\frac{\sum_i X_{i,\ t+1} P_{i,\ t+1}}{\sum_i X_{i,\ t} P_{i,\ t}}$。一方面，$\frac{\sum_i X_{i,\ t} P_{i,\ t+1}}{\sum_i X_{i,\ t} P_{i,\ t}}$ 是成本函数的一阶近似值，它表示我们沿着切线的成本增加了多少。它告诉我们明天买今天所买的商品组合，相对于今天购买该商品组合的成本。参见图 4-1。因为直线是一阶近似值，且成本函数具有凹性，因此我们高估了生活成本的增加或低估了生活成本的减少。

另一方面，$\frac{\sum_i X_{i,\ t+1} P_{i,\ t+1}}{\sum_i X_{i,\ t} P_{i,\ t+1}}$ 是用预算约束线来近似无差异曲线的一个产量

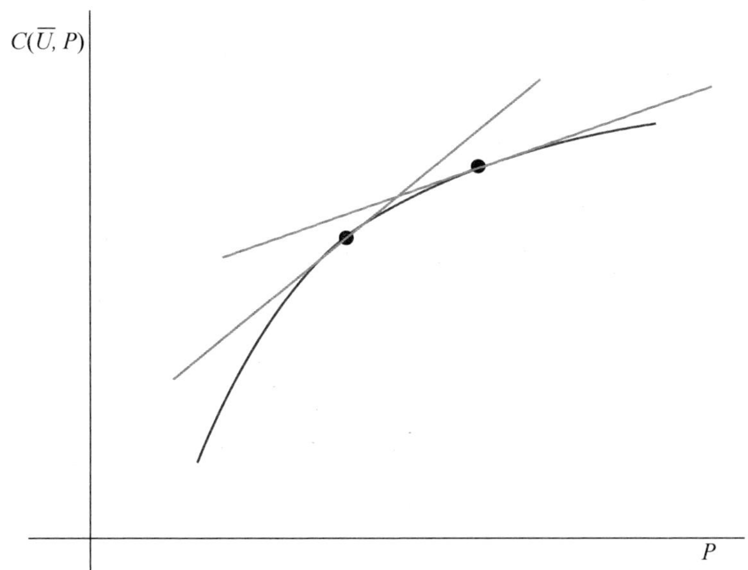

图 4-2：在两个不同点近似出的成本函数。因为成本函数是凹的，且取决于我们从 t 到 $t+1$ 的位置，一种估计太大，而另一种估计太小。这些与派氏和拉氏价格指数是相对应的。

指数。这是有道理的，因为消费者的无差异曲线和预算线相切。因此，效用的 50
变化近似于预算线上的变动。当然，这是以货币为单位的一阶近似值。具体来讲，它告诉我们效用变化所需的等价收入。

这种情况是针对 t 时期的价格指数和 $t+1$ 时期的产量指数，因为价格是按 t 时期的数量加权，而数量是按 $t+1$ 时期的价格加权的。同样，由于我们的分子和分母是任意选择的，因此我们也可以反着做。考虑将支出增长分解为 $t+1$ 时期的价格指数，和 t 时期的产量指数：

$$\frac{E_{t+1}}{E_t}=\frac{\sum_i X_{i,\ t+1}P_{i,\ t+1}}{\sum_i X_{i,\ t}P_{i,\ t}}=\frac{\sum_i X_{i,\ t+1}P_{i,\ t+1}}{\sum_i X_{i,\ t+1}P_{i,\ t}}\times\frac{\sum_i X_{i,\ t+1}P_{i,\ t}}{\sum_i X_{i,\ t}P_{i,\ t}}=\frac{P_{t+1}}{P_t}\times\frac{Q_{t+1}}{Q_t}$$

通常一种分解方法并不比另一种更好。参见图 4-2。不同的方法只是简单地更改了一阶近似值发生的位置——不是在 t 时期就是在 $t+1$ 时期。

第一个基于 t 时期的价格指数(即价格是按 t 时期的数量加权的)，称为拉氏价格指数。第二个基于 $t+1$ 时期的价格指数称为派氏价格指数。

将拉氏价格指数和派氏价格指数以几何平均值的形式组合在一个指数中， 51

即费雪理想指数。价格的费雪理想指数是：

$$\left(\frac{\sum_i X_{i,\ t} P_{i,\ t+1}}{\sum_i X_{i,\ t} P_{i,\ t}}\right)^{\frac{1}{2}} \left(\frac{\sum_i X_{i,\ t+1} P_{i,\ t+1}}{\sum_i X_{i,\ t+1} P_{i,\ t}}\right)^{\frac{1}{2}}$$

与拉氏和派氏指数不同，我们现在不再知道偏差的方向（度量了成本函数从 t 时期价格到 $t+1$ 时期价格变动的量度）。但是我们知道该指数至少优于拉氏和派氏指数之一（偏差更小）。

环比价格指数

假设我们在很长的时间跨度区间进行以上计算。我们可以考虑以下拉氏和派氏比率：

$$\frac{\sum_i X_{i,\ 1950} P_{i,\ 2015}}{\sum_i X_{i,\ 1950} P_{i,\ 1950}} \text{以及} \frac{\sum_i X_{i,\ 2015} P_{i,\ 2015}}{\sum_i X_{i,\ 2015} P_{i,\ 1950}}$$

它们将给出完全不同以至于实际上是无用的答案。先来看看右侧的分母，假如 i 为手机。1950 年手机的价格是多少？价格将会高到令人感到荒谬。一部现代手机能做的计算可能比 1950 年之前的所有手机做的计算的总和还要多。你永远不会考虑以 1950 年的价格购买 2015 年的商品组合。同样来看看左侧的分子，我们将所有 1950 年没有的新产品都排除在外。例如，手机的权重会非常小。简而言之，长期来看，忽略替换效应会引起很大误差。我们使用环比价格指数解决这个问题。考虑以下公式：

$$\frac{P_{2015}}{P_{1950}} = \left(\frac{P_{1951}}{P_{1950}}\right)\left(\frac{P_{1952}}{P_{1951}}\right)\cdots\left(\frac{P_{2015}}{P_{2014}}\right)$$

52 也就是说，1950 年至 2015 年间的生活成本的变化，实际上是从一年到下一年的一系列变化。我们可以根据价格指数写下：

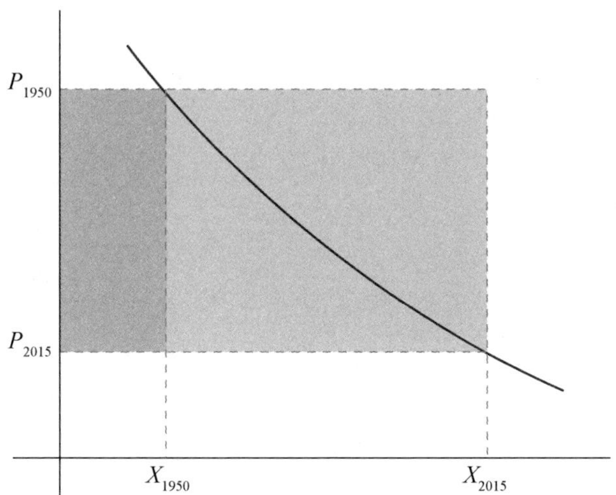

图 4-3：生活成本的变化被两种度量方法极大地低估或高估。

$$\left(\frac{\sum_i X_{i,\ 1950} P_{i,\ 1951}}{\sum_i X_{i,\ 1950} P_{i,\ 1950}}\right)\left(\frac{\sum_i X_{i,\ 1951} P_{i,\ 1952}}{\sum_i X_{i,\ 1951} P_{i,\ 1951}}\right)\cdots\left(\frac{\sum_i X_{i,\ 2014} P_{i,\ 2015}}{\sum_i X_{i,\ 2014} P_{i,\ 2014}}\right)$$

在这个公式中，新商品一出现就被添加到价格指数中。当手机价格便宜到足以让人们购买时，它便会出现在价格指数中。

现在，让我们以直观的方式来度量 1950 年至 2015 年之间的生活成本的变化。用货币而不是比率表示，拉氏方法和派氏方法是 $\sum_i X_{i,\ 1950}(P_{i,\ 2015} - P_{i,\ 1950})$ 和 $\sum_i X_{i,\ 2015}(P_{i,\ 2015} - P_{i,\ 1950})$。假设只有一个价格变动而其他价格保持不变，并且这两年的收入是相同的，我们可以画出常见的马歇尔需求图的变化，如图 4-3 所示。

较小的矩形是以拉氏指数的方式估算生活成本的变化：用初始消费组合加权价格的变化。较大的矩形是用最终消费组合估算生活成本的变化的，就跟派氏指数一样。

而这两个指数用于估计的生活成本的真实变化是：

$$C(P_{1,\ t+1}, \ldots, P_{N,\ t+1},\ \bar{U}) - C(P_{1,\ t}, \ldots, P_{N,\ t},\ \bar{U})$$ 53

我们仍然有参照点的问题。这次的难题在于使用哪个时期的效用 $\bar{U}$(t 时期

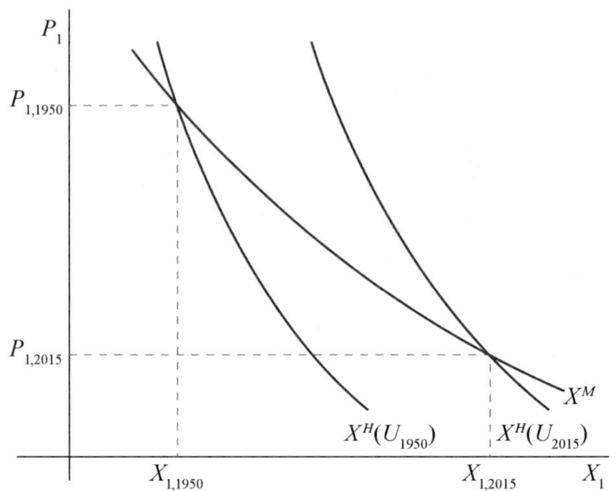

图 4-4：希克斯需求曲线回答了两个不同的问题：获得 1950 年效用水平的成本有多便宜？获得 2015 年效用水平的成本有多昂贵？

的效用，还是 $t+1$ 时期的效用？）。现在问题不在于使用哪一种估计方法，我们所选效用的变化对应不同的问题。我们可能想知道在 1950 年获得 2015 年效用水平需要花费多少钱，或者可能想知道在 2015 年获得 1950 年效用水平需要花费多少钱。

为简单起见，如图 4-3 所示，假设仅商品 1 的价格变化，我们可以得到

$$C(P_{1,t+1}, \bar{P}_2, \dots, \bar{P}_N, \bar{U}) - C(P_{1,t}, \bar{P}_2, \dots, \bar{P}_N, \bar{U})$$

$$= \int_{P_{1,t}}^{P_{1,t+1}} \frac{\partial C}{\partial P_1} dP_1 = \int_{P_{1,t}}^{P_{1,t+1}} x^H(P_1, \bar{P}_2, \dots, \bar{P}_N, \bar{U}) dP_1$$

由于成本变化是在希克斯需求曲线左侧的区域，图 4-4 在图 4-3 中添加了一些希克斯需求曲线，假设商品 1 是正常品，这使得希克斯曲线对价格的敏感度比马歇尔曲线低。

参见图 4-4，我们绘制的希克斯需求曲线比马歇尔需求曲线更陡峭。这是为了帮助大家能一眼看出它们的区别，而真实情况中它们斜率之间的区别会比
54 图片显示的更小一些。回顾斯勒茨基方程，如果收入弹性为 1，商品份额为 1%，则马歇尔和希克斯弹性仅相差 0.01。在考虑马歇尔和希克斯需求曲线之间的关系时请牢记这一点。

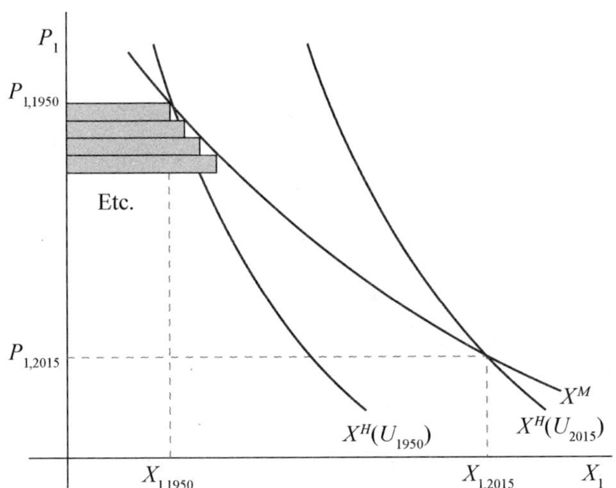

图 4-5：环比价格指数大致就是马歇尔需求曲线下方的区域。

但是，如何使用马歇尔需求曲线来度量生活成本呢？图 4-4 似乎并不那么不合理，因为马歇尔曲线下方的区域为我们提供了两条希克斯曲线下方区域之间的空间。

然而，应注意的是，图 4-4 中的两条希克斯曲线需求曲线正在回答两个不太一样的问题。左边的希克斯需求曲线表明达到 1950 年效用水平要便宜多少，而右边的希克斯需求曲线表明达到 2015 年效用水平要贵多少。

环比价格指数估计了 1950 年至 1951 年的成本变化，增加了 1951 年至 1952 年的成本变化，以此类推。环中的每个环节都根据当时人们购买的数量（即马歇尔需求曲线上的数量）对价格变化进行加权。因此，环比价格指数可以显示在同一张图片中：参见图 4-5。

另一方面，费雪指数对图 4-3 中已经描述的拉氏和派氏指数进行平均。参见图 4-6。

记住是什么促使我们使用价格指数——我们想弄清楚价格随时间变化的重 55
要性。需求曲线为我们提供了许多有关的信息。让我们再次考虑只有一个商品的例子，参见图 4-7，每新增的 1 单位的边际价值必须等于要支付的价格。所以我们不问人们一件商品的重要性——当商品的价格增加时，人们会通过他们的消费意愿来揭示该商品的重要性。

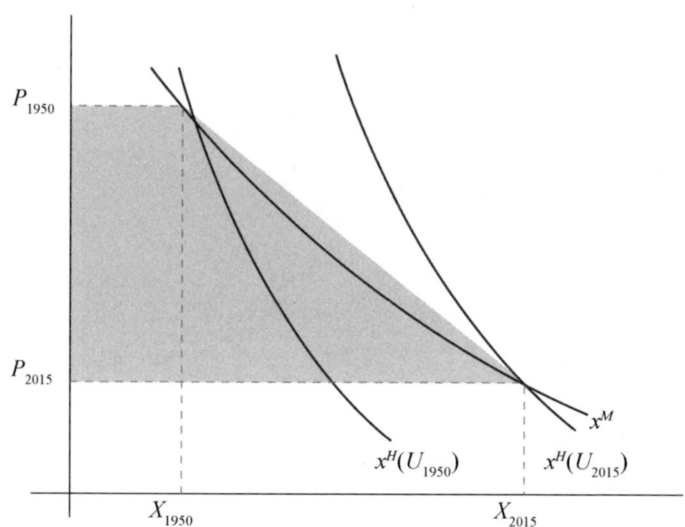

图 4-6：费雪指数平均了拉氏和派氏指数。

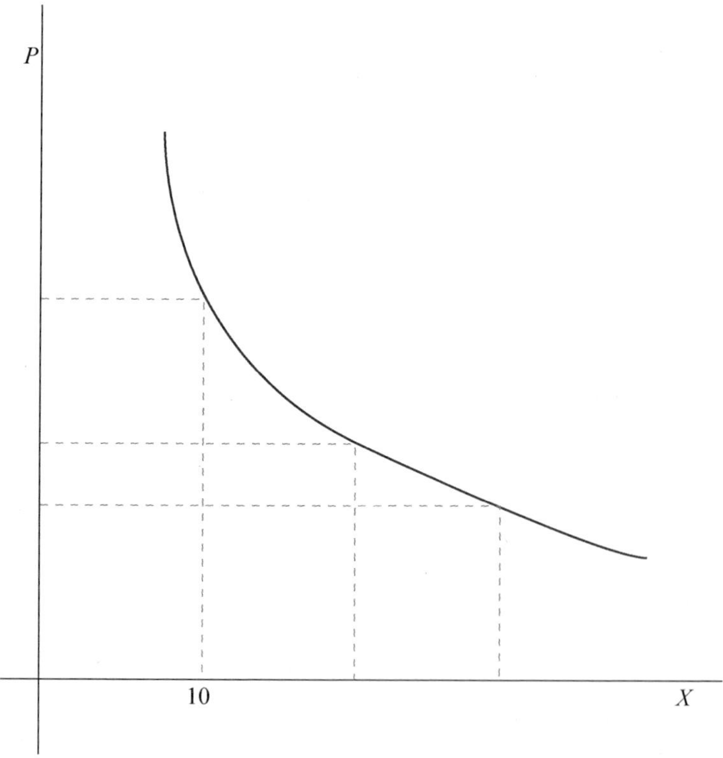

图 4-7：第 10 个单位的边际价值必须等于价格。因此人们揭示了第 10 个单位的商品对他们的价值。

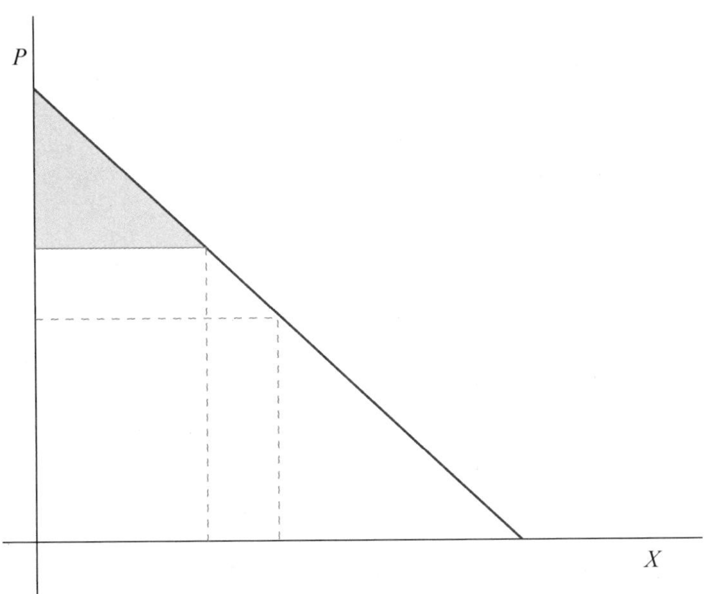

图 4-8： 当我们滞后地将新商品计入时，我们会漏掉图中的阴影区域。

即使采用环比价格指数，我们还是只能滞后地计入新商品。也就是说，有一段时间人们会购买它们，但我们尚未将它们纳入我们的指数中。那么我们会错过价格高昂时的最初收益。请参见图 4-8。

理想情况下，当商品无法获得时，其价格应采用当时的截点价格，所以环比价格指数可以描绘图 4-8 中的阴影区域。但是在常规实践中，我们仅在商品交易时才度量价格。

用成本函数评估质量变化

另一个有关价格指数的问题是：随着时间的推移，商品会有所不同；质量
会有变化。考虑质量的一种方法是考虑产品所使用的部件。以汽车为例，随着 56
时间的推移，我们可能会用每加仑行驶的英里数来衡量汽车的质量。然而，许多经济学家都使用的一个简单模型是：更高的质量意味着更低的有效价格。那么 1 单位的今日商品等于 K 单位的旧商品。假设 X_i 是一种变好的商品，那么

有一个旧 X_i 和一个新 X_i。于是：

$$X_i^{new}(P_1,\ldots,P_{i-1},\ P_i,\ P_{i+1},\ldots,P_N,\ M)$$
$$=\frac{1}{K}X_i^{old}(P_1,\ldots,P_{i-1},\ P_i/K,\ P_{i+1},\ldots,P_N,\ M)$$

因为商品 i 的每单位价格按 $1/K$ 比例变化，而 1 旧单位只相当于 $1/K$ 新单位。例如，糖果过去每盎司 0.50 美元，现在 2 盎司的价格为 0.50 美元。每盎司价格从 0.50 美元变到 0.25 美元。很显然当每个糖果的体积和重量都增加后，我们想要更多单位盎司的糖果，但是当糖果用个数而非重量来度量时，我们还会
57 想要更多的糖果吗？假设需求弹性为－1。在价格减半后，我们需要原先两倍的盎司数，这意味着相同数量的糖果。因此，如果需求是弹性的或无弹性的，我们相应地需求更多或更少的糖果。因此，提高质量可能会减少需求（针对总数量来说）。这是现实的，例如，如果轮胎质量提高了，我们更换轮胎的频率就会降低。

我们也可以用有关轮胎的例子再次思考需求弹性。为什么我们认为对轮胎的需求缺乏弹性？假设轮胎-里程的价格下降了，降为以前的一半。那么汽车的价格下跌多少？显然下跌的金额要少得多。因此，即使对汽车的需求具有弹性，轮胎价格的下降也不会使汽车的总价下降太多，因为轮胎在汽车成本中所占的比例很小。因此，汽车需求的增加不会大大增加轮胎的需求。那么一家轮胎制造商会怎么样呢？假设一家制造商降低了其轮胎的价格，我们知道它的需求是有弹性的。为什么？如果需求缺乏弹性，那么制造商就会**提高**价格以赚更多的钱。

58 假设我们的计量经济学水平不足以让我们估计如上式所示的 X_i 的需求弹性。提高质量仍然对互补品和替代品具有非常可预测的影响：

$$X_j=X_j(P_1,\ldots,P_{i-1},\ P_i/K,\ P_{i+1},\ldots,P_N,\ M)$$

也就是说，如果商品 i 变得更好，人们对 i 的替代品需求会变少，对 i 的互补品需求会增加。

现在假设我们知道商品的需求函数。以香烟为例。假设人们知道香烟是有

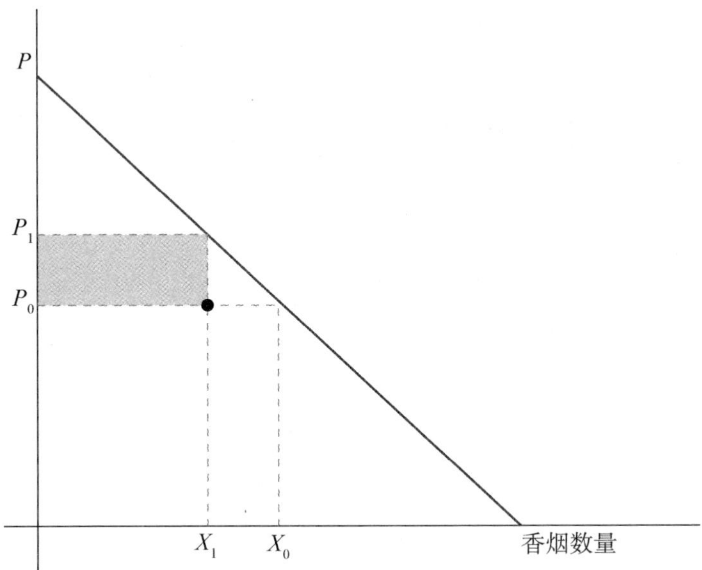

图 4-9：根据上面阴影区域的新信息，我们可以评估人们有关香烟对健康影响看法的变化。

害的，并且相应地将消费量从 X_0 减少到 X_1，香烟的货币价格仍为 P_0。人们会改变多少他们对吸烟影响健康的评估呢？我们要把香烟价格提高多少才能使人们对香烟的消费量减少到 X_1？图 4-9 中的阴影区域告诉我们答案：在单位数量的基础上，人们对吸烟的健康成本的评估增加了 P_1-P_0。

香烟的价格是 P_1，这是货币成本 P_0 和感知到的健康成本 P_1-P_0 的总和。

—第 5 章—

消费者理论的深入

买方的无差异曲线

回想一下，个人需求曲线告诉我们，在给定价格下消费者选择购买的商品数量。在给定价格下，除了这个消费量之外的任何一个其他选择都会使消费者的效用变得更糟。此外，给定数量，人们希望价格越低越好。考虑到这些，我们可以在需求空间中绘制一条无差异曲线和一条（马氏）需求曲线，参见图 5-1。

图 5-1 中无差别曲线与水平的价格线相切，且在该点与需求曲线相交。可以很明显地看出，需求曲线上的任意一点都表示了给定价格下的消费者的最优购买量。

那么我们如何看待那些在需求曲线右侧进行购买的人？这是消费者理论悖论吗？并不是，因为从边际来说，并不值得费力去刚好达到那个最优点。需注意的是，在图 5-1 中，无差异曲线的斜率在需求曲线处为零，这意味着对消费者来说，是在需求曲线上的点，还是在紧挨该需求曲线右侧的点，两者之间基本上是没有差异的。因此只有无差异曲线二阶效应会使消费者的状况恶化。因此，我们通常并不担心人们是否以给定价格购买了比最优量稍微多一点的商品。

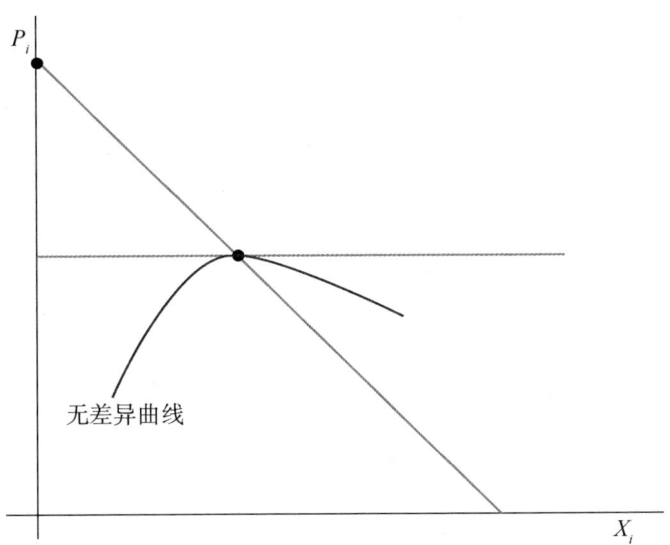

图 5-1：在（X_i，P_i）空间中，我们可以绘制无差异曲线。每条无差异曲线均与一条价格线相切，且在该点与需求曲线相交，这表示了以给定价格可购买的最优数量。

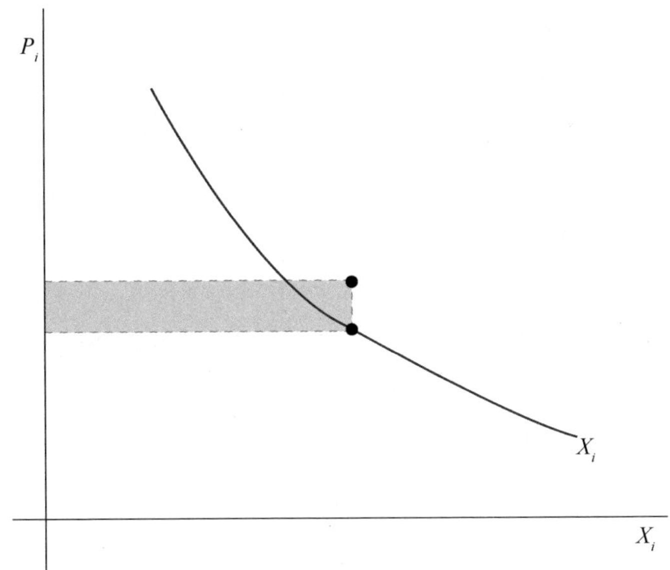

图 5-2：我们会在意所去的超市收费比其他超市更高，但是我们不太关心可口可乐还是百事可乐更贵。

但是，如果有人在其需求曲线**上方**（如图 5-2 所示），该怎么办？这表示
消费者为某一特定商品组合支付的价格高于该组合在需求曲线上的价格。在这 60

里消费者理论是矛盾的。为需求曲线上一个给定的产品组合支付更高价格的成本，要比在给定价格下购买需求之外的产品的成本高得多。图 5-2 中的阴影区域描述了消费者支付更高价格所造成的损失。

人们在杂货店以这种方式购物。他们会在价格上货比三家，但是一旦进入商店，他们经常会购买多于给定价格下需求曲线所显示的商品。

消费者误导信息和“可说服性”是消费者理论的一种预测

消费者有强烈的动机为给定的数量支付更少的钱，但很少有动机以给定的价格购买恰好数量正确的商品。消费者理论告诉我们，人们应该对购买多少的建议持开放的态度，只要它不太远离需求曲线的左边或右边。它还告诉我们，在某种程度上，信息是昂贵的，消费者会误判他们应该购买的数量。这些错误的信息导致他们买得太多或太少，但这些购买错误只要不是太大，就几乎不会影响消费者福利。何必为价值很小的信息付费？

61 越来越多的经济学文献断言，消费者有时会围绕他们所购买的东西产生误导信息，如果受到刺激，他们会做出不同的选择（Thaler 和 Sunstein 2008）。这一结果并不令人惊讶，让我们感到惊讶的是这类研究的作者否定消费者理论的言论。只要信息的获取不是免费的，消费者的误导信息和对建议的反应就是源于消费者理论的预测。

第 13 章在市场背景下重新审视了这一点，表明消费者的“可说服性”曾多次成为促进竞争的力量，从而提高了效率和消费者福利。

—第 6 章—

长期需求和短期需求以及成瘾案例

一个例子：汽车和汽油的需求 62

为了说明长期和短期需求之间的区别，以汽油需求为例。让我们从图 6-1 开始。

市场从价格 P_0 和数量 Q_0 开始。如果汽油价格上升到 P_1（戏剧性的增长，正如我们在历史上多次看到的那样），会发生什么？需求原理告诉我们，人们会少买汽油。但我们认为，至少在短期内，汽油需求将相对缺乏弹性。如果把汽油价格翻倍，我们可能会看到汽油需求量下降仅仅 10%左右，就像图 6-1 中的 Q_1。

许多人说汽油的需求是完全无弹性的，这是不正确的。当油价上涨时，人们确实会节省汽油。人们节约汽油的主要方式是什么？人们会缩短旅行距离或减少旅行次数；他们可以选择较短的假期，或者他们不像其他时候那样开车去比较远的地方度假。人们也可能乘公共汽车或地铁，步行，或采用其他方式而不是开车。所有这些都是“减少驾驶”的方法。正如我们在谈论汽车和轮胎时，得到调整的是驾驶量。如果我们想减少 10%的汽油消耗，我们是否需要减少 10%的行驶里程？行驶更少的里程是我们减少汽油消耗的唯一方式吗？

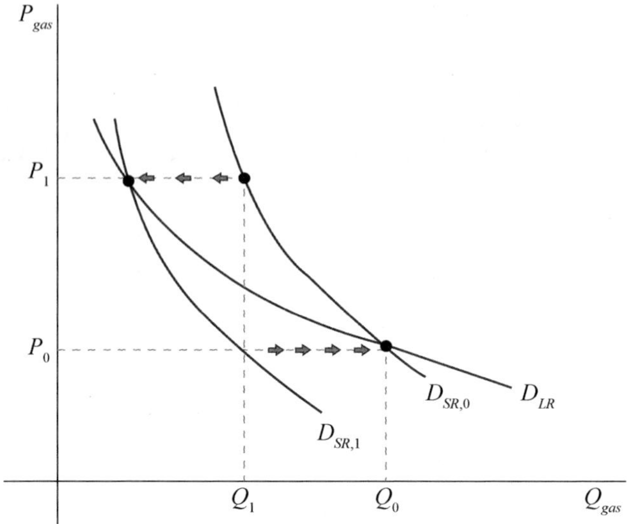

图 6-1：汽油的长期和短期需求。在长期的需求中，所有其他商品的价格都保持不变，而所有其他商品的数量，尤其是汽车的数量会有调整。每个短期需求曲线都对应长期需求曲线上特定数量的汽车。

许多家庭拥有不止一辆车，这是随时间变化的。人们可以开一辆较小的汽车，而将面包车留在家中。他们也可以继续相同的旅行，但是使用更小更省油的汽
63 车。人们不会在一夜之间改变他们家庭中汽车的构成，但他们仍然可以改变上路的汽车构成。调整车库里的汽车数量可能需要时间，但上路的汽车数量可以立即改变。随着越来越多的家庭拥有不止一辆车，这种短期影响已经变得越来越重要。尽管如此，短期内能做的调整是很有限的。这就是为什么短期需求曲线 $D_{SR,0}$ 相对陡峭。

如果汽油价格维持在 P_1 会怎样呢？人们会购买更小或更节能的汽车。当汽油价格上涨时，小货车的销量会下降，而节能汽车的销量会上升。还有其他可以调整的空间。城市可以提供公共交通，人们也可以搬到离工作地点更近的地方 —— 从长远来看，可能的应对措施要比短期内多得多。所以，随着时间的推移，消费点移动到 Q_1 的左边。因为我们有更多的替代品，消费对价格上涨的反应在长期会更有弹性。在图 6-1 中，长期需求曲线 D_{LR} 比短期需求曲线 $D_{SR,0}$ 更平坦。

尽管我们讨论的是来自效用函数的消费者需求，但我们发现，有时候从生产角度来理解消费者需求会更容易。汽油的长期需求不同于短期需求的一个主要原因是汽车数量在变化，这就是生产函数法。考虑图 6-1 中 P_1 价格水平下 64
的两点，汽车数量在右边和左边的点是不一样的。想想 20 世纪 70 年代的美国，汽油的价格上涨了很多；如果你看看汽车数量，会发现它发生了巨大的变化。8 缸车在 20 世纪 80 年代就停产了。

我们考虑长期需求曲线上价格水平 P_1 对应的左边的点，当价格回落到以前的水平 P_0 时，会发生什么？我们将沿着短期需求曲线 $D_{SR,1}$ 移动。由于汽车数量沿着该曲线是恒定不变的，因此该曲线是弹性减少的。那会发生什么呢？当汽油价格上涨时，汽车变得更加省油。那么汽油价格下跌后发生了什么？8 缸汽车又回来了，甚至 10 缸汽车也回来了。人们对这些车有强烈的喜好。技术确实发生了变化，引擎的效率要比以前高得多，但是我们将这种效率用于什么呢？更高的功率和性能。汽车的性能已大大提高：按照以前的标准，连本田思域都算是高性能的汽车。我们对性能的需求是有弹性的，随着汽油价格的下降，我们使用了许多更省油的技术来获得更好的性能，而不是节省汽油。

关键点是长期来说可以发生更多短期不能做的调整。这对于许多商品而言非常重要，因为当人们可以改变的东西越来越多的时候，他们可以做出更多的反应，汽车和汽油就是很好的例子。我们将在本章后面部分讨论另一个例子。

短期需求曲线与需求系统的关联

在短期内汽车的需求量是保持不变的，而需求系统则假设所有需求量都会调整：

$$X_G = X_{Gas}(P_{Gas},\ P_{Cars},\ \cdots)$$

$$X_C = X_{Cars}(P_{Gas},\ P_{Cars},\ \cdots)$$

其中 X 表示数量，P 表示价格，下标表示特定商品。每个商品的数量都取决于所有价格。

65 需求系统认为，汽油的需求取决于汽油价格和汽车价格。显然，我们可以预计第一个影响为负，第二个影响也为负，因为汽车和汽油是互补的。当汽车变便宜时，我们想要更多的汽车和更多的汽油。

为了得到汽油的长期需求曲线，我们使用需求系统，在保持所有其他价格不变的情况下改变汽油价格：

$$\frac{dX_G^{LR}}{dP_G}=\frac{\partial X_{Gas}}{\partial P_G}$$

长期反应着眼于当人们可以自由调整其他商品时，以及重要的是当人们自由调整他们拥有的汽车（或他们是否拥有一辆汽车）时，汽油的需求量是如何对其价格做出反应的。

现在我们用相同的需求系统来得到短期需求曲线。短期的不同之处在于人们不能改变汽车的需求量。这不是法律，而是汽车的供给在短期内是固定的，所以价格——尤其是汽车的价格——在短期内必须发生调整，这样人们才会愿意购买汽车：

$$dX_G^{SR}=\frac{\partial X_{Gas}}{\partial P_G}dP_G+\frac{\partial X_{Gas}}{\partial P_C}dP_C$$

第一项是长期效应，第二项反映了汽车价格的短期变化。此外，需求系统告诉我们必须改变汽车价格 dP_C， 这样当汽油变得昂贵时，人们仍然愿意拥有他们的汽车：

$$0=dX_C^{SR}=\frac{\partial X_{Cars}}{\partial P_G}dP_G+\frac{\partial X_{Cars}}{\partial P_C}dP_C$$

0 表示供给的变化，在市场达到均衡时它等于需求的变化。解上述公式，可以得到为了保持汽车数量不变，每单位汽油价格变化时汽车价格必须发生的变化：

$$\frac{dP_C}{dP_G}=-\frac{\dfrac{\partial X_{Cars}}{\partial P_G}}{\dfrac{\partial X_{Cars}}{\partial P_C}}$$

如果汽车和汽油是互补品，则交叉价格项（分子）是负数。随着汽油价格 66
的上涨，我想要更少的汽车。因此整项是负的，这意味着汽车价格将不得不下跌，才能保持人们拥有的汽车数量不变。我们可以将该方程代入汽油需求方程，得到：

$$\frac{dX_G^{SR}}{dP_G}=\frac{\partial X_{Gas}}{\partial P_G}-\frac{\dfrac{\partial X_{Gas}}{\partial P_C}\dfrac{\partial X_{Cars}}{\partial P_G}}{\dfrac{\partial X_{Cars}}{\partial P_C}}$$

注意第一项是负数，因为这是自身价格长期效应。第二项的符号（包括减号）是正的。这意味着短期效应将小于长期效应，因为第二项减弱了它。随着汽油价格的上涨，人们希望购买更少的汽车，但是汽车的价格将会下降。这将使得人们在短期持有比长期更多的汽车，因此他们在短期购买比长期更多的汽油。这是短期需求比长期需求缺乏弹性的基本机制。

在这个例子中，汽车和汽油是互补品，但在其他应用中我们对替代品也很感兴趣。在替代品中，分子中的两个交叉价格项均为负数，但它们的乘积仍然是正的，因此无论我们拥有的是替代品还是互补品，长期效应都大于短期效应。区别在于机制：当汽油变贵，短期内其替代品也会变得更贵，因为根据定义它们的数量是固定的。另一方面，它的互补品会变得更便宜，例如汽车。

从消费存量的角度来理解成瘾

我们以汽车市场存量为例，分析了消费要素在短期内无法调整的情况，从而产生了对汽油等互补品的长期和短期需求差异。这一节我们将讨论习惯和上瘾为何也是这样的例子。

成瘾的关键是什么？也就是说，成瘾商品的什么需求特征与传统需求模型 67
中所讨论的不同？我们首先注意到，过去的消费对今天的消费决策至关重要。这是一种典型的互补性，即过去和现在是互补的。贝克尔和墨菲（Becker and

Murphy，1988）关于成瘾的论文中针对生产库存的标准永久库存公式，阐述了随着时间推移的互补性，只是现在它被用于“消费存量”：

$$S_t = (1-\delta)S_{t-1} + C_t$$

其中折旧参数 $\delta \in (0, 1]$。可以求解存量变化方程，来得到与整个消费历史相关的存量：

$$S_t = \sum_{j=0}^{T} (1-\delta)^j C_{t-j}$$

其中日期 $t-T$ 是消费者第一次消费该商品。这里与生产存量是没有代数差异的。而实践差异在于，存量 S 不同于房屋或车辆的存量，并且存量的增加被称为“消费”而不是“投资”。S 代表消费者的历史轨迹。这些对于习惯和成瘾是非常重要的，因为你今天的购买意愿取决于你过去的消费量。

那么消费者要解决的问题是：

$$\max v(y) + \sum_{t=0}^{\infty} \frac{1}{(1+\rho)^t} U(C_t, S_{t-1})$$

其中 y 是所有还没有形成习惯的其他商品的消费总和。因此我们可以将每个存量项替换为它的后顾性消费表达式，并且注意此处最大化的目标仅是每个时间点的消费函数，可以用在第 1 章介绍的一般消费者框架中。就像我们在消费者理论时做的一样，我们假设最简单的情况来描述当前的情境，也就是习惯性行为。因此我们在先前的设置中仅增加了一种复杂性，即效用取决于消费存量变量。

68 我们假定 $U_{CS} > 0$，因此随着该商品消费存量的增加，消费的边际增加可以获得更多的效用。我们假设 U_{CS} 足够正，使得某一时刻的消费会增强未来（尤其是不久的将来）的消费。

我们知道 $U_C > 0$。但是，U_S 呢？我们将 $U_S < 0$ 表示为负面成瘾，将 $U_S > 0$ 表示为正面成瘾。例如，运动是正面成瘾的例子。但是，负面与正面之间的差异并不像我们假设的当前消费会增加未来消费那样重要。当前消费和未来消费是互补品，锻炼、听古典音乐或学习价格理论是互补的，吸烟或服用可卡因也是。

出于同样的原因，互补（要求 $U_{CS}>0$）并不能告诉我们互补的活动是好的（$U_S>0$）还是不好的（$U_S<0$）。有时这是社会互动研究中混乱的根源。当我的邻居买了一辆更快的车时，我的反应是买一辆更快的车。这告诉我们他对跑车的消费是对我对跑车消费的互补。这并不表明他的购买损害了我，尽管他购买的结果是我花了更多钱在汽车上。评价一个人的跑车是否会伤害或帮助他朋友的更好方法，是观察人们如何选择他们的朋友。他们是否会为了让自己显得优越而去选择开老爷车的朋友？

现在考虑在时间 t，从每单位额外消费获得的边际效用：

$$\frac{1}{(1+\rho)^{t}}U_C(C_t,\ S_{t-1})+\frac{1}{(1+\rho)^{t+1}}U_S(C_{t+1},\ S_t)+\frac{1-\delta}{(1+\rho)^{t+2}}U_S(C_{t+2},\ S_{t+1})+\cdots$$

$$=\frac{1}{(1+\rho)^{t}}\left[U_C(C_t,\ S_{t-1})+\frac{1}{1+\rho}\sum_{j=1}^{\infty}\left(\frac{1-\delta}{1+\rho}\right)^{j-1}U_S(C_{t+j},\ S_{t+j-1})\right]$$

第一项是常规项——从今天来看，更多的今天消费是有价值的。其他项反映了 t 时期的消费增加了习惯的存量，尤其是在不久的将来。理性的消费者在做出有关 t 时期消费的决定时会考虑未来的消费。对负面成瘾来说，所有的未来项都是负面的。

当边际效用表达式在存量 S_{t-1} 中递增时，消费随时间是互补的。这比 69
$U_{CS}>0$ 条件更强，因为 S_{t-1} 增加了未来的存量，从而减少了未来存量的边际效用（或增加了边际负效用）。

成瘾行为的短期和长期价格效应

正如将在第 15 和 16 章中讨论的那样，我们在这里考虑稳态，以及存量 S 如何沿着最佳时间路径趋近稳态。在稳态 $C=\delta S$，我们认为需求原理成立：C 的稳态价格越高，稳态消费就越少。

消费历史仅在 S_{t-1} 时才重要。也就是说，S 是一个状态变量，就像第 15 和

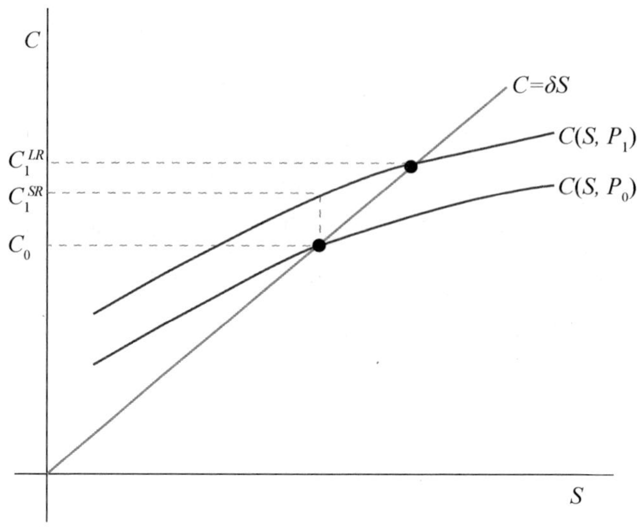

图 6-2：当价格下降时，$C(S)$ 向上移动，且成瘾商品的长期消费增加。45 度线是稳态，在此状态下，消费替代了减少的消费存量。

16 章中的生产资本 k 一样。政策函数 $C(S)$ 表示当消费者的历史消费由存量 S 表示时的当前最优消费。这个方程的斜率告诉我们该商品是否致瘾——消费是否会随着时间互补。在成瘾的情况下，它是向上倾斜的。

图 6-2 是了解最优消费动态的示意图。稳态必须位于从原点出发的线上。政策函数向上倾斜，如图所示，从上方穿过线 C（暂时忽略上方的政策函数）。

政策函数显示，消费者从少于稳态存量开始，最终的消费会高于此线，也就是说他或她的消费量大于存量的折旧。因此，消费者的存量随着时间的推移而增加，并从左侧开始接近稳态。一个类似的观点是，从多余稳态存量开始的消费者随时间变化从右边趋于稳态。换句话说，当政策函数从上方穿过此线时，交叉点是一个很稳定的稳态。

假设消费者现在处于稳态，这时成瘾商品的价格有一个突然且永久的下降。新的政策方程高于旧的政策方程，如图 6-3 所示。在短期内（在存量可以
70 更改之前），消费会增加到新政策方程上方的点。但是，新的消费水平仍低于新的稳态消费。

换句话说，从长远来看，突然且永久的价格下降在长期增加的消费多于短

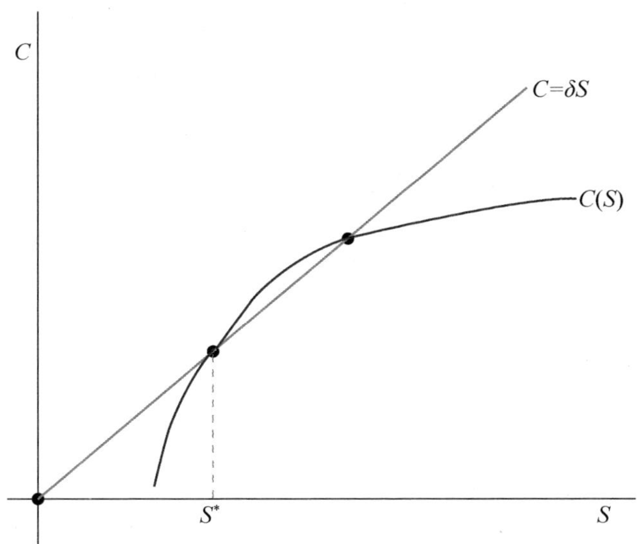

图 6-3：不稳定稳态的情况。来自 S^* 的干扰会导致某人退出或达到更高消费水平的稳态。

期的。如果想知道价格增加到底抑制了多少成瘾商品的消费，只看短期反应的话将会得出一个被大大低估的结果。

这就好比汽油价格变化对汽车和汽油消费的短期和长期影响。汽油价格的突然且永久的变化会立即改变汽油的购买，但不会改变人们拥有的汽车数量或类型。随着时间的流逝，汽车也会发生变化，因此汽油购买的长期反应会更大。汽车实际上并不是历史汽油消费的存量，但是汽油和汽车之间的互补性很像成瘾模型中 S 和 C 之间的互补性。

$C(S)$ 可能是足够非线性的，所以它在一定范围内可以从下方穿过此线。它也可以从上方再次穿过它，如图 6-3 所示。在这种情况下，存在多个稳态，并且其中一个不太稳定。如果从 S^*（不稳定的稳态存量）的右边开始，将向右移动；如果从左边开始，则向下移动并最终退出。

我们可以想想此模型中的修复。考虑在图 6-3 中沿着 $C(S)$ 下移。那么从 S^* 开始的人将在线 C 下方沿着政策函数退出。当修复结束，政策函数将回到图示中初始的 $C(S)$ 曲线，但此时可能处于另一个 $C=0=S$ 的稳定的稳态。 71

当宣布成瘾商品为非法时，该模型告诉我们什么？当消费成瘾商品是非法的，找到戒除的好方法的机会也会减少。例如，沉迷于违禁药物的人可能无法在不被起诉的情况下利用其他戒断方法。但是对于理性消费者来说，这是一把双刃剑。戒除有害成瘾越容易，最开始尝试的人就越多。那么根据弹性，让戒断更容易实际上会让**更多的**人尝试致瘾物。

同时我们也必须对某些政策持谨慎态度。举例来说，欺骗人们并夸大管制药物的严重性实际上会让人们退出。但是长远来看，它损害了人们对说谎者的信任。将来说谎者即使说实话，也不会被信任。这样做的代价是很难衡量的。
72 那么准确告知人们管制药物的严重性又如何呢？部分研究表明人们**高估了**吸烟导致肺癌的可能性。但是由于我们更关注人们做出的选择，而不是他们说自己会做出的选择，因此我们必须全部接受这些研究。很少有研究涉及这个方面。

成瘾商品也存在信息问题，至少在它们是新产品时。通常很难立即知道某商品会令人上瘾。公司有可能推出新产品，并就其令人上瘾的信息误导消费者，因为它们的声明在很长一段时间内都无法得到验证。但这并不是成瘾商品所独有的特征。例如，膳食补充剂可以声称服用 20 年是可以预防癌症的，但这很难得到验证。

第一部分习题

价格和替代效应

芝加哥价格理论一般有两种习题类型：结构性问题和“对错题”（TFUs）。 73
结构性问题在一定程度上引导学生建立模型和引入符号。而“对错题”是完全开放的，学生们要试着解释为什么他们认为给出的陈述是“正确”“错误”或“不确定”。这两类问题都是关于现实世界中的经济行为的。

我们不会告诉学生哪些习题是与哪些章节有关的。现实生活中并没有这样的标签，所以习题中也没有。教师们可以分享他们的经验，并将特定的价格理论工具与情景相匹配。

1）消费者购买了食品（F）和其他商品（Y）。消费者的效用取决于消费的食品数量（F）和Y的数量[即$U=U(F，Y)$]。设定商品Y的价格为1(这样所有的价格都可以相对于Y的价格来衡量)。食品是由k种原料x_1，x_2，…，x_k根据生产函数$F=F(x_1，x_2，…，x_k)$制成的产品，其中$F(\ )$是恒定规模回报的（即当所有投入翻倍，食品产量也会翻倍）。

a. 如果你知道生产函数F，你会如何度量食品的价格？你将如何度量食品的消费量？如果你必须在实践中估计这些测度，而又不知道函数F，你会怎么做？

b. 某一特定原料的需求弹性由哪些因素决定？它是否会大于或小于食品的 74
需求弹性？

c. 一种原料的价格变化将如何影响食品的价格和食品的总消费量？

d. 假设食品生产函数中有两个投入要素（即 $k=2$），如何比较两种商品的需求的自身价格弹性？哪种商品的需求曲线更具弹性？考虑补偿或未补偿的需求弹性是否重要？

2）现在考虑“社会”商品的情况，比如跑车（在这种情况下，我们将社会商品定义为我的效用受他人消费选择的影响）。效用取决于三个因素：你对非社会商品的消费（Y）；你对社会商品的消费（X）；你的朋友对社会商品的消费（X_f），也就是$U=U(Y, X, X_f)$。每个人有一个朋友，这个朋友对 X 和 X_f 有相同的偏好（即问题是对称的）。

a. 在 U 的什么条件下，我的朋友对跑车的消费增加会导致我对跑车消费的增加？

b. 在 U 的什么条件下，我的朋友对跑车消费的增加会导致我的效用增加？

c. 如果其他条件相同，人们更喜欢有跑车的朋友，你能从中推断出什么偏好？

d. 如果你的朋友拥有一辆跑车使你嫉妒（也就是说这使得你也想要一辆跑车），那你的偏好是什么呢？

e. 对于固定的一对个体（即一组固定的朋友），如果每个人的行为都是独立的，如何在均衡点确定对汽车的选择？

f. 如果两人是“联合”行动的，对汽车的选择将如何改变？他们会比单独行动时偏好更快的还是更慢的汽车？

g. 如果两个人是“按顺序”行动的，即一个人先买了车，而另一个人知道第一个人的选择后再买车，那么对汽车的选择会发生什么变化？谁会买更快的车？

h. 如果 2c 和 2d 中的条件都是真实的，政府是否应该干预并限制“军备竞赛”，作为改善福利的手段？在什么条件下停止“军备竞赛”才是最佳选择？

75 3）正确、错误还是不确定：使戒烟更容易（例如通过一种新药来减少戒烟的负面影响）会增加吸烟者的数量和总香烟消耗量。

4）正确、错误还是不确定：大米是一种劣等品。

5）正确、错误还是不确定：每周对全职工作（每周工作 30 小时以上）征收 100 美元的税将导致工人每周工作时间的减少。

6）正确、错误还是不确定：电子书的出现降低了实体书的销量。

7）正确、错误还是不确定：降价对消费者的好处只取决于他或她对该商品的消费量，而不取决于他或她是否愿意用其他商品来替代。

第二部分

市场均衡

—第 7 章—

离散选择与产品质量

请想象这样一个场景：消费者们可以决定购买 0 或 1 件某种商品。参见图 7-1。 79

这里，我们忽略了一件事，那就是许多看似离散的商品其实可以被看得更连续。例如，理发服务就是随着时间的推移多次购买的。

市场需求是一个分布函数

每个人都有一个临界值 v_i，这个值以金钱数额衡量了某件商品在其心中的价值。在价格 v_i，个人对购买商品与否并无差异。这也可以用经验来理解。比如，我们可以通过寻找使一个人从不购买变为购买的价格临界点来推断 v_i。

我们可以进一步考虑一个分布函数 $F(v)=\Pr(v_i<v)$，这个函数表示总人口中临界值低于 v 的人口比例。价格为 P 时的市场需求用 $D(P)=(1-F(P))N$ 来表示，N 指人口总数，$(1-F(P))$ 指总人口中购买者的比例。

我们假设个人临界值呈正态分布，那么需求曲线看起来会如何？参见

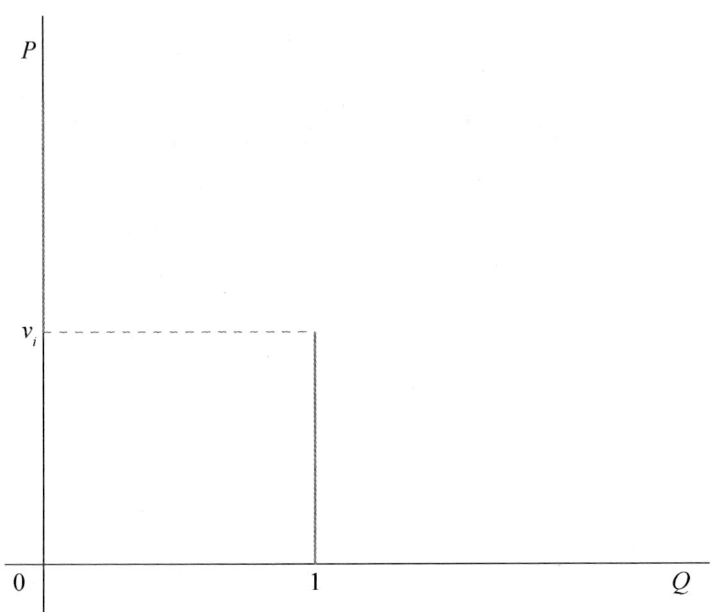

图 7-1：在价格 v_i，个人对购买该商品与否并无差异。

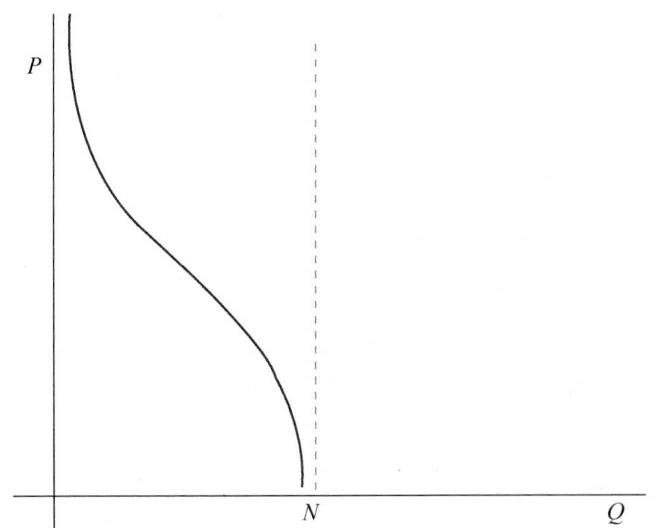

图 7-2：正态分布的情况。

图 7-2。该函数向 N 逼近，N 即商品可出售的最大数量。（对于负临界值的人来说，即使 $P=0$，他们也不想购买。因此对于任何正的价格，需求都可能小

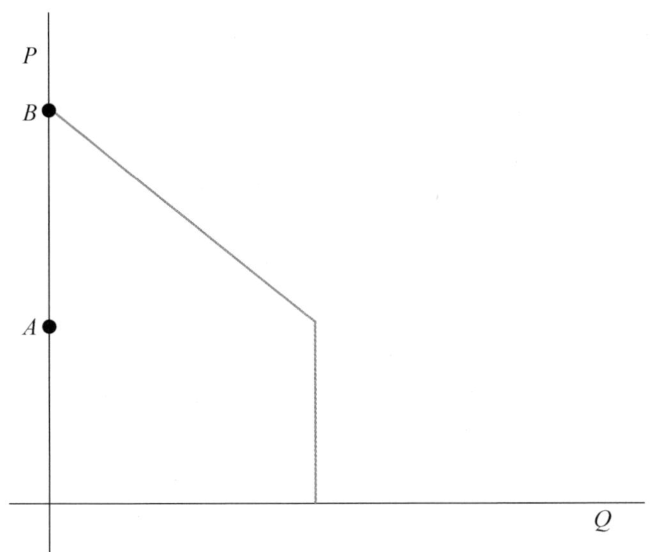

图 7-3：均匀分布的情况。

于 N。）

如果这个分布是均匀的，也就是 $V \sim U(A，B)$，会怎么样？在价格 B， 80
无人购买，而在价格 A， 人人购买。图 7-3 描绘了此时的需求曲线。请注意，这条曲线是线性的。线性需求曲线常常用来表示偏好的均匀分布。

需求弹性可以用一般分布函数表示为： 81

$$\frac{P}{D(P)}\frac{\partial D(P)}{\partial P}=-\frac{PNf(P)}{(1-F(P))N}=-\frac{Pf(P)}{1-F(P)}$$

这里，$f(P)=F'(P)$ 是与 F 对应的概率密度函数。

需求弹性取决于边际购买者与已购者的比例。在高密度点，需求将相对有弹性。我们可以将这些需求函数视为采用曲线。也就是说，这些曲线会告诉我们，随着新商品的出现，有多少人会随着价格的下降而购买。假设商品越来越便宜；然后探讨图 7-2 中正态分布的需求曲线。一旦价格降到足够低，需求就会非常有弹性，因此价格的进一步下降会导致购买量发生巨大变化。当商品足够便宜时，中产阶级会大买特买，但这一事实未必是某种浪潮或网络效应。对于手机，这个模型可能还不够。手机或许还格外需要网络效应的解释，因为拥

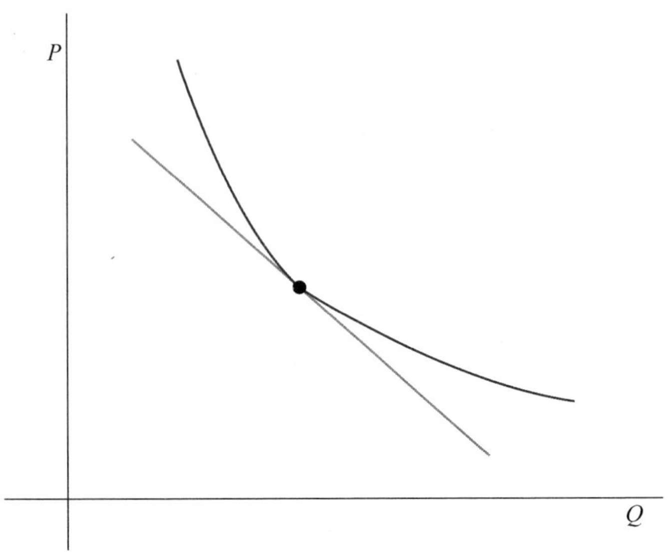

图 7-4：用线性需求曲线拟合需求曲线。

有手机的人越来越多，会让没有手机的人也渴望拥有。

现在请注意，只要有需求曲线，我们就可以使用线性需求曲线对其进行拟合。但这种程序有时无法满足我们的分析需求。例如，在垄断的情况下，需求曲线的曲率就很重要。不过，如果我们对价格-数量关系感兴趣，那么在小范围内推敲将对许多研究用途都很有帮助。参见图 7-4。问题在于，我们是否拟合了与行为相关的所有元素。例如，在评估福利时，我们可以将预算约束视为无差异曲线的近似。然而，如果我们要分析替代品，则无差异曲线的线性拟合意味着我们只能搞定完美替代品。因此，我们必须对无差异曲线的曲率建模。

均衡产品质量

只要进入单选世界，我们就能解决更复杂的问题。现在，我们将继续聚
82 焦离散选择，但将模型扩展为考虑不同质量水平的情况。让我们用 q 表示质量。假设人们还是只会购买 1 件某种商品，比如一台电视机，不过现在他们

还会考虑自己希望电视机达到何种程度的质量。为简单起见，我们假设质量是连续的。以电视机举例，如果我们在意的是尺寸，那么这意味着你大可以购买一台 59.1 英寸的电视机。这不是特别现实，但是能让我们活得更轻松。

我们设无差异曲线为 $U(X, q)$，其中 X 表示其他商品，$P_X=1$，$M=$收入。所以，$X=M-P$，这里 P 指电视机的价格。那么我们可以将效用函数改写为：

$$\bar{U}(M-P, q)$$

有时我们假设准线性效用 $U(X, q)=X+V(q)=M-P+V(q)$。这意味着，当 M 大到足够消费 X 时，收入的边际效用就恒定，因为 X 的效用是线性的。

选择一个 q，使得 $V(q)-P(q)$ 最大，其中 $P(q)$ 是一张一览表，对应着每个质量水平的价格。这意味着，在准线性效用下，商品不是正常品——M 与 q 的选择无关。尽管准线性模型很流行，但我们知道质量选择会随着收入的增加而增加。我们可以用一个更通用的效用函数，$\bar{U}(M-P, q)$，使商品成为正常品。

人们为什么随着收入增长而提高质量（而不是数量）？这其中有一些物理 83
限制——胃容量，一天只有 24 小时，诸如此类。我们应该如何模拟这个数量-质量问题？设：

$$U(X, NV(q))+\lambda[M-X-NP(q)]$$

其中，N 表示数量。我们可以将式子改写为：

$$U(X, Z)+\lambda\left[M-X-Z\frac{P(q)}{V(q)}\right]$$

其中，$Z=NV(q)$ 表示"有效消费"，因为它同时概括了数量和质量。q^* 表示有效质量水平[比率 $P(q)/V(q)$，表示单位享受成本]。单选世界也对这些参数设置了一些限制。例如，$N\leqslant\bar{N}$，$\bar{N}$ 也许就是你的胃容量。接下来，随着收入的增加，人们将提升质量。这或许解释了为什么穷人不通过购买更少的优质商品，而是通过购买较低质量商品来省钱。

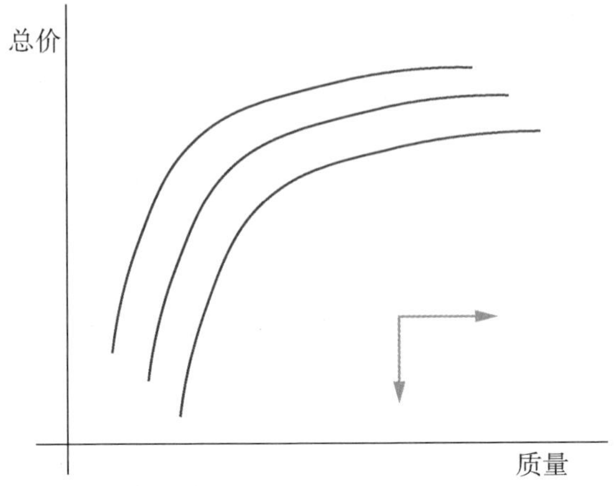

图 7-5：消费者更喜欢较高质量和较低价格。

84 现在，考虑一个稍微通用些的模型，q_j 表示商品 j 的质量，N_j 表示商品 j 的消费。我们可以把效用函数写成：

$$U\left(\sum_{j=1}^{J} N_j,\ \sum_{j=1}^{J} N_j q_j,\ X\right)$$

在这个效用函数中，个人关心的是总数量和质量加权数量。一个有趣的问题是，$\sum_{j=1}^{J} N_j$ 的效用是正是负？毫无疑问，它具有负的边际效用，因为这里有个约束（受 $\bar{N}$ 限制）。商品也许是各种各样的食物，数量由它们蕴含的卡路里代表，质量则取决于个人口味或就餐体验。人们享受吃东西，但不想要过多的卡路里，至少在高收入的情况下饥饿不足为虑。一般来说，只要对 $\sum_{j=1}^{J} N_j$ 的需求增长速度比 $\sum_{j=1}^{J} N_j q_j$ 慢，当你消费得越多，也就在质量阶梯上爬得越高。

通常，人们更喜欢较低的价格和较高的质量。参见图 7-5。这里，曲线没有理由是凹的，但让我们先假设它们是凹的。我们将如何用此模型描述消费者行为呢？

当消费者去商店购买电视机时，我们设价格为 $P(q)$，该价格提高质量至 q。消费者将选择某一个点，使得其无差异曲线从下方与该价格线相切。请参见图 7-6。

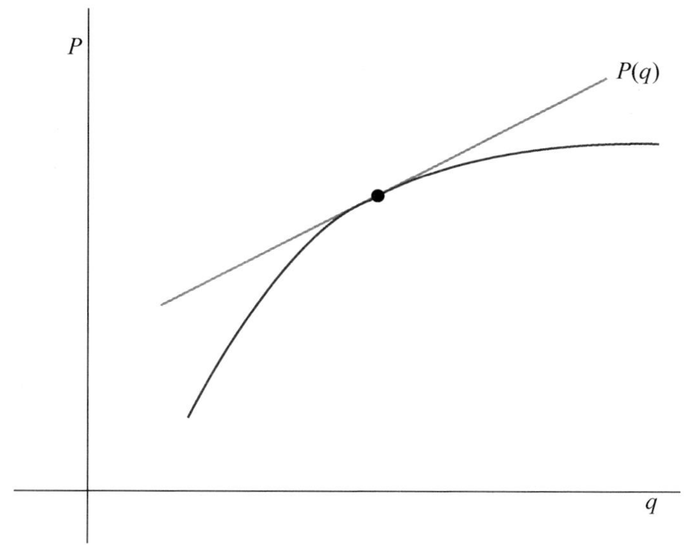

图 7-6：斜率表示额外每一单位质量的边际支付意愿。

相对于均衡价格线，无差异曲线总是必须呈凹形，这就是为什么我们认为无差异曲线是凹的也没关系。（如果无差异曲线的一部分比价格线更凸，则消 85
费者将永远无法在均衡状态选择那一点。）切线斜率代表额外每一单位质量的边际支付意愿。

现在，让我们考虑一下市场中的厂商侧。假设有大量的生产者，单位生产成本为 $C(q)$。每个生产者制造 1 个单元并选择要生产的质量。$N=$ 消费者数量，$M=$ 生产者数量。假设 $M>N$。这意味着利润 $\Pi=0$。为什么？因为一些生产者并不会处于均衡生产状态，也就是说他们不赢利。那么正在生产的生产者就一定赚取零利润。因此，$P(q)=C(q)$。现在，就像之前那样，消费者选取某个质量水平，使得他们的无差异曲线与价格曲线相切。参见图 7-7。

如果消费者中有人变得富裕会怎么样？高收入者的无差异曲线将变得更陡峭，因为他们将对质量有更高的偏好，而质量是一种正常商品。他们的无差异曲线将从下方与低收入者的相交。参见图 7-8。消费者之间的异质性推动他们沿着生产者成本曲线在不同点上进行消费。每个点的价格差异代表着每个消费者购买质量的边际意愿，还描绘了生产者的整体边际质量成本。

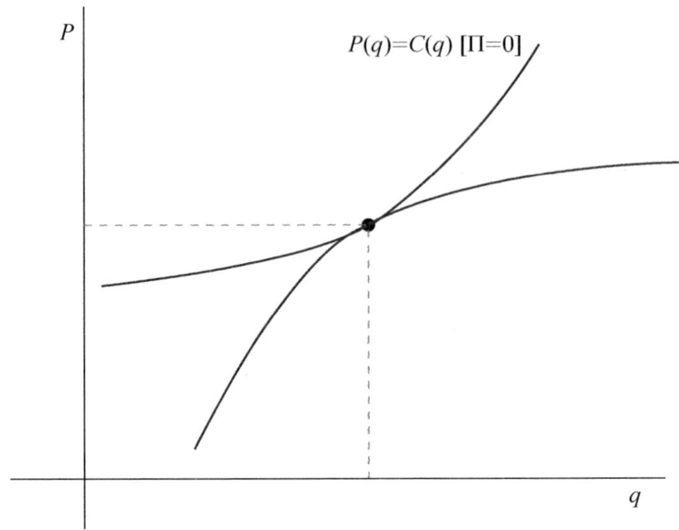

图 7-7：消费者选取某个质量水平，使得他们的无差异曲线与价格曲线相切。

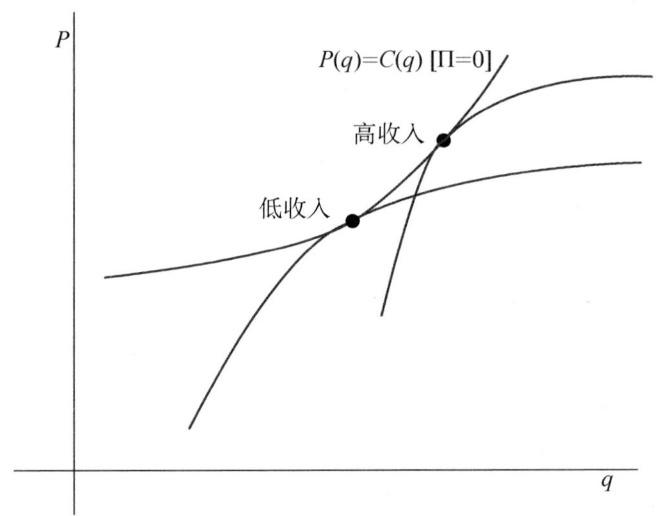

图 7-8：因为 q 是正常的，所以消费者在更富有时会选择更高质量的产品。

87 让我们再思考一下，在 N 保持不变的情况下，q 作为正常品对其他商品 X 与质量 q 之间的无差异曲线意味着什么。参见图 7-9，在无差异曲线上选择一个点。当我们从这一点开始垂直增加时，无差异曲线一定会变得更陡峭，因为这将驱动对质量的额外消费。也就是说，若 q 正常，则为 q 支付的意愿会随 X

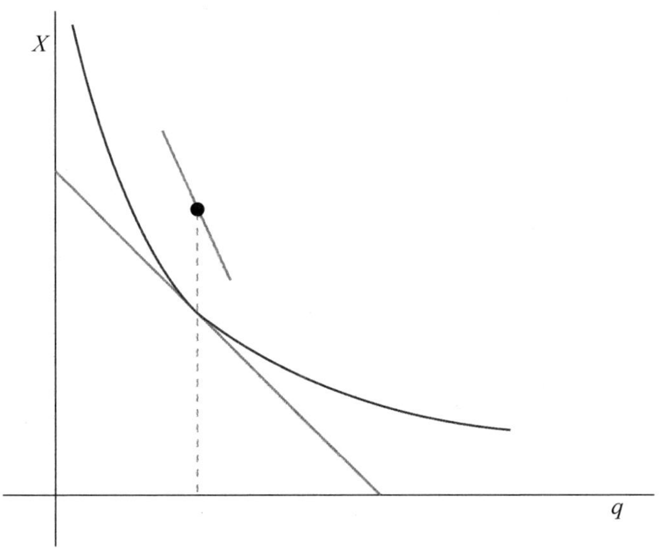

图 7-9：若 q 正常，则为 q 支付的意愿会随 X 增加而增加，且 q 保持不变。

增加而增加，且 q 保持不变。X 的正常性条件则相反。当一个人从无差异曲线的选定点沿一条水平线向右移动时，无差异曲线必定更加平坦，因为这会导致对 X 的消费增加。请注意，在仅有两种商品的情况下，这是正确的，但有多种商品时，情况就更加复杂。

因此，q 的正常性意味着：

$$\frac{\partial(U_q/U_X)}{\partial X} > 0$$

异质性的厂商

我们再看看两类消费者的质量无差异曲线，参见图 7-10。

不同消费者在成本曲线上分别找到最优的分配。这是消费者异质而厂商同 88
质的情况。现在，如果我们把问题变成“有两种不同的厂商但消费者类型唯一”，会怎么样？假设两类厂商都可以自由进入市场，那么就会有许多 1 型厂

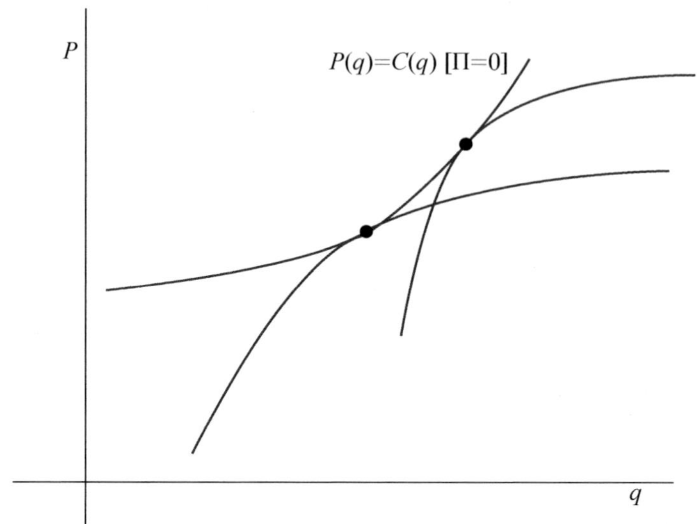

图 7-10：质量成本曲线上的不同分配。

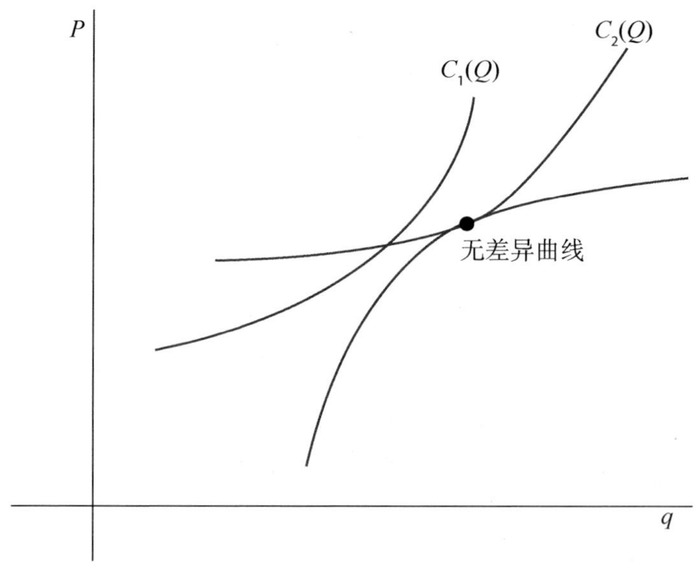

图 7-11：暂时忽略容量限制，同质性消费者会从 2 型厂商购买商品。

商和许多 2 型厂商。那么我们会否在均衡状态下存在多个切点？参见图 7-11。除非这是一个异常极端的局面，即在零利润下额外质量的价格恰好与消费者为质量支付的意愿相吻合，否则我们将得到单个切点。换句话说，某类厂商提供了更好的交易；另一类厂商就无法在不亏损的情况下给消费者带来相同的效用。前者的利润将被逼至零，而消费者会从更能满足其需求的厂商购买产品。厂商的自由进入可以确保这一点。

如果厂商的供给是有限的，会怎么样？假设 $N_1+N_2>N_{cons}$，$N_1<N_{cons}$ 且 $N_2<N_{cons}$。那么，每种类型的厂商都少于总消费者总量，但两家厂商的总产量足以满足所有消费者的需求(我们仍在讨论离散生产的情况)。这将会形成一个独一无二的均衡。人们倾向于从 2 型厂商消费，但是 2 型厂商并不能满足所有人。因此，所有 2 型厂商都将投产，不过还需要一些 1 型厂商。但是，由于 $N_1+N_2>N_{cons}$，所以 1 型厂商一定赚取零利润。任何 1 型厂商都不能在均衡状态赢利，否则其他厂商将进入市场。2 型厂商不得不提供至少与 1 型厂商 89
一样好的价格质量组合。因此，它们将沿着曲线产生，使得自己也与消费者的无差异曲线相切。

换句话说，我们首先找出使得 1 型厂商赚取零利润的价格质量组合，即成本曲线 $C_1(q)$，以得到均衡。参见图 7-12。然后，我们绘制出与之相切的无差异曲线，因为任何偏离切点的 1 型厂商都将蒙受损失或没有客户（那些客户会更乐于接过其他 1 型厂商抛出的橄榄枝）。

最终，消费者在 1 型厂商里没有更好的选择；受此约束，2 型厂商得以实现利润最大化。请注意，$\Pi_2=\Pi^*$ 曲线并非 2 型厂商的成本曲线，而是在其成本曲线之上，因为它们能够收取的费用超过成本。

现在，让我们从更一般的角度来探讨厂商的无差异曲线是什么样的，参见图 7-13。图 7-12 中的正利润曲线正是成本曲线向上移动的结果。

是否存在这样的情况：更高质量的生产者必须赢利？答案是否定的。假使这种情况真的存在，也是因为我们的绘制方式。参见图 7-14 中所形成的均衡。

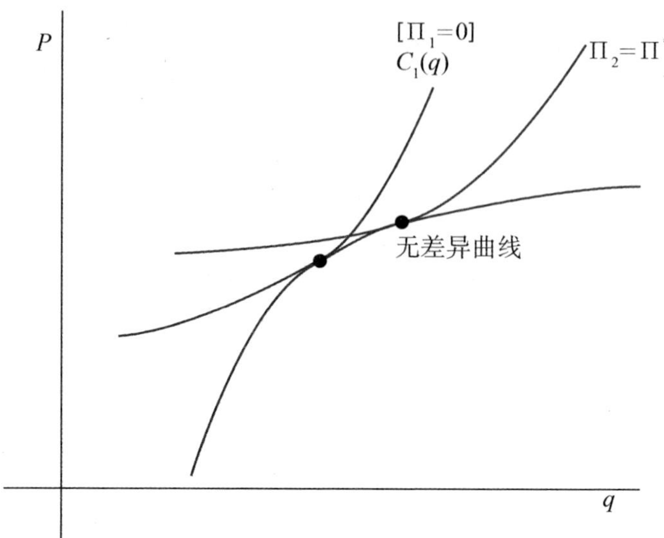

图 7-12：1 型厂商在均衡状态没有利润。2 型厂商依据 $\Pi_2=\Pi^*$ 曲线来实现利润最大化。

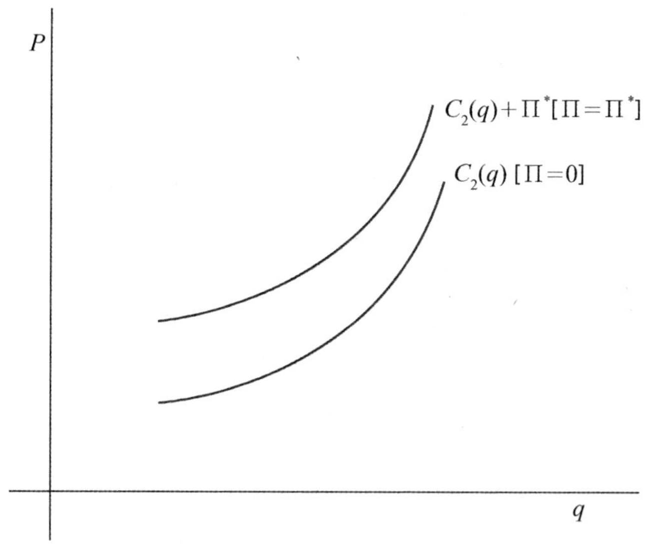

图 7-13：无差异曲线只是垂直平移，因此每个点的切线斜率相同。

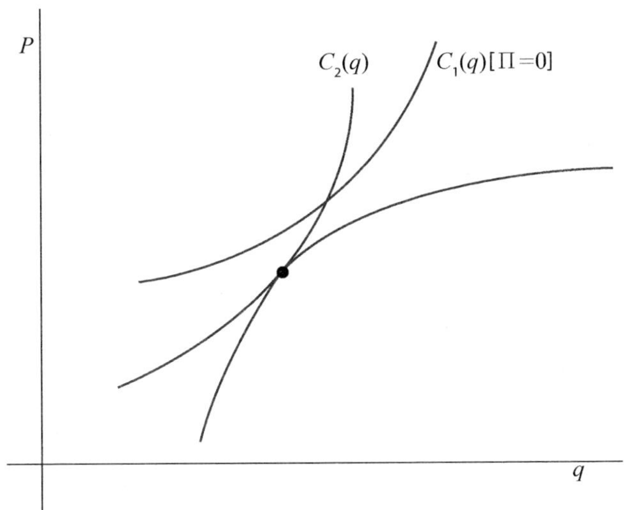

图 7-14：在均衡状态下，赢利的厂商生产的商品质量更低。

异质性的厂商和消费者

现在，将问题扩展到多种生产者类型和多种消费者类型。我们将继续讨论离散的情况。假设存在消费者 A 型、B 型和厂商 1 型、2 型。B 型消费者比 A 型更喜欢高质量商品（即 B 型的无差异曲线更陡峭）。接着假设 $C_2(q) < C_1(q)$ 并且 $C_2'(q) < C_1'(q)$。也就是说，2 型厂商的成本曲线低于 1 型厂商，且更加平坦。最后，假设 $N_1 + N_2 > N_A + N_B$（即生产者总数大于消费者总数），$N_1 < N_A + N_B$ 且 $N_2 < N_A + N_B$。 91 

我们能很快得到许多关于均衡的信息。我们知道 $\Pi_1 = 0$，$\Pi_2 > 0$，因为 2 型厂商的成本曲线更低。此外，2 型厂商能生产更高质量的商品，因为它们的边际成本更低，因此 B 型消费者想从 2 型厂商购买。那么谁会购买 1 型厂商的产品呢？至少有一些 A 型消费者会。

只有一条 1 型厂商的等利润曲线与绘制均衡状态（$\Pi_1 = 0$）有关，因此我们就从那一条曲线开始绘制。A 型消费者的无差异曲线必定与该等利润曲线在他

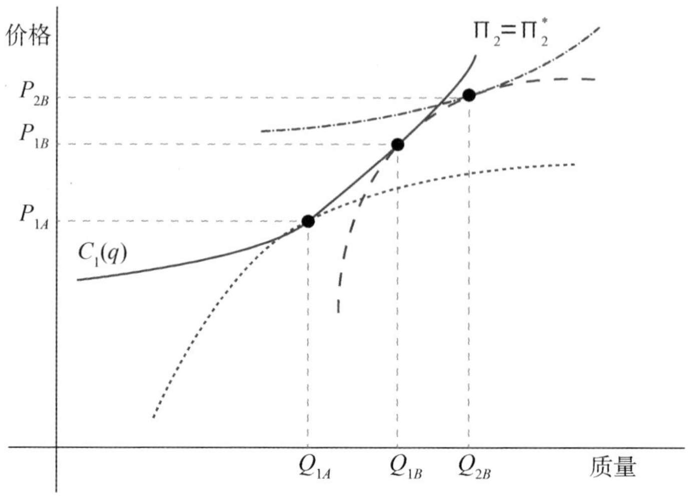

图 7-15：我们假设 *B* 型消费者多于 2 型厂商。因此，所有 *B* 型消费者都从 2 型厂商购买（最高点），则剩余 *B* 型消费者从 1 型厂商购买（中间点）。*A* 型消费者从 1 型厂商购买。

们购买的均衡质量处（Q_{1A}）相切，否则该质量将无法最大化利润。参见图 7-15 的左下角。

接下来，我们看看是否存在一类厂商同时向两类消费者出售产品。想得出
92 结论，我们还需要一个额外的假设，即 $N_B > N_2$。也就是说，B 型消费者的数量超出了 2 型厂商所能提供的数量。那么，仅有 B 型消费者从 2 型厂商购买产品，因为他们对质量的偏好更大。由于部分 B 型消费者也从 1 型厂商购买商品，因此，均衡状态要求两次交易必须落在同一条 B 型无差异曲线上，该曲线与 1 型等利润曲线和 2 型等利润曲线分别相切于 Q_{1B} 和 Q_{2B}，参见图 7-15 中描绘的均衡状态。

如果我们反过来做最后一个假设，设 $N_B < N_2$，会怎么样？现在，所有 B 型消费者都从 2 型厂商购买商品，一些 A 型消费者也会从那里购买。因此，此时的均衡状态下利润少于图 7-15 中的情况（即，均衡等利润曲线低于图中所示）。

如果 $N_1 + N_2 < N_A + N_B$，又会如何？现在，假设部分消费者没有得到服务。边界条件将由效用侧而非成本侧决定。现在，我们需要一个效用基准来衡量不购买任何商品的消费者所享受的效用水平。

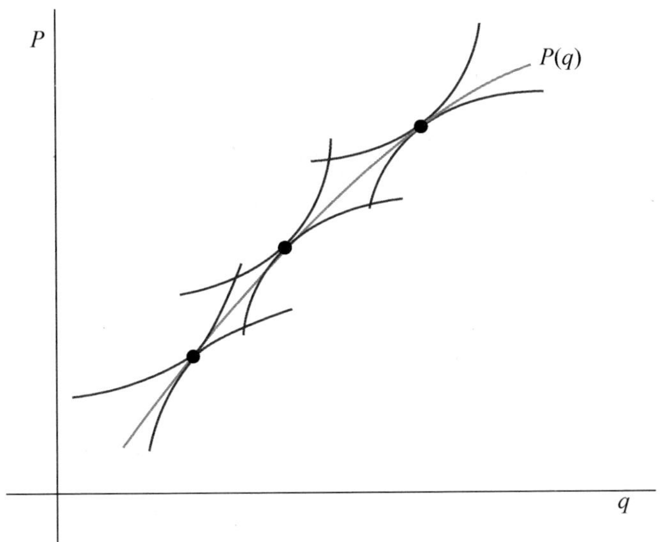

图 7-16：生产者与消费者的无差异曲线相切，于是我们可以从切点中描绘出函数 $P(q)$。

请注意，当多个消费者从同一生产者那里购买时，我们遵循生产者的成本曲线，而当同一消费者对生产者无偏好时，我们遵循消费者的无差异曲线。随着生产者与消费者这两侧类型的延展，你将看到一个更一般性的画面，参见图 7-16。 93

第 8 章

选址问题

均衡补偿差异简介

94 现在，我们来考虑一个到市中心的通勤时间的模型。设 t 为居住在 t 处的通勤时间，$R(t)$ 为居住在 t 处的租金。在均衡状态下，$R'(t)<0$；也就是说，随着到市中心的距离更加遥远，租金会变得更加便宜，因为人人都希望通勤时间短些。但是，我们不会把通勤时间放在效用函数中，因为人们并不直接关心通勤距离有多远，而是关心通勤折损的休闲时间有多久。让我们搭建一个简单的效用函数 $U(C, L)$，以及预算约束 $C=(24-L-t)w-R(t)$，其中 L 是休闲时间，C 是消费。我们可以写出拉格朗日函数：

$$\mathcal{L}=U(C, L)+\lambda[(24-L-t)w-R(t)-C]$$

可以得到一阶条件 $\frac{\partial U}{\partial C}=\lambda$，$\frac{\partial U}{\partial L}=\lambda w$，以及 $-R'(t)=w$。因此，选择最佳住宅可以帮助我们节省租金，而住宅每远一小时所能节省的租金和工资率是一致的。由此可见，我们已经提出了限定条件，即通勤和工作其实是一回事：开着车就算工作，还是在公司才算工作？坐在车里就能有生产力，这听上去似乎很奇怪。但是在市场的作用之下，事实的确如此：有人住得离公司更远，就意味着其他人可以住得更近，并且他们可以在公司待上更久。

现在，我们来看看这个模型的租金曲线是什么样的。住在市中心的人们将

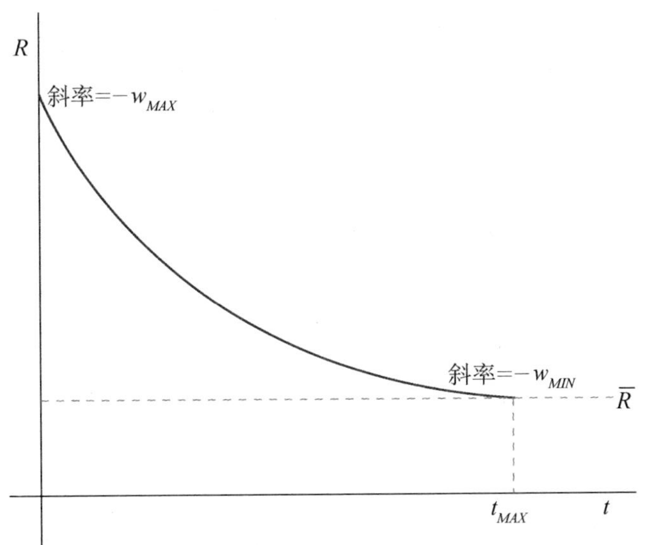

图 8-1：租金梯度。$\bar{R}$ 表示将土地用于农业而非其他用途（例如，住房）可赚取的收益。也就是说，R（t_{MAX}）$=\bar{R}$。

支付一定水平的租金$R(0)$。该点的斜率是最高收入者的工资 $-w_{MAX}$。因而，95
曲线不仅向下倾斜，还是凸的，因为人们的工资也在随着我们沿曲线向下移动而下降。

保持 L 不变，我们还可以通过使用部分预算约束：$(24-L-t)w-R$，来绘制个人的无差异曲线。这些消费不变的曲线将是斜率为 $-w$ 的直线。对工资率为 w 的人来说，最佳住宅就是能使得其无差异曲线与图中所示的租金梯度相切的 t。

那么，我们要如何求解初始边界条件 $R(0)$？该点斜率已知，但高度未知。假设城市边界是一段以市中心为起点的距离，该距离足以覆盖所有城市居民；而 t_{MAX} 则是到达城市边界所需的通勤时间。换而言之，开车去市中心的人最远就住在 t_{MAX} 处。在该点，最低租金得以确定。比方说，最低租金可以是土地用于农业时赚取的收益。我们将这个最低租金称为 $\bar{R}$。所以，$R(t_{MAX})=\bar{R}$，我们也就知道了所有斜率。因此，我们可以遵循关于租金的一阶条件，不断向市中心靠近，直到我们找到市中心租金水平并确定 $R(0)$。

请注意，均衡租金价格函数必须在 $\bar{R}$ 处连续。如果在 $R(t_{MAX})$ 和 $\bar{R}$ 之间有跳跃，那么 t_{MAX} 处的居民大可住远一些，哪怕只远了 1 纳秒，租金也会低得多。这样的话，均衡就永远无法达到。

96

租金梯度模型的性质

租金梯度模型说明了一个事实，那就是我们可以从偏好非常简单的模型中获得许多信息，并且我们可以把消费者选择问题概念化为生产问题（在此案例中，则是概念化为成本最小化问题）。决定住在哪儿与偏好并无关联；我们只是将通勤更远时的工资成本，与所节省的租金进行了比较。这个办法同样可以用来考虑购买哪款车、消费者如何权衡空间和油耗等问题。此外，租金梯度模型也展示了享乐模型是如何生效的。我们知道，消费者希望通勤时间更短、租金更低，这意味着均衡将不得不向下倾斜。通勤距离更远的人必须获得更低的租金作为补偿，反之亦然。那么每个人都会选择一个无差异点，在该点，人们对是否要住近一些并无差异。于是，租金梯度将是凸的，因为高收入消费者住得离市中心更近，而低收入消费者则更远。

不过，现在我们还只是有了一条向下倾斜的凸曲线，又该如何精确定位具体曲线呢？还得看边界条件。让我们想象这样一个世界，这里的最低租金 $\bar{R}$ 是土地在非住房用途下所能赚取的收入。让我们再做一些比较静态分析。假设最低收入人群的工资得到提高，那么他们的租金梯度斜率会更陡，别处不受影响。这样一来，租金分布将被抬高。参见图 8-2。

如果我们仅仅提高收入在前百分之五十的工人的收入，会发生什么？其他收入更低的工人，其收入分配不会受到任何影响，但是租金梯度的上半部分将更陡峭，并且租金上升。

如果我们在平均工资固定的情况下加剧工资不平等，会发生什么？由于平均工资固定，所以新的租金梯度端点不变。请注意，一个人的租金取决于住得更远（收入更低）的人工资多少。因此，后者的平均工资下降（而住得更近也赚得更多的人，他们的工资却增加了），前者的租金也一定下降。参见图 8-3。

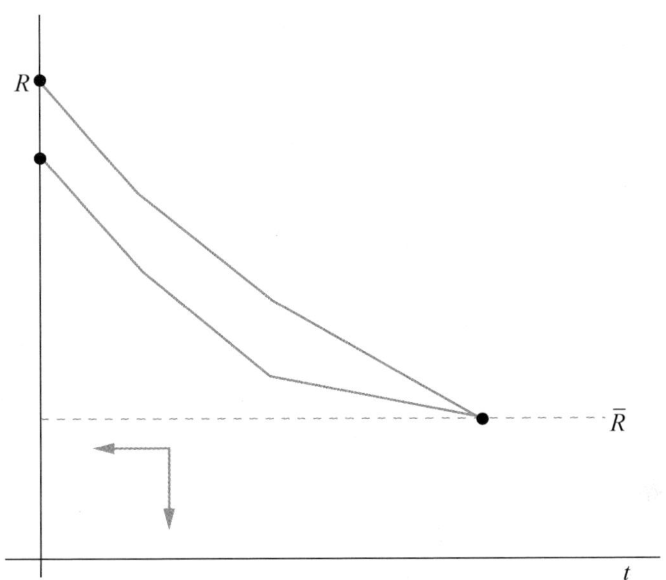

图 8-2： 提高低收入工人的工资，会使工资水平在 $\bar{R}$ 附近的人租金梯度更加倾斜。

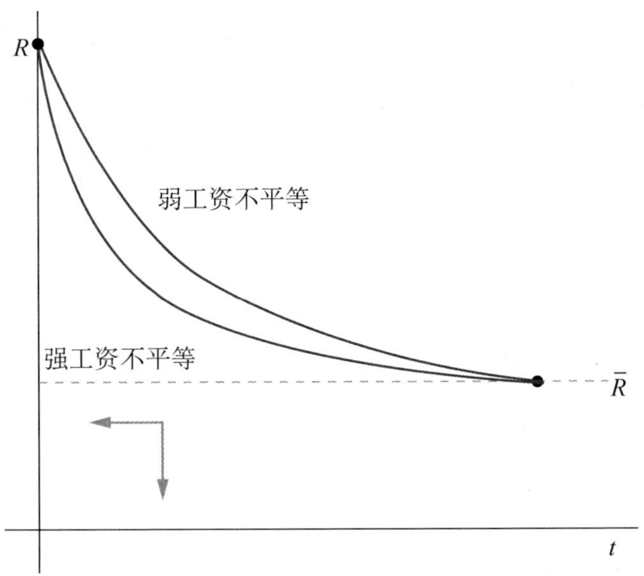

图 8-3： 工资不平等的加剧降低了几乎所有地方的租金（除了端点）。

还请注意，这里的平均值是按距离加权的。如果居住在离市中心不同距离处的人口数量大致相同，那么我们可以得到正常平均值。但是，如果我们将离 97

市中心某个固定距离的范围视为一个圆，那么，随着我们离市中心越来越远，生活在该给定距离内的人可能也越来越多。

让我们考虑一下另一个实际情况：居住地点千差万别。除了离市中心的距离以外，还可能表现在犯罪率或是其他住房质量指标。假设贫困人口居住在高犯罪率地区，并且我们关注的对象是不会犯罪的居民。那么，他们为什么要生活在高犯罪率地区？因为低犯罪率地区的住房是正常品。现在，如果我们介入并减少高犯罪率地区的犯罪，会怎么样？人们的处境可能会更加糟糕。他们所支付的租金，由人们住在该社区的边际意愿所决定，而这可能会大幅上升。而且，该地居民可能还不及边际人群在意犯罪率的降低。如果我们制定政策来提高住房质量，又会如何？我们会再一次发现，人们不愿支付更高的租金，于是干脆搬去别处，回到低质量住房。

98 请注意，在此模型中，预付租金对我们影响很大。或者，我们可以想象这样一个世界，在这里，高质量住房的供应富有弹性。参见图 8-4。高质量住房的弹性供应会抑制 $\bar{P}$，并且低质量住房的价格将由买家对其边际支付意愿的积分决定。

如前所述，每个人都有可以在图中绘制的（向下倾斜的）无差异曲线。一个人的最佳住宅——这回我们关注的是犯罪率——就在其无差异曲线与价格梯度的切点。对于穷人来说，这一点很可能在一个犯罪率相对较高的社区：参见图 8-4 中的右侧部分。①

回忆一下我们之前制定的政策，假设我们把最低质量住宅的质量提升到了与 A 处同等水平。那么，该处的租金也必须与 A 处齐平。于是该政策就截断了租金-地点的机会集，参见图 8-5。尽管可能不住在 A 处，穷人还是不得不达到相当于住在 A 处的效用，因为根据规定，A 处右侧的地点都没有什么不同。但是，当社区 B 的犯罪率更高时，居民住在 A 处的效用就会更低，因为额外的犯罪会让 B 处的租金比 A 处更低。

---

① 典型的是，由于价格随高质量住宅购买者的支付意愿下降，而高质量住宅购买者的支付意愿大于低质量住宅购买者的支付意愿，于是低质量住宅的购买者能够获取盈余。

99

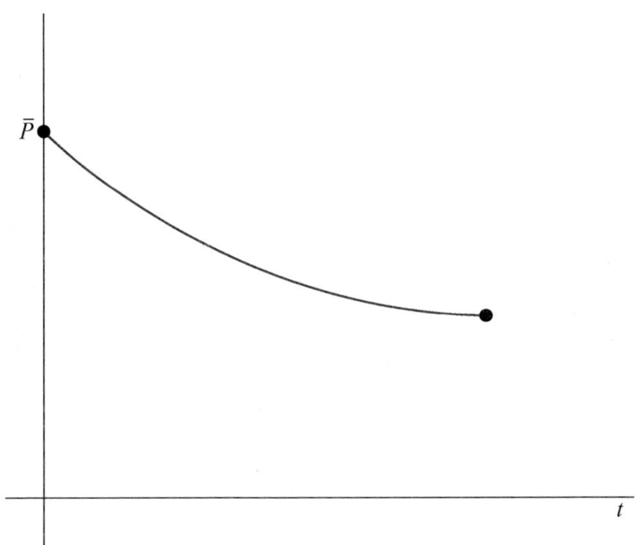

图 8-4：高质量住房的高弹性供应会抑制 $\bar{P}$（质量随距离沿 x 轴增加而下降）。住得更远的人所支付的租金，是在其左侧的人们对高质量住房的边际支付意愿的积分。

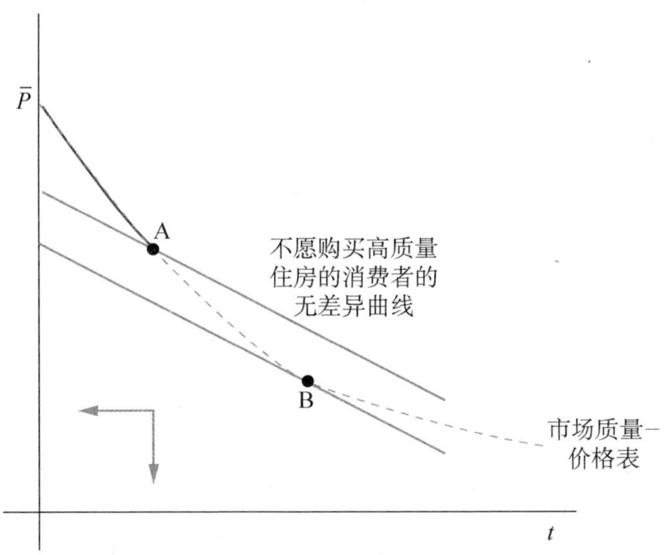

图 8-5：最低质量法规限制了消费者的选择。较凸的虚线是市场质量-价格表（质量随 t 下降），其中很大一部分情况是法规所禁止出现的。

低收入人群通常不会出于喜欢而购买劣质商品。他们之所以购买，是因为 100
没有高收入人群那么讨厌这些商品。以下模型可以帮助我们了解原因。

让我们从之前介绍的质量模型角度来思考这个住房模型。假设有两种社区质量：高质量和低质量。假设对总计 100 位消费者来说，存在 60 所高质量住宅和 40 所低质量住宅。如果我们改变供应量，使得有 70 所高质量住宅和 30 所低质量住宅；同时假定高质量住宅的价格被压制（由于供应的高弹性），那么所有低质量住宅消费者的处境就会更糟。这是因为，现在是支付意愿第 70 高的消费者对住房质量优劣并无所谓，而非之前的第 60 高；所以，低质量住房的价格必定上升。从数学上来说，最初我们有 $P_H - P_L = V(60)$。当我们将 H 的数量增加到 70 时，则 $P_H - P_L = V(70)$。但是 P_H 保持不变；那么由于 $V(70) < V(60)$，P_L 就会上升，生活在低质量社区的人们处境就更糟糕。

我们是否可以用租金梯度模型来讨论城市密度？当然，如果高层建筑的边际成本增加的话。你的城市会像典型的城市那样，离市区越近，房屋就越高。一栋建筑的高度应当使得新增楼层的边际成本等于该地点一处房屋的价值——离城市越近，价值越高。我们还可以通过加入房屋面积 H 让模型更复杂一些；也就是，你想买多大的房子。那么，个人的一阶条件将变为 $w = -R'(t)H$。高收入人群的住所离市中心是远是近，将取决于 H 对收入的需求弹性是大于 1 还是小于 1。如果该弹性大于 1，意味着高收入人群更想住大房子，那么他们会住得离城市更远，因为那里的土地更便宜。

—第 9 章—

干中学和在职投资

在学校里，人们会学习一般性的原理。在工作中，人们必须遵循这些一般性原理，并专注于更具体的事情。刚从医学院毕业的学生会学习如何将这些原理应用于住院病人。电气工程师可能会专攻汽车修理。这就是我们所谓的岗位培训或在职投资。岗位培训或在职投资分为两种模式：干中学模型和显性投资模型。通常我们会遇到数据的问题。假设我们想知道在美国有多少在职培训，我们会参考各公司的数据情况。但公司往往不公布它们对员工投资的信息。公司无须报告这一信息，而是可以把对员工的投资作为劳动力费用予以扣除。它们记录必须随时间折旧的资本账目，但对人力资本却没有记录。通常情况下，公司甚至没有这方面的内部信息。

从雇主管理的培训方案中获得的人力资本

然而，如果员工们为他们所接受的培训付费，他们将会怎么做？一种方法是，扣除培训费用后，他们得到的收入较低。如图 9-1 所示，这就是显性投资模型。

通过比较图中的两块面积来评估人力资本投资：以后收入的增加是否能证

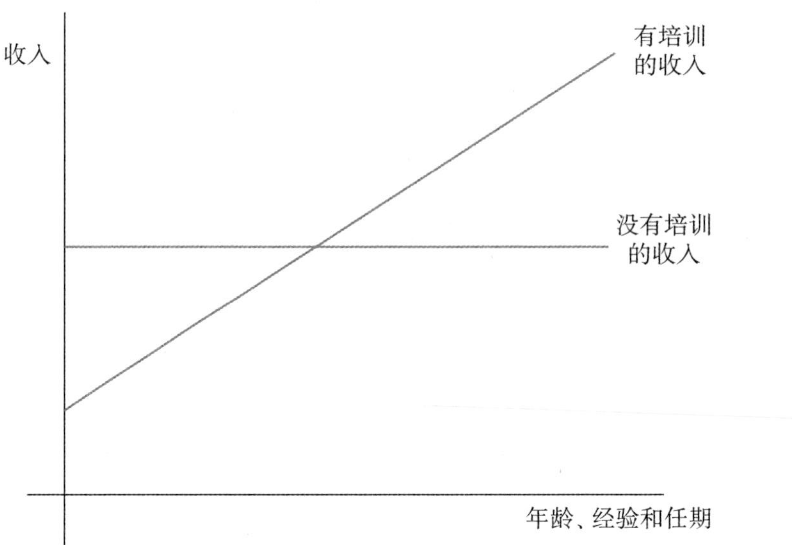

图 9-1：接受在职培训的人们当前期望获得较低的工资，因为他们将一部分时间花在参加培训上，由于接受了培训，他们的时间会更有效率，因此他们以后将获得更高的工资。

102 明以前产生的成本是合理的。或者，如果劳动力市场数据显示了这两条曲线，我们可以推断出人们在做多少人力资本投资。投资额与左侧区域有关，尽管不等于左侧区域。

干中学

另一个模式是干中学。学习显然是在工作中自然而然产生的副产品。在工作中学习的过程并不会产生学费账单，也并不需要在生产中抽出时间或者刻意降低生产速度来学习。从这一观察中，我们倾向于得出结论，即学习是免费的。换句话说，工资曲线看起来像图 9-2 中的更高的曲线，在图中，从未包含培训的工资曲线要低于包含培训的工资曲线。

这看起来像一份免费的午餐。然而我们知道，在经济学中，没有免费的午餐。有时候这份午餐的成本是隐藏的。所以在这个过程中，成本进入了哪里呢？市场均衡消除了免费的午餐。如果工资曲线是图中更高的那一条，那么每

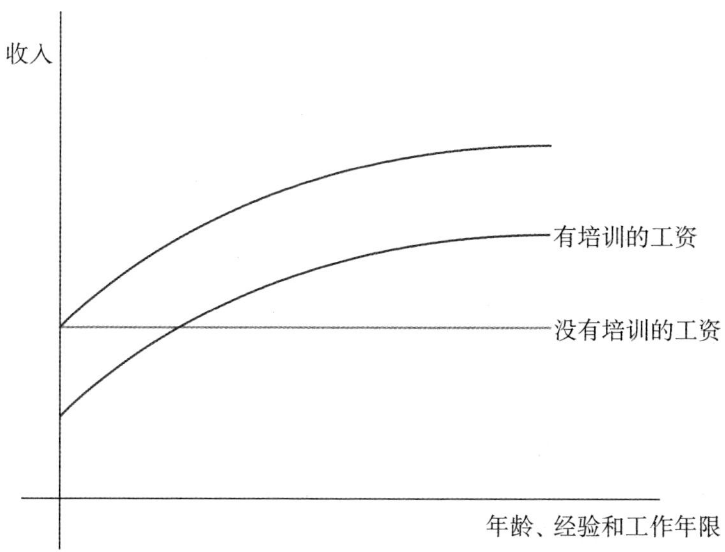

图 9-2：干中学不是免费的，因为工人需要竞争来获取干中学的机会。因此，有在职培训的工作的工资（因此收益），会在最初的一段时间低于没有在职培训的工作的工资，和在投资模型中的情况类似。

个人都想要得到它，而且也没有人会想要那条描绘不含学习的工作的水平工资曲线。包含学习的工作的均衡曲线必须要更低（见图 9-2 中更低的曲线），或者水平的工资曲线上移，使得人们愿意去做这两种类型的工作。所以最终，“干中学”模式的示意图（图 9-2）和投资模式的示意图（图 9-1）非常相似。事实上，舍温·罗森曾写过一篇论文，认为两幅图是完全相同的（Rosen 1972）。这回答了在本书简介中提出的问题之一。 103

注意，图 9-1 表示的不是工资率，它反映了每小时工作的收入，而图 9-2 却表示工资率。工作中有在职培训，这使得我们所说的一个小时的工作时间更加复杂：它是否包括在培训中花费的时间？如果不包括，那么与没有培训的工作相比，起始工资率可能不会特别低。但是因为培训需要时间，起始的收入会比没有培训的工作低很多。① 通过边干边学，就没有时间花在培训上，因此没

① 如果培训时间是从休闲时间而非工作时间中被挤出来的，答案可能会有所不同。但这仅仅改变了成本的构成——是放弃休闲还是放弃收入。由于成本的计算源于最优时间分配，只要休闲和工作时间的定价相同，那么成本总额就是一样的［这类模型请参见 Ghez and Becker（1975）和 Heckman（1976）］。

有这种差别。在边干边学的情况下，工资率和收入在开始都偏低，因为工人需要竞争来获得这种自动为他们提供技能的职位。①

104

人力资本的类型

我们可以考虑不同程度的专业化。企业特定投资——这类投资仅提高该企业的生产率，而不能提高其他企业的生产率。然后是行业特定投资，员工的技能在该行业的任何企业中都同样适用。在具体行业的投资中，谁来支付培训费用？人们可能会倾向于认为存在正外部性，因为企业对员工的行业特定技能进行了投资，其结果可能是员工将技能应用到同一行业的另一家企业。但是，由于企业和员工都认识到这一点，所以员工的初始工资会更低，员工将为培训付费。

我们如何判断一个企业是否进行了行业特定投资？如德里克·尼尔（Derek Neal）在他对失业工人的研究中发现的那样（Neal 1995），如果一家企业倒闭，而他们的员工去同一行业的其他企业就业，那么已接受的培训至少有一部分很可能适用于该行业的其他企业。我们如何判断是否有企业特定投资？我们会考虑员工工资。如果企业倒闭，而员工必须接受其他企业降低的工资，则其人力资本的一部分可能是企业特定的。请注意，如果行业很小，而倒闭的公司足够大，则可能需要控制供给侧效应。

现在假设我们有一家垄断企业，并且正在考虑具体行业的投资。垄断企业或许会乐意承担这些成本，毕竟它是该行业唯一的企业。然而请注意，即使在这种情况下，工人仍可能要支付一部分成本。为了看清这一点，假设垄断者支付了全部投资，而且现在员工已经接受了培训且在这家企业具备生产能力。这时，员工扬言如果不加薪他们就辞职。这样的威胁不过是纸老虎，因为那些技能在别处并没有用武之地。不过，仍然可能会有一些讨价还价的余地，并且受

① 如果将工资率替换成工作或培训的收入与所占时间的比率，那么这句话同样适用于在职培训。

过培训的员工最终如愿得到了更高的报酬。但是这样一来，那些未经培训的员工就会期待在培训后获得更高的报酬，并且他们将为了该职位而竞争——正如在“干中学”情境中那样，均衡的结果是培训阶段的较低收入。

现在，让我们从更一般的角度来探讨企业特定投资。员工如何知道企业特定投资以后，自己是否会在这家企业拿到更高的工资？如果企业里有熟练工加薪的先例，那么这个信号就能帮助员工判断。不过，我们通常还是会预计企业和员工将围绕工资讨价还价。

我们也可以通过离职率来理解。员工刚入职时流失通常会非常严重，而之 105
后的流失要少得多。这跟行业的周转类似。正是因为企业特定投资的存在，我们经常认为，一个员工如果掌握了某家企业所需的技能，那么他留在该企业就是有效率的。这时离职率应该较低。当这种雇佣关系不再高效，企业和员工也就分道扬镳了。①

企业特定和行业特定的区分也有助于思考其他要素市场，例如原材料市场或中间品市场。如果要素的使用者破产了，要素供应商转而向该行业其他人提供要素，则这些供应商已经获得了一定数量的行业特定资本。

---

① Becker 认为区分不同类型的分道扬镳，如辞职、解雇以及退休，并没有什么意义。

—第 10 章—

生产、利润和要素需求

比较优势及生产可能性前沿

现在我们讨论如何处理生产。以鲁滨逊·克鲁索为例，他生活在一个小岛上，且把小岛划分成两个地块。在 A 地，克鲁索可以生产 10 根香蕉或者 5 个橙子（或者其他的组合）。在 B 地，他可以生产 15 根香蕉或者 40 个橙子（或者其他的组合）。那么如何表示克鲁索的生产可能性前沿呢？参见图 10-1。

在 A 地，生产 1 个橙子的成本相当于生产 2 根香蕉。即生产 1 根香蕉耗费 $\frac{1}{2}$ 个橙子。在 B 地，生产 1 个橙子耗费 $\frac{3}{8}$ 根香蕉。即 1 根香蕉相当于 $\frac{8}{3}$ 个橙子。A 地是香蕉的低成本生产方，而 B 地是橙子的低成本生产方。（A 地生产香蕉的成本较低，而 B 地生产橙子的成本较低。）这就是经济学家所说的比较优势。我们不关注在绝对的层面上两块土地生产香蕉和橙子的能力有多好。一个生产者可以因为特别擅长于生产某一种产品或者特别不擅长于生产某种产品，而成为低成本生产者。

因此，我们得到了一个凸的生产可能性前沿。随着我们生产更多的橙子，生产橙子的边际成本上升。为什么在这个模型里边际成本会上升呢？有两个特

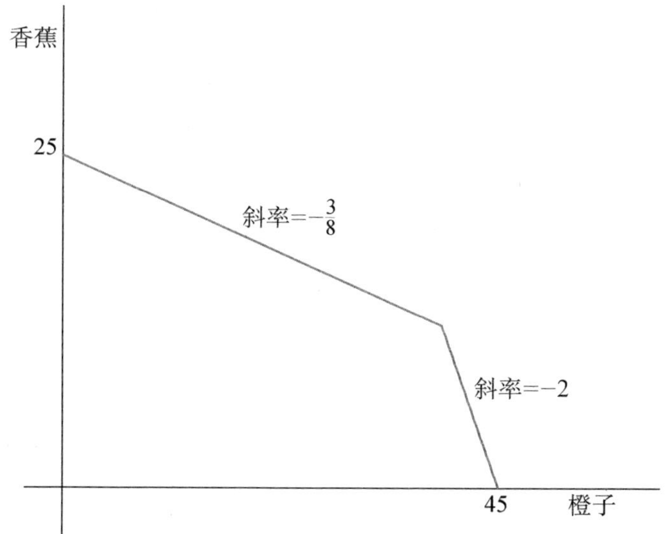

图 10-1：生产可能性前沿。不同的斜率反映了不同的土地之间的成本差异。

征是很重要的。第一，两块土地之间存在异质性，第二，我们首先采用了最低成本的方法。这就是为什么我们常常假设生产的边际成本是上升的。因为我们在生产中需要耗费越来越多的能源，所以会被迫使用一些比较优势较小的资源。

请注意，B 地可以比 A 地产出更多的香蕉。尽管如此，除非人们对于香蕉 107
的需求超过了 A 地可能的生产量，否则在 B 地上生产**任何**香蕉都是一种浪费。

出于同样的原因，我们不谈论两块土地的价格。价格将部分取决于绝对生产力。生产力确实很糟糕的土地或许非常便宜，但与贵的土地相比，它仍具有比较优势。

当拥有三块土地的时候，我们要注意到这是另一个需要思考的问题。因为我们拥有了多块土地，所以我们将会得到一个更平滑的凸形，参见图 10-2。而地块的异质性越强，则曲线的凸出越明显。如果鲁滨逊·克鲁索是独自一人，那么他会找到生产可能性前沿和他的无差异曲线的切线。切线的斜率将会给出均衡价格。

现在让我们假设克鲁索被允许加入北美自由贸易协定（比如，一个可以在世界市场从事贸易的协定）。他们会告诉克鲁索在世界市场上橙子交换香蕉的价格（或者反过来）。他会希望这个价格和他设定的切线价格有**很大的**不同。

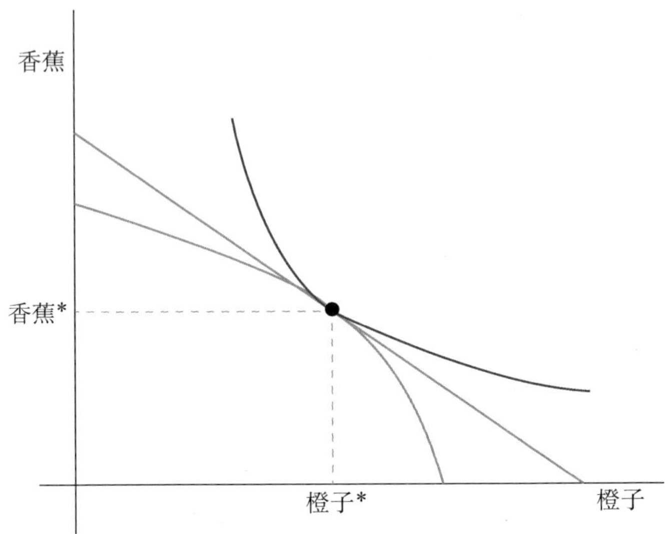

图 10-2：克鲁索将在生产可能性前沿与他的无差异曲线的切点处生产。边际成本等于边际价值。

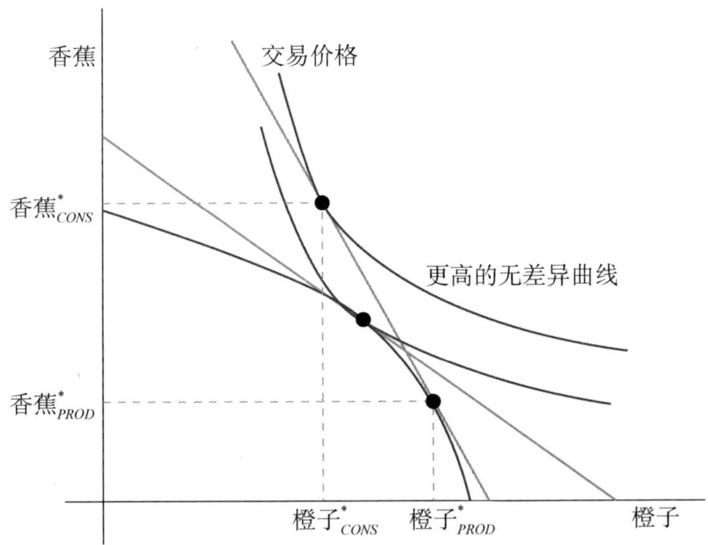

图 10-3：交易价格和无交易价格的巨大差异，可以使克鲁索在交易中获得更多的收益。

如果他得到了和现在价格相同的价格设定，他将不会得到任何额外收益。让我们假设北美自由贸易协定告诉克鲁索，在世界市场上橙子的价格要比在他的岛上更昂贵。这就决定了一条斜率为 $-P_{\text{橙子}}^{\text{北美自由贸易协定}}$ 的交易价格曲线，如图 10-3 所示。

在这个设定下，克鲁索会生产更多的橙子以及更少的香蕉（橙子$^{*}_{PROD}$，香 108
蕉$^{*}_{PROD}$），然后交易到点(橙子$^{*}_{CONS}$，香蕉$^{*}_{CONS}$)，该点位于一个更高的无差异曲线上。(相似地，如果北美自由贸易协定告知香蕉价格更昂贵，克鲁索就会生产更多的香蕉，用它们来交换橙子，他也会获得更高的收益。)

所以，我们从这个模型中得到了什么结论呢?

1. 交易是有好处的。当鲁滨逊·克鲁索成为北美自由贸易协定的一部分时可以获得更好的收益。

2. 价格差异意味着从交易中获利。鲁滨逊·克鲁索的价格与北美自由贸易协定的价格差异越大，他就能获得越高的收益。

3. 厂商理论。厂商拥有一套生产流程，会选择生产（橙子$^{*}_{PROD}$，香蕉$^{*}_{PROD}$）的量。它之所以成为一个定理，是因为我们知道无论厂商持有者的个人偏好如何，厂商都会选择(橙子$^{*}_{PROD}$，香蕉$^{*}_{PROD}$)。

4. 一个有竞争力的厂商会在价格等于边际成本的时候进行生产。请注意，这在极端情况下会变成一个不等式。如果价格曲线比生产可能性前沿上的任何切线更陡峭，那么克鲁索只会生产橙子；进一步地，我们将不会得出边际成本等于边际价值。

5. 边际成本=边际价值。再一次，这个等式在极端情况下可能不成立。

这个生产的例子和第 7 章的结果有很多相同之处，即当穷人的社区变得更
安全的时候，他们有可能会受到伤害。在这两个例子当中，交易的好处是来自 109
人们能做出与其他任何人不同的选择。克鲁索生产橙子然后用它们交换自己想要的香蕉（由他人生产的)。一个穷人为了得到更多他想要的其他商品会选择居住在一个低质量居所中，但是在相同的市场上，更富裕的人会为了得到他们想要的高质量居所而放弃其他商品。交易使得这些选择成为可能。

生产函数

现在我们可以考虑一个厂商的行为。考虑以下的生产问题。我们会得到一

个生产函数，产出为 Y，投入品为 $X_1, \ldots, X_N$， 特别地，我们得到：

$$Y = F(X_1, \ldots, X_N)$$

这个生产函数已经是最大化的结果了—— F 是投入品所能达到的最大化的产出回报。仅仅耗尽和购买投入品本身并不会使得这样的产出奇迹般出现。
110 投入品需要以正确的方式组合在一起。管理和组合投入品的细节很有趣，但是无论我们什么时候开始使用生产函数，我们都需要忽略这些细节。尽管如此，你依然可以看到在关于厂商如何和市场进行互动方面，我们有很多有趣的事情可以叙述。①

如果生产函数是投入品次数为 1 的齐次函数，它会显示出恒定的规模收益。同样，如果我们计算每一单位投入品的产出弹性，这些弹性总和会等于 1。如果它们的总和小于（或大于）1，那么生产函数会相对地呈现出递减（递增）的规模收益。当我们谈论一个特定的厂商的时候，递减的规模收益是我们会做出的一个普遍假设。

我们也会假设厂商是竞争的。也就是说，厂商不仅影响（1）产出 P 的价格或者(2)投入品的价格，$w_1, \ldots, w_N$。那么这和效用之间有区别吗？在这里，我们可以衡量输出，但我们不能衡量效用。

利润最大化

厂商会最大化利润。为什么这是一个合理的假设？在消费者理论里，我们已提及更多的收入允许个人达到更高的效用水平。一个拥有厂商的个人从该厂商中获得的利润越多，其效用也就越大。从另一方面来说，如果企业的活动直

① Gary Becker 用同样的方法研究了公共部门（Becker 1983；Becker 1985；Becker 和 Mulligan 2003）并设立了一个既考虑了政治流程细节，又能和经济其他部分产生有趣关联的公共政策生产函数。但是 Becker 的方法遭许多政治经济学文献反对，这些文献认为政治细节对政策成果的预测至关重要（如：Myerson 1995）。

接进入个人的效用函数——比如拥有大量的资本——这将不会是一个好的假设①。篮球队的老板通常关心的是胜利，在赛季末能拥有更多的钱并不必然是首要任务。加里·贝克尔的论文表示一些厂商比其他厂商更愿意雇佣某一类型的人群——比如职场歧视（Becker 1957）。所以利润最大化假设可能会漏掉一些正在发生的事情，但考虑企业利润最大化通常是一个好的一阶近似。我们用收入减去成本计算出利润，$PY-\sum_{i=1}^{N}X_i w_i$，而最大化利润是：

$$\max_{X_1,\ldots,X_N} PF(X_1,\ldots,X_N)-\sum_{i=1}^{N}X_i w_i$$

这看起来很像是我们的效用最大化问题。但在这个问题里，你可以交易你的产出，但不可以交易效用。即使我们可以量化效用，这些问题仍然会很不一样。效用的产生是消费所固有的。而产出是有次序的、可测量的和可转化的。 111
这就是为什么在把租金梯度模型转化成生产问题之后，我们得到了更有力的结论。在那个模型里，人们最终会在最有效率的地方工作（花费时间）——无论是在他们的车里还是在上班时。

由利润最大化我们可得以下一阶条件：

$$P\frac{\partial F}{\partial X_1}-w_1=0$$

$$\cdots$$

$$P\frac{\partial F}{\partial X_N}-w_N=0$$

这与我们从消费者问题上得出的结果相似，但现在我们缺少乘数。在消费者问题中，（内生性的）乘数将货币转化为效用，但由于产出按单位产出的价值以价格 P 出售，价格代替了乘数。我们重排一下，可以用价格来表示边际产品：

$$\frac{\partial F}{\partial X_1}=\frac{w_1}{P}$$

$$\cdots$$

① Lakdawalla 和 Philipson（2006）通过这种方法研究非赢利企业。

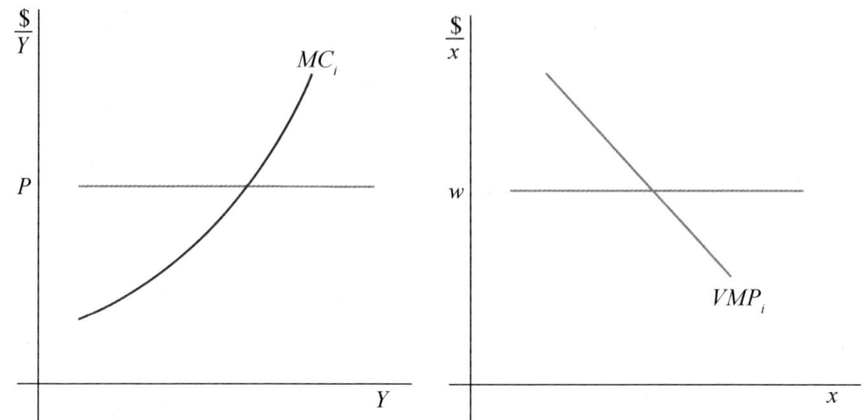

图 10-4：设置工资等于边际产品的价值，跟设置价格等于边际成本相同。

$$\frac{\partial F}{\partial X_N} = \frac{w_N}{P}$$

此外，我们还可以通过求解这个方程组得到投入品需求函数。

$$X_1 = X_1(w_1, \ldots, w_N,\ P)$$

$$X_N = X_N(w_1, \ldots, w_N,\ P)$$

我们还可以得到一个由此产生的供应函数：

$$Y = Y(w_1, \ldots, w_N,\ P)$$

回想一下我们得到 $P = MC$ 之前的情形。本节推导出的一阶条件系统，与设置价格等于边际成本是完全一致的。只要重新调整一阶条件就可以得到
112 $\dfrac{w_i}{\dfrac{\partial F}{\partial x_i}} = P$。这就是说，每边际产量单位增加的货币成本等于产出价格。参见图 10-4。

“我应该使用多少投入品？”这一问题就像在问“我应该生产多少产品？”一样——我们只是在用不同的角度去问问题。

成本最小化

这个新问题有两个步骤。在步骤 1 中，将给定产出水平的成本降到最低。在步骤 2 中，选择产出水平以实现利润最大化。

步骤 1

$$\min_{X_1,\ldots,X_N} \sum_{i=1}^{N} X_i w_i \quad s.t.\ F(X_1,\ldots,X_N)=Y$$

这个问题，反过来，可以得到成本函数 $C(w_1,\ldots,w_N, Y)$。就像对希克斯需求函数的求解一样。现在约束条件不是效用函数，而是生产函数。很重要的是，这一次我们可以凭经验判断一家厂商是否保持产出不变。与支出函数一样，采用成本函数对工资产出需求的导数：

$$\frac{\partial C}{\partial w_i}=X_i(w_1,\ldots,w_N, Y)$$

这些被称为**条件要素需求**，因为它们是以产出为条件的。步骤 1 结束。 113

步骤 2

$$\max_Y PY-C(w_1,\ldots,w_N, Y)$$

有时候麻烦会从这里开始。请记住，这个函数 C 隐含了一个有关生产函数的假设。一阶条件是：

$$P-\frac{\partial C}{\partial Y}=0$$

这同时意味着 $P=MC$。如图 10-5 所示。

回想一下消费者问题，我们可以用斯勒茨基方程在马歇尔需求曲线和希克斯需求曲线之间来回移动。无条件要素需求不同于马歇尔需求，因为企业可以通过成为有效的生产者来购买更多的投入品，但是个人不能通过成为有效的生产者来购买更多的商品。

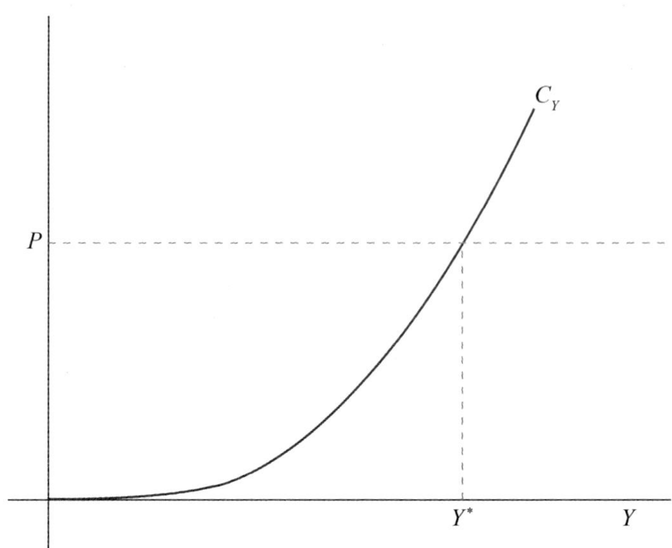

图 10-5：厂商选择产出水平，使价格等于边际成本。

顺便说一句，想想为什么这个问题表现得很好。例如，为什么边际成本会增加？同样，为什么 $F(X_1, \ldots, X_N)$ 体现出规模收益递减趋势？[①] 为什么一家
114 厂商不能复制当前的投入品，使产量翻一番？这可能是因为要准确地复制已有的东西是很困难的。没有一组雇佣工人将与目前的雇佣工人完全相同。即使有可能找到这样的工人，也很难找到他们。同样，即使可以找到相同的投入品，复制也需要一定的时间。一旦双倍的生产发生，厂商也往往需要额外的管理，从而提高了边际成本。

应用产业组织理论的一种常见做法是观察企业的费用，并认为材料和生产环节的雇员是边际成本，但管理、空间和其他“固定”费用并不是边际成本。当然，这些研究发现，企业费用高于狭义的边际成本，但这并不能表示价格超过边际成本。相反，企业认为从事更多的生产，将加快管理、空间和其他所谓的固定费用必须得到扩展的进程，或增加这种可能性。这些也是边际成本。

---

① 在规模报酬不变条件下，边际成本与产量水平无关，成本函数与产出呈比例。

厂商的斯勒茨基方程

虽然我们没有斯勒茨基方程，但是有一个无条件要素需求和条件要素需求的关联方程。回忆一下，$\frac{\partial C(w_1, \ldots, w_N, Y)}{\partial w_i} = X_i(w_1, \ldots, w_N, Y)$ 和 $P = \frac{\partial C(w_1, \ldots, w_N, Y)}{\partial Y}$。完全区别于 w_i，允许 Y 调整（这就是我们所说的无条件要素需求），我们得到：

$$\frac{\partial X_i^{UC}}{\partial w_i} = \frac{\partial^2 C}{\partial w_i^2} + \frac{\partial^2 C}{\partial w_i \partial Y} \frac{dY}{dw_i}$$

$$0 = \frac{\partial^2 C}{\partial w_i \partial Y} + \frac{\partial^2 C}{\partial Y^2} \frac{dY}{dw_i}$$

其中 $\frac{\partial X_i^{UC}}{\partial w_i}$ 是一个偏导数，因为它保持所有其他投入品价格不变，但是是无条件的，因为它允许产出水平对 w_i 作出响应。消除 $\frac{dY}{dw_i}$，得到：

$$\frac{\partial X_i^{UC}}{\partial w_i} = \frac{\partial^2 C}{\partial w_i^2} - \left(\frac{\partial^2 C}{\partial w_i \partial Y}\right)^2 \Big/ \frac{\partial^2 C}{\partial Y^2}$$

这就是厂商斯勒茨基方程的形式。我们知道 $\frac{\partial^2 C}{\partial w_i^2} \leqslant 0$，因为成本函数在价 115
格上是凹的。我们也知道 $\frac{\partial^2 C}{\partial Y^2} > 0$，因为这是当我们增加产量时边际成本的变化。如果边际成本正在下降，我们就会找到一个最小值，所以它必须上升。现在，既然平方项不可能为负，因此我们可以推断 X_i 在 w_i 中没有增加。与消费者问题不同的是，在吉芬产品的情况下，投入品需求不能增加要素价格。

关于产出，我们能谈论些什么呢？产出对成本的影响实际上是不确定的。

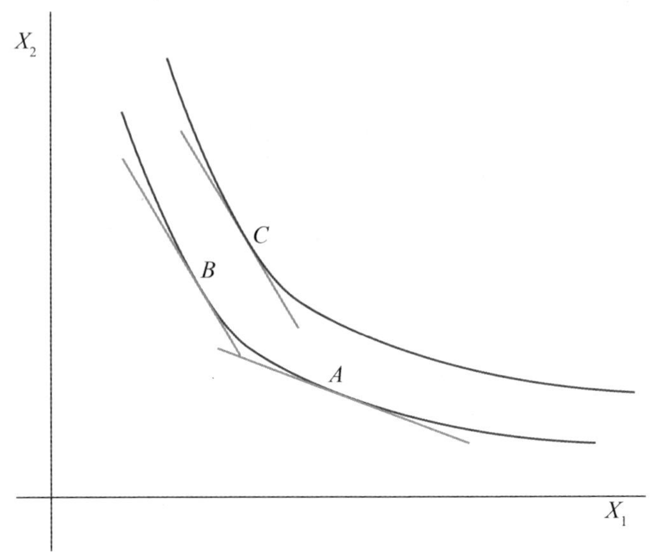

图 10-6：考虑 X_1 价格的上涨。替代效应导致厂商从 A 向 B 移动，尽管总成本上升，但这种情况下边际成本下降，产出增加——规模收益会导致厂商从 B 向 C 移动。

如果厂商能通过增加产量来更好地避免更高的成本，那么厂商可能会随着产量的增加而增加产量。例如，如果两种投入品是可以替代的，生产率较低的投入品变得更加昂贵，那么当企业转向使用生产效率更高的投入品时，可能会增加总产出。

在如图 10-6 所示的情况下，虽然给定产出水平的总（和平均）成本仍在上升，但该水平下的边际产量成本可能已经下降，从而导致了产出的增加。然而，要素价格使边际成本降低的情况是罕见的。与这些情况相关的要素被称为**劣质要素**。

116

双要素生产函数

通常，我们把产出写成资本和劳动力的函数：

$$Y = F(K, L)$$

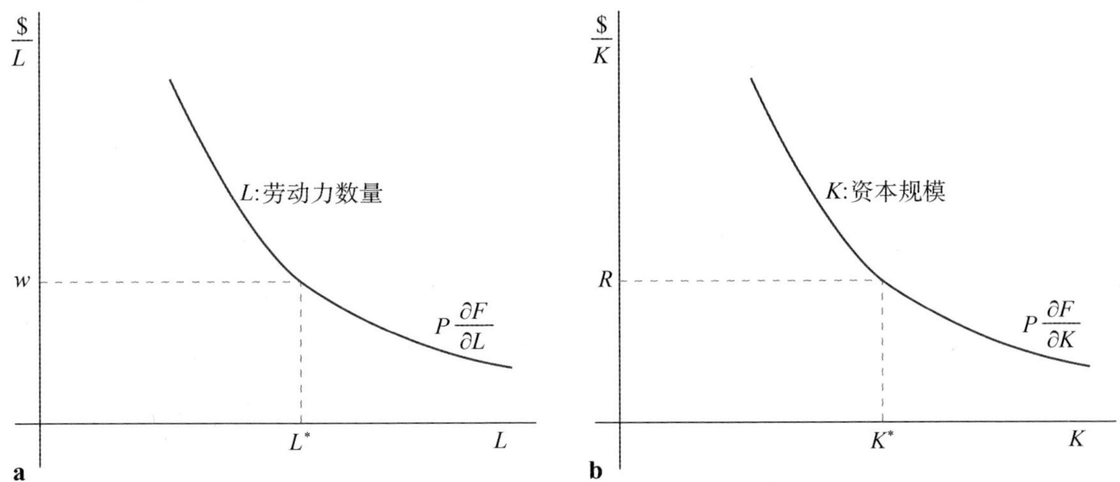

图 10-7a 和 10-7b：企业会使边际产品价值（VMP）等于投入品的价格，以实现最优化。注意，F 同时取决于 K 和 L，所以它的导数也取决于 K 和 L。也就是说，左图中边际产品价值曲线会随着 K 的变化而变化，右图也是同样情况。

K 包含一个资本或购买价格以及租金价格，R。资本价格衡量了单位资本使用期内的价值。另一方面，租金衡量了当前使用的价格。举例而言，租借花费 100 万美元能买到的电脑，远比租借花费 100 万美元能买下的工厂贵，这是因为工厂会在接下来几十年中产生 100 万美元的价值，然而电脑会很快被淘汰，它们必须迅速产生价值。

劳动力含有租金价格 w。公司支付工资以获得雇员在某一特定时期内的劳动力，因此企业将对以下问题求解：

$$\max_{K, L} PF(K, L) - wL - RK$$

在这种情况下，我们得到同之前一样的一阶条件：

$$P\frac{\partial F}{\partial L} = w$$

$$P\frac{\partial F}{\partial K} = R$$

如图 10-7a 和图 10-7b 所示。从这些条件中得出一个有用的结论，我们可以用两个要素中任一要素的租金价格与其边际产量的比值来衡量边际成本——任一

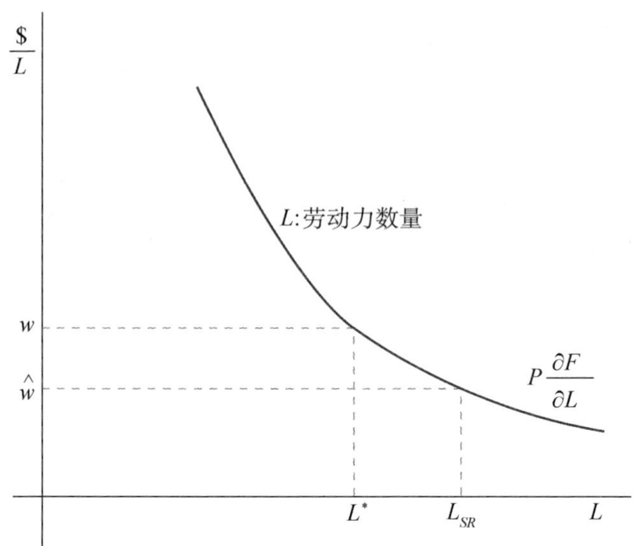

图 10-8：工资下降会在短期内增加劳动力数量

要素的比值都会给出相同的结果。

当我们考虑资本时，考虑短期与长期的区别是很重要的。在生产中的一个普遍看法是，资本在短期是固定的，但长期可变。传统上认为劳动力要素更加灵活可变。随着时间推移，这些概念的用处逐渐变小。举例而言，如果一家法律公司试图扩张，那么培养一支完备的劳动力队伍，要比寻找办公场所和配备电脑等困难得多。

现在，考虑工资率从 w 下降到 $\hat{w}$。这一变化如图 10-8 所示。在短期内，
117 劳动力数量会上升。而在长期，我们需要考虑生产函数的交叉偏导数——劳动力和资本是互补还是替代关系。假设 $F_{LK}>0$，即劳动力的边际产量随资本增加而上升。那么由于劳动力数量在短期上升，随着时间推移，我们会增加资本以实现最优化。这会对劳动力产生额外的反馈效应，因为资本的增加会进一步提高劳动生产率。最终，我们会在更高的劳动力数量和资本水平上实现长期均衡，如图 10-9a 和 10-9b 所示。

118 现在我们来看一看，在 $F_{LK}<0$ 的情况下会怎么样？也就是说资本和劳动力是一对替代品。在这种情况下，公司将做最优选择以**减少**资本投入，因为它可以被更廉价的劳动力投入替代。反馈效应仍然存在，但是起到了逼降资本和

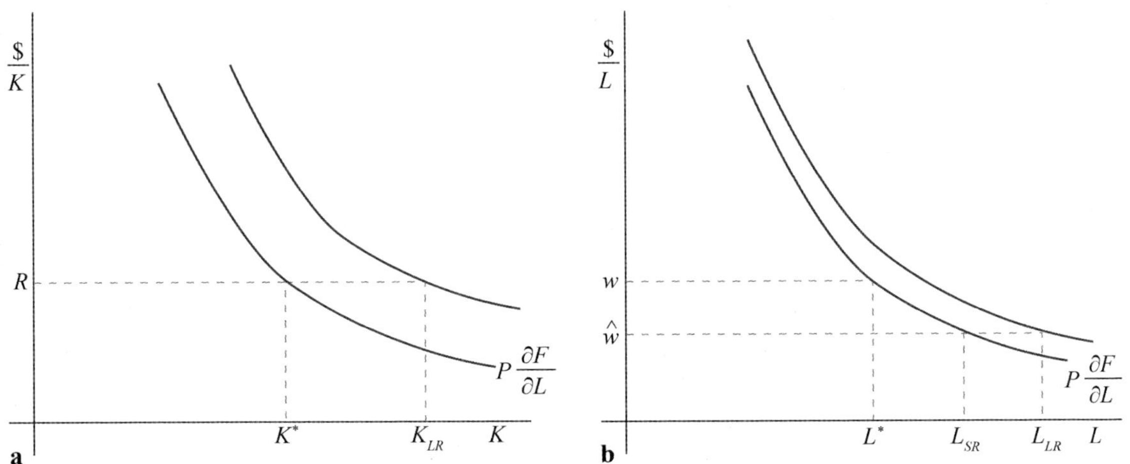

图 10-9a 及图 10-9b： 由于我们假设劳动力与资本是一对互补品，那么，在长期内，工资降低将增加资本。随着资本增加，公司也将进一步寻求劳动力的增加。最终，经济将达到我们所说的长期均衡。

增加劳动力的作用。同样，劳动力在长期比短期更具弹性。由于当且仅当劳动力是资本的互补品时，资本才是劳动力的互补品，所以长期效应总是会放大短期效应。

通常来说，消费品也是一样（尽管并非总是如此）。如果汽油价格上涨，那么在短期内，人们将减少驾车。如果汽车和汽油是互补品，那么在长期内，人们将购车更少，甚至开车更少。如果骑车和开车互为替代品，那么在短期内，人们会更多地选择骑车；长远来看，甚至买自行车、骑自行车的人也会更多。无论是哪种方式，长期效应都大于短期效应。

但是，这种反馈效应的想法需要进一步的数学论证。根据该问题的二阶条件，这些效应是收敛的。我们假定边际生产率下降；那么，对于一个普通的目标函数 $f(X, Z)$，就有 $f_{XX}<0$ 且 $f_{ZZ}<0$。①为了实现利润最大化，我们还需要 $f_{XX}f_{ZZ}-f_{XZ}^2>0$。用反馈效应来解决我们讨论的问题，这种简单方法其

① 在教学视频中，Murphy 教授用了 $F(X, Y)$，但因为 F 和 Y 在我们的前期模型中用来指代了其他事物，这里我们把 F 替换为 f，Y 替换为 Z。厂商利润可以作为一个一般的目标函数 f 的例子，它是生产函数 F 的一部分。

实类似于解决最大化问题时的“两步走”。步骤 1，对于固定值的变量二，最大化变量一（例如 Z）：

$$G(X)=\max_{Z} f(X, Z)$$

我们想在此阐明：G 是一个凹函数。在最优点 Z^*，有 $f_Z=0$，$f_{ZZ}<0$。$f_Z=0$ 该点的全微分可以推导出 $f_{ZX}+f_{ZZ}\frac{dZ}{dX}=0$，由此又可得 $\frac{dZ}{dX}=-\frac{f_{ZX}}{f_{ZZ}}$。我们还能得到：

$$G_X=\frac{df(X, Z^*(X))}{dX}=f_X+f_Z\frac{dZ^*}{dX}=f_X$$

119 通过全微分还能得到 $G_{XX}=f_{XX}+f_{XZ}\frac{dZ}{dX}$。我们可以加入 $\frac{dZ}{dX}$ 以得到：

$$G_{XX}=f_{XX}-\frac{f_{XZ}^2}{f_{ZZ}}<0$$

这个决定性式子表明，一旦我们根据变量二优化了变量一，问题的关键就仍然蕴含在前者之中。步骤 2，最大化变量二，然后重复上述过程。

前文讨论的公司斯勒茨基方程也可以解释为一个顺序优化问题：针对给定的产出，寻找正确的因子数量，然后获得正确的产出。回想一下，我们可以从成本函数里获得劳动力需求函数，就像我们可以从支出函数得出希克斯需求函数一样。也就是，$L=\partial C(w, R, Y)/\partial w$。产出可以随 w 调整的情况下，对此全微分可得 $\frac{\partial L^{UC}}{\partial w}=\frac{\partial^2 C}{\partial w^2}+\frac{\partial^2 C}{\partial w\partial y}\frac{dY}{dw}$。类似地，运用公司费用函数在步骤 2 中的

120 一阶导数 $P=\frac{\partial C(w, R, Y)}{\partial Y}$，再次全微分，可得 $0=\frac{\partial^2 C}{\partial w\partial y}+\frac{\partial^2 C}{\partial y^2}\frac{dy}{dw}$。整合两式消除 $\frac{dY}{dw}$，可得：

$$\frac{\partial L^{UC}}{\partial w}=\frac{\partial^2 C}{\partial w^2}-\left(\frac{\partial^2 C}{\partial w\partial y}\right)^2\Big/\frac{\partial^2 C}{\partial y^2}$$

替代效应和规模效应对要素需求的影响

我们多次写出过公司自身价格的斯勒茨基方程。也就是说，我们已经讨论了投入品 X_i 价格上涨对其需求的影响。在同一练习中，我们已经讨论过两遍。其中，一个更通用的表达式为：

$$\frac{\partial X_i^{UC}}{\partial w_j}=\frac{\partial^2 C}{\partial w_i \partial w_j}-\left(\frac{\partial^2 C}{\partial w_i \partial Y}\frac{\partial^2 C}{\partial Y \partial w_j}\right)\Big/\frac{\partial^2 C}{\partial Y^2}$$

之前的结论是在 $j=i$ 这一特殊情况下得到的。现在，我们来看式子右侧的两个项。右侧第一项 $\frac{\partial^2 C}{\partial w_i \partial w_j}$ 叫作**替代效应**，表示投入品 j 的价格在多大程度上催生了沿等产量曲线向投入品 i 的转变。由于成本函数是公司最优化的结果，所以就包含了在该问题步骤 1 中使用的生产函数中的假设。

右侧第二项 $\left(\frac{\partial^2 C}{\partial w_i \partial Y}\frac{\partial^2 C}{\partial Y \partial w_i}\right)\Big/\frac{\partial^2 C}{\partial Y^2}$ 叫作**规模效应**，表示要素价格通过生产规模变化对要素需求产生的影响。因为 $\frac{\partial C}{\partial w_i}$ 是 X_i 的需求函数，所以 $\frac{\partial^2 C}{\partial w_i \partial Y}=\frac{\partial X_i}{\partial Y}$。当且仅当 $\frac{\partial^2 C}{\partial w_i \partial Y}<0$ 时，X_i 是**劣质投入品**。请注意，要素价格不能直接降低成本，但能降低边际成本（在投入品劣质的情况下也是如此）。更低的边际成本意味着，当某一种要素涨价时，我们就可以扩大产出。例如，某家公司现在用铁锹进行小型挖掘作业，但紧接着铁锹涨价了，于是公司会转而使用挖掘机。公司只要持有机器，就会挖得更多。

劣质投入品并没有那么常见，而且现在从公司斯勒茨基方程中可以看出： 121
还需要额外的生产函数或成本函数限制，以保证没有投入品是劣质的。此外，$i=j$ 时，斯勒茨基方程的规模效应项一定为负，即使规模效应的正负不明——毕竟投入品可能是正常的也可能是劣质的。投入为正常品时，规模和要素需求同向移动，并且要素价格会缩小规模。投入品劣质时，规模和要素需求反向移动，但是要素价格却会扩大规模。无论哪种方式，要素价格都会通过规模效应来减少要素需求。要素自身价格的规模效应始终增强替代效应。

后天比较优势

本章伊始，我们曾假设生产要素在创造比较优势的方式上恰好各不相同。而市场激励人们变得与众不同，以增强他们的比较优势。这个结论在本书的开头已经有所探讨。既然已经有所铺垫，那么现在就让我们回到比较优势这个话题，一起分析最简单的比较优势例子，并且在其中加入人力资本的获取。

想象这样一个存在两个任务的简单世界，这两个任务即 A 和 B。个人完成这两个任务所需要投入的人力资本分别为 H_A 和 H_B。无论选择什么任务，都会收到适当的单位人力资本工资：w_A 或 w_B。这意味着，个人若选择任务 A，则将获得总收入 $Y_A=w_AH_A$；若选择任务 B，则有 $Y_B=w_BH_B$。如果一个人只能选择一项任务，那么他将选择赚取收入：

$$Y=\max(w_AH_A,\ w_BH_B)$$

因此，如果 $w_AH_A>w_BH_B \Leftrightarrow \frac{w_A}{w_B}>\frac{H_B}{H_A}$，个人将选择任务 A。选择取决于个人拥有的人力资本的相对数量，而不是绝对数量，这就是比较优势。

现在，我们通过绘制任务的无差异射线来阐释在 $[H_A,\ H_B]$ 平面中的选
122 择。这条射线展现了某人对两个任务并无差异时，可能出现的全部人力资本配置。参见图 10-10。

人们对任务 A 和 B 都有一定的需求，在均衡状态下必须与可用的人力资本和前述的足以使工人放弃另一项任务的激励相匹配。工资调整随之而来。如果对 A 的需求很大，那么图 10-10 中的任务无差异射线必然陡峭，这样才有多数选择任务 A、少数选择 B。换而言之，w_A/w_B 将大于 1。

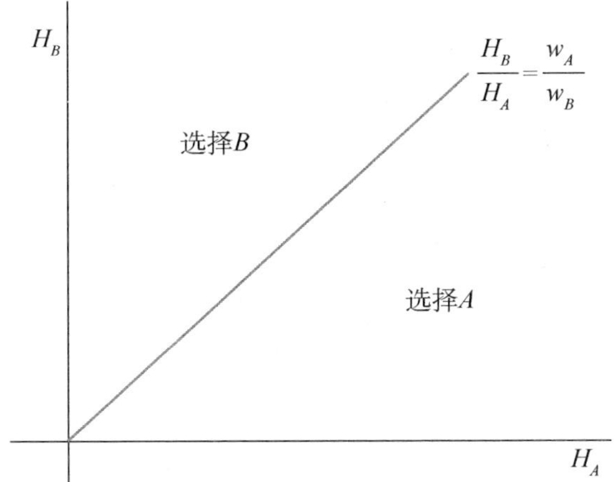

图 10-10：任务无差异射线将随供求关系旋转，直到每个任务中有合理数量的工人为止。

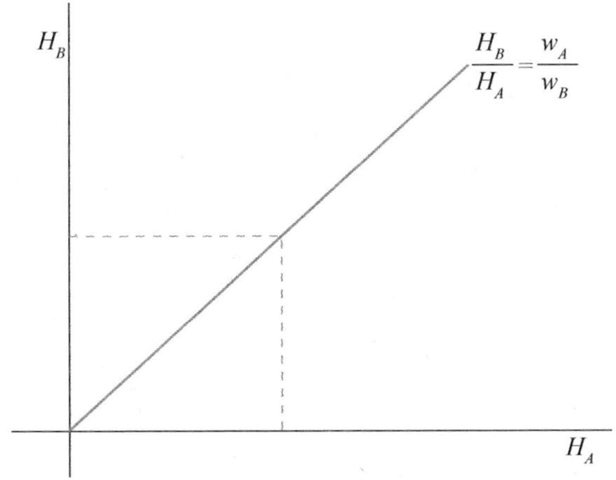

图 10-11：工人的无差异曲线：虚线上的每个人收入相同。

现在，假设我们已经达到均衡，w_A/w_B 也反映了市场供求关系。那么，对于线上的任意一点，每个人所赚取的收入一定相同，无论它们在正下方还是正左侧。参见图 10-11 中的虚线。这是因为，在任务无差异射线上方的虚线上，每个人 H_B 水平相同，而其 H_A 由于不曾使用而无关紧要。在任务无差异射线下方的虚线上，每个人 H_A 水平相同，而其 H_B 由于不曾使用而无关紧要。我们将这两条虚线的组合称为工人的无差异曲线。

现在，让所有经济主体选择如何配置他们的人力资本。例如，一位主体正

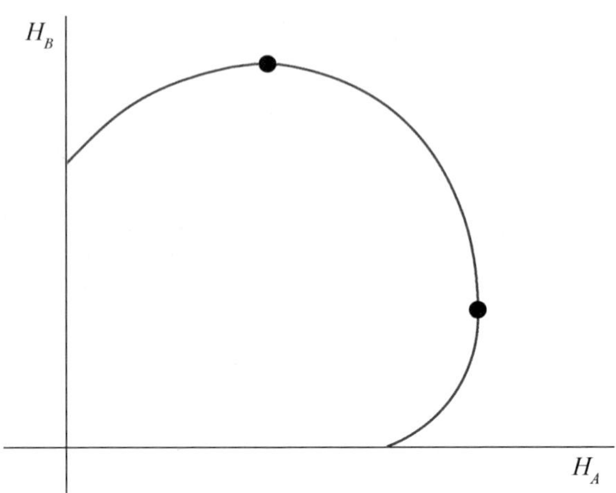

图 10-12：人力资本配置的机会集。具备对应任务 *A* 的最高人力资本水平的主体，其对应任务 *B* 的人力资本仍然为正。

在考虑要成为一名优秀的管道工还是一名优秀的木匠。人力资本的机会集可能是一个很有趣的图形，参见图 10-12。现在来考虑对应 H_B 最高水平的点。如
123 图所示，这一主体将有一些为正值的 H_A。这反映出一个基本的道理，即某些任务 A 和 B 要求具备相同的能力。因此，即使该主体选择成为一名优秀的水管工，也不意味着他作为木匠的人力资本是零。

还请注意，在此机会集图中，与经济相关的区域位于标注出的两点之间，并且我们可以擦除曲线中靠近坐标轴的部分，因为没有人会选择顶点左侧或最右点下方所对应的人力资本配置。在被擦除的区域里，经济主体本可以在两个任务上都表现得更好！

124 现在，让我们把机会集和工人的无差异曲线合在一起，参见图 10-13。我们甚至可以假设每个人的考量完全一致，以使得他们能在相同的机会曲线上做选择。然而，专业化才是最优行为。能同样出色地完成 A 和 B，要比仅能出色完成其中一项来得更糟，因为这样一来很多后天习得的人力资本将被闲置。

最初，我们是通过表示在两个任务之间无差异的工人类型（即人力资本配置）来绘制图 10-13。但是现在，我们已经解释过，人们不会选择成为那种工人。这是因为，尽管人们拥有人力资本，但是在两个任务之间的无差异状态还

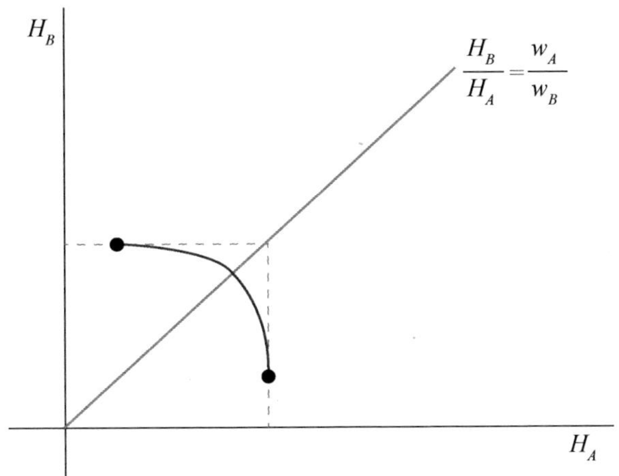

图 10-13：专业化。主体将最大化其在任务 A 或 B 的人力资本。

算不上均衡。①

均衡状态要求两个任务都有人执行，所以需要有一部分人专攻 A，有其他人专攻 B。尽管面临的机会一样，人们最终还是会各不相同。

也许有人会说，如果我们都认可“人与人完全相同”的前提条件，那么谁做任务 A 和谁做任务 B 简直像用抛硬币来决定的。但是，在现实生活中，人们面临的机会就是有所不同的：参见图 10-13，图中展现了这些不同的机会曲线。一些可能相对陡峭，而另一些则相对平坦。人与人之间在曲线斜率上的微小差异，将决定哪些人专攻什么领域。市场专业化会把小差异变成大差异。

加里·贝克尔通过阐述工人之间这么多差异如何形成，彻底改变了劳动经 125
济学（Becker，1964；Becker and Mofie，1992）。这些差异的发生与对供求关系的考量有关。

---

① 这个简单模型从时间、不确定性和其他要素中抽象而出。在更一般化的情形下，市场运作会导致一些人处于任务无差异射线上。因为在他们获得技能的同时，他们不确定最终他们会被分配去做什么工作。即便如此，每个人都在射线附近也是不合理的：至少一些人能够确定他们未来会做什么，然后有准备地精通相关技能。

—第 11 章—

行业模型

行业模型的性质

我们从需求的行业模型开始，假设在行业层面上的规模收益不变。① 在厂商层面，规模收益不变这一假设可能会带来一些问题，因为如果价格高于成本，生产无限量的产品是最理想的；如果价格低于成本，最好不生产；如果价格等于成本，产量将是不确定的。因为厂商层面的均衡常常是不确定的，所以我们常常需要上升到行业层面来开始考虑均衡。当我们假设这个行业展现出恒定的规模收益，我们**并不**一定假设每个厂商的规模收益是恒定的。行业内的每个厂商的规模效益可能会递减，但扩大整个行业而产生的规模效益可能为常数——在行业层面上经验借鉴变得可行。因此，假定行业层面的固定收益可以概括为两种情况：（1）行业内的厂商表现出规模固定收益，或者（2）行业内的厂商表现出收益递减，但是加总之后行业的规模收益约等于常数。

我们进一步假设两种投入要素的情形，那么规模收益不变意味着：

$$F(tL, tK) = tF(L, K)$$

---

① 我们在第 7 章中学过，行业需求是每个消费者需求的总和。

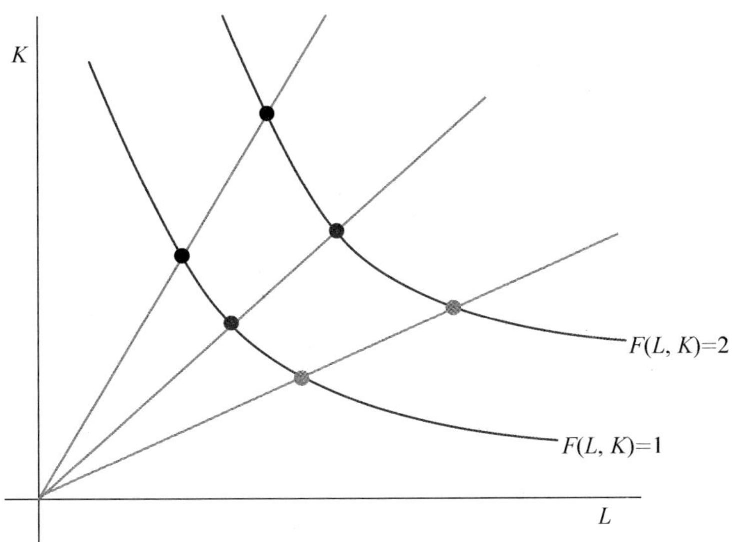

图 11-1： 投入要素翻倍意味着产出翻倍。此外在每一个相同颜色的点上，等值线的斜率是相同的。

对于我们的条件要素需求函数，规模报酬不变意味着：

$$L^*(w, r, Y)=YL^*(w, r, 1)$$ 127

$$K^*(w, r, Y)=YK^*(w, r, 1)$$

因此导数是 0 次齐次的（见图 11-1）：

$$\frac{\partial F(tL, tK)}{\partial L}=\frac{\partial F(L, K)}{\partial L}$$

$$\frac{\partial F(tL, tK)}{\partial K}=\frac{\partial F(L, K)}{\partial K}$$

我们也可以就成本函数得到以下表述：

$$C(w, r, Y)=YC(w, r, 1)$$

对成本函数来说，规模收益不变意味着产出 Y 单位产品的成本和 Y 次产出 1 单位产品的成本是相同的，取导数 $\frac{\partial C(w, r, Y)}{\partial Y}=C(w, r, 1)$，边际成本恒定。总而言之，规模收益不变表明相对要素价格决定了 K 对 L 的比率，而产

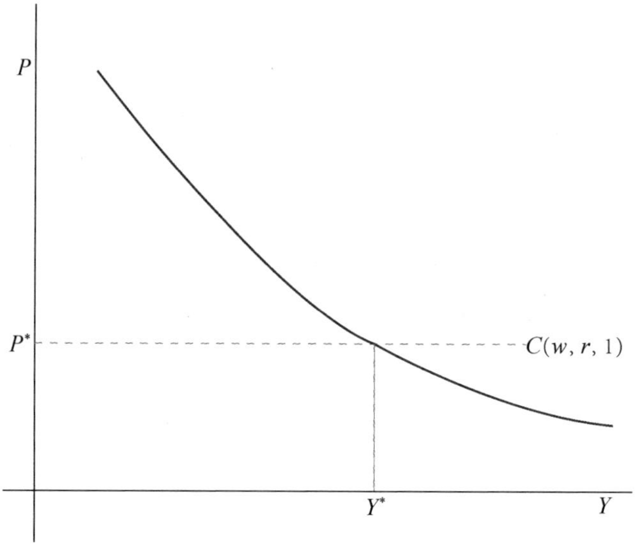

图 11-2：最优产量由等于价格的恒定边际成本曲线与消费者需求的交点决定。

量将决定所需的 K 和 L 的水平。因此，规模收益不变可以方便地对相对投入
128 以及产出水平进行分解。

如何确定最优产出仍有疑问。回顾 $P=MC$ 这一条件。在现在的情形下，这意味着 $P=\frac{\partial C(w,\ r,\ Y)}{\partial Y}=C(w,\ r,\ 1)$。我们加上市场出清条件 $Y=D(P)$，因此可以得出产量等于消费者需求的商品数量，如图 11-2 所示。

供给具有完全弹性，所以供给决定价格。数量则取决于有多少消费者愿意以给定价格购买商品。

另外，注意，对于大多数行业来说，这不失为一种看待世界的好方法。价格是由供给侧生产产品的成本决定的。我们消费的数量则是由需求侧通过在给定价格下我们想消费多少商品决定的。

从供需角度看待行业行为

供应和需求的观点在很多重要问题上都有论述，从不平等（Katz and

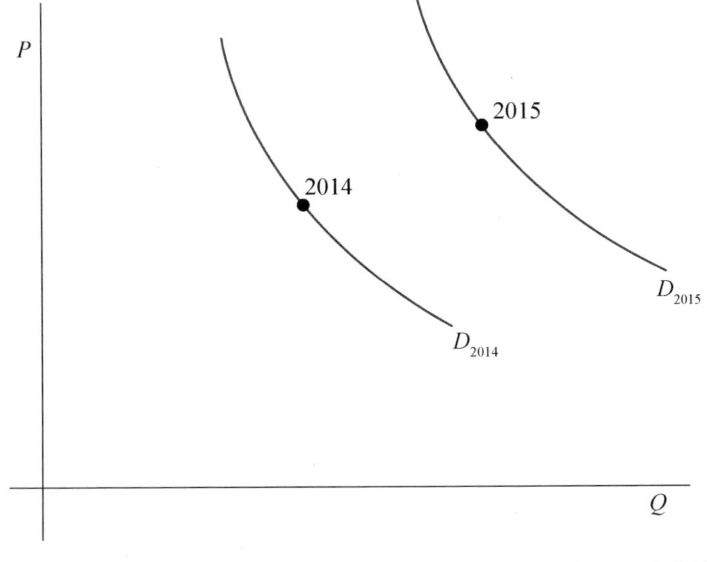

图 11-3：由于需求曲线与均衡点相交，因此从 2014 年到 2015 年，需求曲线必然向外移动。此外，对于每一个均衡价格，产量的变化要大于需求的变化。

Murphy 1992）到毒品战争（本书第 12 章）再到商业周期（Mulligan 2012）。 129
尽管这是一些在本科学习中应该掌握的内容，但即使是专家有时也会困扰于如何从供求角度来看待相关问题。[①]

考虑 2014 年到 2015 年之间价格和商品数量变化的情况。目前，我们还没有必要假设供给具有完全弹性。2015 年的均衡价格和商品数量均高于 2014 年。因为需求曲线必须通过这两个点，我们知道 2015 年的需求必须高于 2014 年。我们也知道，需求的变化（ΔD，以数量维度中变化值相对于初始值的百分比来衡量）大于均衡数量的变化——这点从图 11-3 中可以明显看出。[②] 同样的供给曲线意味着供给的变化（ΔS，同样以数量维度中变化值相对于初始值的百分比来衡量）小于均衡数量的变化。综上，如果我们以 ΔP 和 ΔQ 分别表示均衡价格和数量的百分比变化，那么当 $\Delta P > 0$ 的时候，$\Delta D > \Delta Q > \Delta S$；如果 $\Delta P < 0$ 则完全相反。

我们也可以从弹性角度来研究这个例子。注意，我们观察到的数量等于以

---

① 参见 Mulligan 等人（2018，Section 2.2）的例子。

② 同样，操作符 Δ 可以表示自然对数的变化量（比如，$\Delta Q \equiv \ln Q_{2015} - \ln Q_{2014}$）。

130 市场价格计算的需求，$Q=F(P, Z)$，Z 代表的是任何可能移动需求曲线的因素，比如另一种商品的价格。因此，任何商品数量的改变都可以以 P 的改变量和 Z 的改变量表示：$d\ \mathrm{In}\ Q=\frac{1}{Q}(F_P dP+F_Z dZ)=F_p\frac{P}{Q}\frac{dP}{P}+\frac{F_Z dZ}{Q}$。我们可以进一步将该公式改写为 $\Delta Q=\Delta D+\epsilon^D\Delta P$，其中 $\Delta D=F_Z dZ/Q$，$\Delta Q=d\ \ln Q$，$\Delta P=d\ \ln P$。这样我们就把需求量的变化分解为需求曲线的平移和在需求曲线上的移动。

130 $\Delta Q=\Delta D+\epsilon^D\Delta P$ 这一条件意味着 $\Delta D=\Delta Q-\epsilon^D\Delta P$。同样，在供给端 $\Delta Q=\Delta S+\epsilon^S\Delta P$，意味着 $\Delta S=\Delta Q-\epsilon^S\Delta P$。这两种情况下的 ϵ **都**表示数量相对于价格的弹性。在这个例子中，我们已知 ΔQ 和 ΔP；如果供求曲线的弹性已知，我们可以计算出到底供求曲线是如何变化的。

注意，均衡价格和均衡数量都在供给曲线和需求曲线上。均衡数量必须同时是卖家想卖的量和买家想买的量。这就是为什么我们要同时跟踪 ΔD 方程和 ΔS 方程。这一点很简单，但人们经常忘记市场由买卖双方组成，缺一不可。

因为两个方程中都有 ΔQ，在供求函数移动的时候，我可以通过消除 ΔQ 得出 ΔP：

$$\Delta D+\epsilon^D\Delta P=\Delta S+\epsilon^S\Delta P$$
$$\Rightarrow\Delta P=\frac{\Delta D-\Delta S}{\epsilon^S-\epsilon^D}$$

这意味着价格变化百分比相当于多余需求的变化除以“总”弹性，因为 $\epsilon^D<0$，同样地，

$$\Delta Q=\frac{\epsilon^S\Delta D-\epsilon^D\Delta S}{\epsilon^S-\epsilon^D}$$

因此，商品数量的百分比变化量是需求百分比变化量和供给百分比变化量的加权平均。

行业模型的四个构成要素 131

在我们的行业收益不变模型中，我们可以加入额外的均衡条件 $L=\dfrac{\partial C(w,\ r,\ Y)}{\partial w}$，$K=\dfrac{\partial C(w,\ r,\ Y)}{\partial r}$ 和 $Y=F(L,\ K)$。综上，行业模型有四个构成要素：

1. $P=MC$
2. $Y=D(P)$
3. $L=\dfrac{\partial C(w,\ r,\ Y)}{\partial w}$ 和 $K=\dfrac{\partial C(w,\ r,\ Y)}{\partial r}$
4. $Y=F(L,\ K)$

我们逐一来看一下这些方程。第一个方程在规模收益不变的情况下对应于 $P=C(w,\ r,\ 1)$。将其完全微分，则可得 $dP=C_w(w,\ r,\ 1)dw+C_r(w,\ r,\ 1)dr$。由于规模收益恒定，因此 $dP=\dfrac{L}{Y}dw+\dfrac{K}{Y}dr$。适当乘除将改变量转换成百分比形式：$\dfrac{dP}{P}=\dfrac{wL}{PY}\dfrac{dw}{w}+\dfrac{rK}{PY}\dfrac{dr}{r}$。这意味着 $\Delta P=S_L\Delta w+S_K\Delta r$，其中 S 表示因素支出占收入之比，Δ 表示百分比变化。[①] 因此，产出价格的变化是投入价格变化的份额加权平均值。只要价格等于边际成本，这个方程就必然成立。

第二个方程意味着 $\Delta Y=\epsilon^D\Delta P$。

第三个方程引入了一个新的相关概念：替代弹性，通常以 σ 表示。它衡量的是在等产量线上要素投入受要素价格变动的影响的程度。由于我们先前讨论过规模效应不变假设对等产量线的影响（见图 11-1），我们知道，沿着一条从原点出发的射线移动到不同的等量线会保持相同的替代弹性。更准确地说，我

① 注意，通过使用微积分规则，我们在这里考虑的是微小的改变量。大的改变量是通过累积微小改变量来考察的，如第 4 章所示。大写 S 表示收入份额，小写 s 表示成本份额。在收益不变的情况下（即 $C=PY$），它们是一样的，否则即使小 s 之和为 1，不同因素之间的大 S 之和不为 1。

们将定义一个 $\sigma>0$ 来使下式成立：

$$\Delta\frac{L}{K}=\sigma\Delta\frac{r}{w}$$

132 要素数量比与要素价格比之间存在着负相关关系（之前我们提到过：r 是 K 的价格，w 是 L 的价格）。这个条件意味着：

$$\Delta L-\Delta K=\sigma(\Delta r-\Delta w)$$

我们可以用处理第一个方程的方式处理第四个方程。$Y=F(L,K)$ 意味着 $dY=\frac{\partial F}{\partial L}dL+\frac{\partial F}{\partial K}dK$，经整理可得 $\frac{dY}{Y}=\frac{P\frac{\partial F}{\partial L}}{PY}\frac{dL}{L}+\frac{P\frac{\partial F}{\partial K}}{PY}\frac{dK}{K}$，即 $\Delta Y=S_L\Delta L+S_K\Delta K$。

行业弹性和劳动力需求

在考虑工资变化对劳动力需求的影响时，我们想到的第一个令人困惑的因素可能是资本。现在我们先假设 $\Delta r=0$，这在通常情况下是一个长期假设。则 $\Delta P=S_L\Delta w$，$\Delta Y=\epsilon^D\Delta P$，$\Delta L-\Delta K=-\sigma\Delta w$ 以及 $\Delta Y=S_L\Delta L+S_K\Delta K$。当工资变化时，价格、产出、劳动和资本也会变化，这样一来我们就正好有四个方程来求解四个未知数。使用前两个方程，我们通过简化得到：

$$\Delta Y=S_L\epsilon^D\Delta w$$

这就是规模效应。工资增加会导致产出下降。现在我们把第四个方程重新整理为 $\Delta Y=\Delta L+S_K(\Delta K-\Delta L)$，即 $\Delta L=\Delta Y+S_K(\Delta L-\Delta K)$。这意味着劳动力的变化是规模效应和替代效应的总和。我们可以用第三个方程来替代 $\Delta L-\Delta K$ 得出 $\Delta L=S_L\epsilon^D\Delta w+S_K(-\sigma\Delta w)$。这个式子右边的第一项是规模效应，第二项是替代效应。重新整理可得：

$$\Delta L=(S_L\epsilon^D-S_K\sigma)\Delta w$$

产出需求的弹性越大，劳动力下降的幅度就越大。劳动力和资本的可替代性越强，劳动力下降的幅度越大。这两个即是**马歇尔定律**（Marshall 1890）的一部分。马歇尔定律的第三个方面指出增加劳动份额将进一步降低劳动力；这个论点的问题是，S_L 和S_K 是相关的；所以增加 S_L 也降低了资本替代劳动力的 133
能力（希克斯后来修正了这个定律①，在其中加入了 ϵ^D比 σ 的量级更大这一条件）。

现在，作为一项练习，让我们分析一下短期劳动力的需求弹性。即保持资本不变，使 $\Delta K=0$。得到方程组 $\Delta P=S_L\Delta w+S_K\Delta r$，$\Delta Y=\epsilon^D\Delta P$，$\Delta L=\sigma(\Delta r-\Delta w)$ 和 $\Delta Y=S_L\Delta L$。同之前一样对方程组进行求解就可以得出短期劳动力需求弹性。

劳动力和资本是互补品还是替代品?

我们可以用另一种方式表述这一问题：在长期（$\Delta r=0$），$\Delta w>0$ 是意味着 $\Delta K>0$ 还是 $\Delta K<0$? 在短期($\Delta K=0$)，$\Delta w>0$ 是意味着 $\Delta r>0$ 还是 $\Delta r<0$?

让我们回忆一下规模效应的逻辑：$\Delta w>0\Rightarrow\Delta P>0\Rightarrow\Delta Y<0$，所以规模效应总是朝着更少的劳动力和资本的方向推进。替代效应意味着 $\Delta w>0\Rightarrow\Delta\frac{K}{L}>0\Rightarrow\Delta K>0$，$K$ 会增加。所以问题可以被归结为：需求弹性和替代弹性哪个更重要?

在长期，使用 $\Delta L-\Delta K=-\sigma\Delta w$ 和劳动力变化公式，我们得到：

$$\Delta K=(S_L\epsilon^D-S_K\sigma)\Delta w+\sigma\Delta w=S_L(\epsilon^D+\sigma)\Delta w$$

在短期，$\Delta K=0$，因此均衡方程为 $\Delta P=S_L\Delta w+S_K\Delta r$，$\Delta Y=\epsilon^D\Delta P$，$\Delta L=\sigma(\Delta r-\Delta w)$ 以及 $\Delta Y=S_L\Delta L$。由这些方程得出 $S_L\sigma(\Delta r-\Delta w)=\epsilon^D(S_L\Delta w+$

---

① 希克斯，《价值和资本》，1946。

$S_K \Delta r$)，因此$(S_L\sigma - S_K \epsilon^D)\Delta r = (\epsilon^D + \sigma) S_L \Delta w$。重新整理得出：

$$\Delta r = \Delta w \frac{(\epsilon^D + \sigma) S_L}{(S_L\sigma - S_K \epsilon^D)}$$

由于 $\epsilon^D < 0$，分母为正。当 $\epsilon^D + \sigma > 0$，替代效应超过规模效应，因此资本价格在短期升高，资本量在长期升高。

以汽车行业的资本补贴为例。这会增加还是减少该行业的劳动力？这里我
134 们假设经济体完全封闭，本国生产的所有汽车都由本国消费。在这种封闭经济情况下，规模效应影响可能较小，因为产出市场上的替代品较少。现在假设伊利诺伊州决定补贴汽车工业的资金。这将使伊利诺伊州的规模效应增大，因为对伊利诺伊州生产的汽车的需求比对美国生产的汽车需求更有弹性（因为我们可以跨越州级市场）。因此，资本补贴对就业的影响是不同的，这取决于提供补贴的级别是州还是国家。

因此规模效应趋向于使劳动力和资本互补，而替代效应倾向于使它们相互替代。根据环境和视野的不同，替代效应和规模效应的相互作用结果可能不同。这就使得劳动力和资本是互补还是替代成为一个难题。

让我们再举一个商业航空公司雇佣飞行员的例子。飞行员的酬劳只占飞行总成本的一小部分，所以对飞行员的需求是相对非弹性的，也就是说规模效应很小。但这意味着互补效应相对会很大，因此飞行员酬劳的上涨将推动航空公司使用更大的飞机以及消耗更多的燃料。马歇尔（1890）忽略了这样一个事实，即一个只占小份额的投入能提高企业或行业替代其他投入的能力，从而潜在地增加了替代效应的强度。

第12章 禁令的影响

管制药品的销售收入

为了更加具体，让我们假设一个针对管制药物的模型。① 我们先假定市场上存在对于这类药品的需求，这里我们首先从一系列假设出发，假设该类药品是合法的，并且这个行业是完全竞争的，另外其边际成本恒定。完全竞争这一假设条件很容易被放宽；从经验上来看，恒定边际成本似乎也是一个不错的假设。那么我们现在将对该药品实施禁令或者管制，并初步假定这种法律层面上的禁令对需求本身没有影响。这里关键的一点是，禁令通过迫使供应商做一些它们在正常情况下不会做的事情，从而提高了供应药物的成本。也就是说，供应商必须偏离其在经济上更有效的策略。而边际成本的升高会导致价格的升高，从而减少了需求量。我们在此假设需求是非弹性的。为了表述的简便，我们这里假定 $\epsilon^D = -1/2$ 以及 $\hat{p} = 4p_c$。鉴于 $q = Ap^{-\frac{1}{2}}$ 为常数弹性需求函数，我们有 $\hat{q} = \frac{1}{2}q_c$。这意味着我们使用的资源是以前的两倍，但生产的药物只有以

① 关于该方法的延伸阅读参见 Becker and Murphy (2006)。

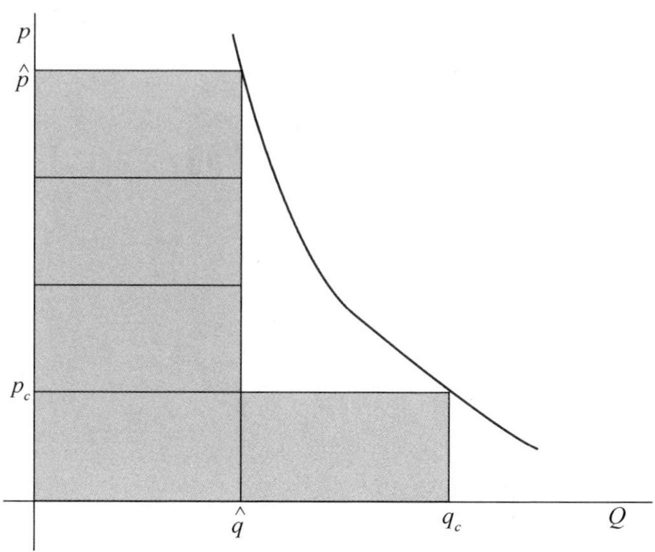

图 12-1：在这个例子中，我们用两倍量的资源仅生产了原产量一半的药物。

前的一半。如图 12-1 中所示，消费者的支出增加了两倍，从原来的 E_c 变成了 $\hat{E}=2E_c$。为了使禁令的社会效益超过成本，消费量从 $\hat{q}$ 增加至 q_c 所产生的外部性，必须要大于在禁令下**被限制的**额外产出所带来的成本。

因此，除非人们相信消费额外生产的药品会产生巨大的负外部性，这种提高实际消费成本的方法是没有效率的。同时令一些管制药品违法，还会带来其他的外部性。例如，毒贩往往非常暴力，这种暴力会影响到普通的人民群众。
136 此外，毒贩可能会贿赂世界各地的地方官员，他们通常也不支付个人所得税、营业税、消费税和其他税种，从而造成更广泛的负外部性。

通过改变管制药品的合法性，我们可以使相应的购买变得更不方便或使其消费更受社会抵制，而这些都会对需求产生影响。我们仍可在图 12-1 的情形下纳入这个因素，这时我们可以将图 12-1 中的价格重新解释为完整价格。完整价格是向药品销售者支付的钱、消费者所经历的额外不便以及所受抵制的成本总和。这时禁令仍然以两倍的成本产出了一半的产量，但现在消费者在非法药物上的支出只衡量了这些成本的一部分。在图中未显示的消费者支付意愿位于需求曲线之下。消费支出即行业收入，以均衡状态下的消费者愿意支付的价格乘以均衡产量 $\hat{q}$ 来衡量。

合法化乘数

图 12-1 展示了禁令的具体影响，该行业的合法经营活动 E_c 因禁令而终止，取而代之的是成本高出两倍的非法经营活动。这些额外的资源从整个经济体的其余部分而来。让生产要素的供应对于总经济保持恒定，另外为简单起见，我们假设该经济体内的其余经济活动都是合法的。图 12-1 显示，在行业 137
内合法经营本就已大幅缩水的前提下，禁令对行业外合法经营活动的减少与对原合法行业的负面影响相当。就合法活动需要交纳所得税、营业税和消费税以及其他税收这个方面来说，除了前面提到的暴力、腐败等问题外，从合法到非法的再分配本身也是禁令的负外部性。

因为禁令会影响生产力（用更多的资源生产很少的药品），对整个经济的劳动力供给可能不是恒定的，尽管生产力存在收入效应和替代效应可能导致其对劳动力的影响很小或者影响的方向不确定。正如我们在后面的章节中所展示的，生产率降低可能意味着总资本减少。①

因此，管制药品的合法化不仅将扩大合法药品行业，而且将扩大其他合法行业。因此，合法化与农业或其他需求缺乏弹性的行业的生产率增长有很多共同之处：行业在扩大生产的同时也在释放出资源，而这些资源使经济体的其余部分得以扩大生产。

敷衍的禁令成本最为高昂

需要注意的是，虽然到目前为止的分析在很大程度上认为禁令对经济的作用是负面的，但在某些情况下禁令却能够带来收益。如果需求在低产量时变得

---

① 对管制药品的消费具有负外部性，对此我们没有详细说明。也许这种负外部性的一部分降低了法律部门的生产率。

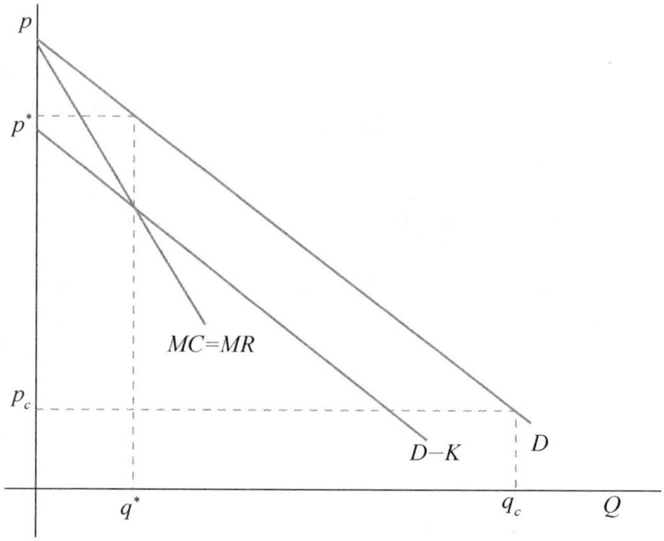

图 12-2：在考虑了每单位外部性 K 之后，最好的方法是要么移除这个行业，要么让它保持在完全竞争下的均衡水平。事实上，在均衡（q^*，p^*）处，社会盈余最小。

有弹性（对任何存在截点的需求曲线必定如此）①，并且禁令的执行足够有效致使产量几乎降低为零，那么即使产品的单位成本仍然异常高，由于只有几件产品，总成本仍很低。对于这种类型的需求曲线，禁令只有在不是特别有效时，它才会成为一个失败的政策。当禁令不起作用时，它就会给供应商和整个社会带来巨大的成本。在这种情形下，只有当因没有禁令而富余的产量会产生强烈的负面影响时，才值得设置禁令。

事实上，当我们不希望一个行业仅被适度管制时，我们可以考虑将其从经济体中完全移除。如图 12-2 所示。我们假设需求为线性，意为需求存在截点，138 其附近需求对价格具有弹性。我们另外假设一个竞争性行业，即边际成本不变的行业，使得总成本等于总收益。因此，$P=D(Q)=C$，则 $CQ=D(Q)Q$，其中 $D(Q)$ 为反需求曲线。政府实施的禁令导致 C 升高，因此 P 升高，从而间接地决定了消费量 Q。换一种思路来看的话，对任何潜在的市场规模 Q，政府选择一定的禁令执行程度使得生产成本（即价格）等于 $D(Q)$。社会最优消费使总

① 截点指的是需求曲线与纵轴相交的点（也就是说，价格已经高到所有需求都被“截断”了）。

生产成本 CQ 连同任何外部成本，与消费者的收益相平衡。

因为对任何给定产量，总生产成本等于行业收入 $D(Q)Q$，边际生产成本等于行业边际收入，即 $D(Q)+D'(Q)Q$。我们之前介绍过在一般的垄断模型中，行业的边际收入曲线低于需求曲线，如图 12-2 所示。

现在假设 K 代表每单位外部性。我们将需求曲线(即私人边际效益曲线)向下平移 K 个单位，得到边际社会效益。注意在对 0 到 q^* 之间的任意产出水平下，当边际成本线与边际社会价值线($D-K$)相交时，边际成本超过了边际社会价值。换句话说，产量在 0 到 q^* 之间时，产量越小，社会收益越高。相反当产量在 q^* 和(不受管制的)q_c 之间时，产量越高，社会收益越高。因此， 139
在两线交点处 q^* 上，社会盈余是最小的。

在这个简单的例子中，如果可以设定任何我们想要的价格，我们要么什么都不做，使其保持竞争水平下的产量，要么设置禁令彻底移除这个行业。我们选择哪一个，取决于外部性的水平。在初始 q^* 单位的生产中盈余在逐渐降低，但当我们从 q^* 移动到 q_c 时，盈余又开始逐渐升高。因此在这里我们需要评估净收益。这个过程直观展现了为什么无效的禁令是无效率的。

—第 13 章—

基于价格理论的核心论

140 到目前为止，我们已经研究了均衡价格等于边际成本的情况。我们注意到，由于边际成本应该有更广义的解释，因此在厂商理论的背景下，这个均衡价格等于边际成本这一条件的适用性似乎比想象中更加广泛。另外，边际成本和价格之间的均衡差值，如果存在的话，有时足够恒定，这样即便我们将差值给定为零，也能得到正确的比较经济静态分析。由于现实中存在的一些有趣的行为和现象，而均衡价格等于边际成本这一假设并不能很好地处理这些问题，所以我们在本章会对前面的分析进行一些微小调整，以取得更多的深刻理解。

交易的收益：买卖双方的无差异曲线

让我们复习一下图 5-1，基于每个人的需求曲线反映的是这个人在每一个价格下会购买的最优产品数量，我们在同一数量-价格图上绘制了消费者无差异曲线和需求曲线。需求曲线上的每一点，直到需求曲线的截点，都有一条无差异曲线穿过。① 通过需求曲线截点的无差异曲线称为“全或无”需求曲线。

① 截点的高度是当需求为零时的价格。

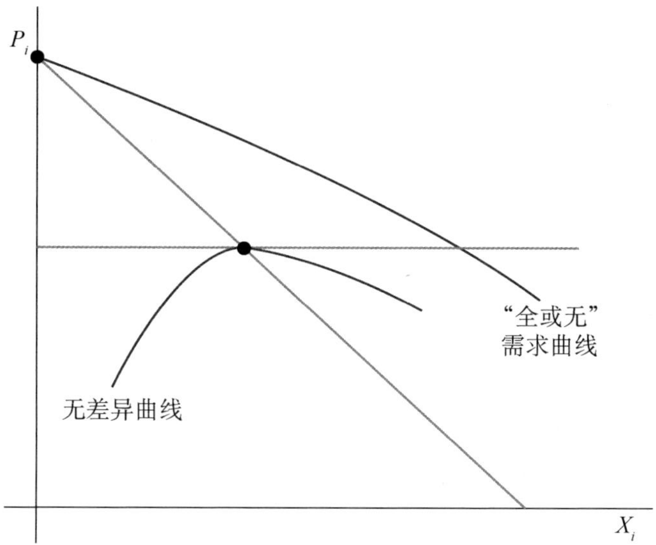

图 13-1：在平面（X_i，P_i）中，我们可以绘制无差异曲线。对“全或无”需求曲线上的任意一点，消费者对于以该曲线上的价格购买一定数量产品，和以需求曲线与 y 轴相交的价格不购买任何单位产品，都是无差异的。

在“全或无”需求曲线上的任意一点上，对于在曲线上任意价格处购买一揽子商品，和在 Y 轴截距代表的价格处不购买任何商品，消费者是无差异的。消费者宁愿不买任何商品，也不愿在“全或无”需求曲线右侧购买一揽子商品。在图 5-1 的基础上，图 13-1 加上了这个信息。 141

现在假设有一家厂商，其面对的消费者需求曲线是向下倾斜的。该厂商作为垄断者会考虑边际收入曲线。为简单起见，我们假设边际成本是常数。我们得到一个熟悉的结果，即垄断者受到需求曲线的约束，会采取在边际收益等于边际成本情况下的产量，如图 13-2 中的 Q^* 所示。①

我们可以通过观察垄断者的“无差异曲线”——更准确地说，是等利润曲线，即利润相等的点——得到同样的结果。因为以更低的价格获得相同的利润需要卖出更多的单位商品，所以代表赢利的等利润线向下倾斜。以需求曲线为约束条件，将利润最大化，最大利润位于卖家等利润曲线与消费者需求曲线的

① 我们暂时假设所有买家都是相同的，这样我们就能把个人的需求曲线和垄断者的边际收入曲线画在同一幅图上。

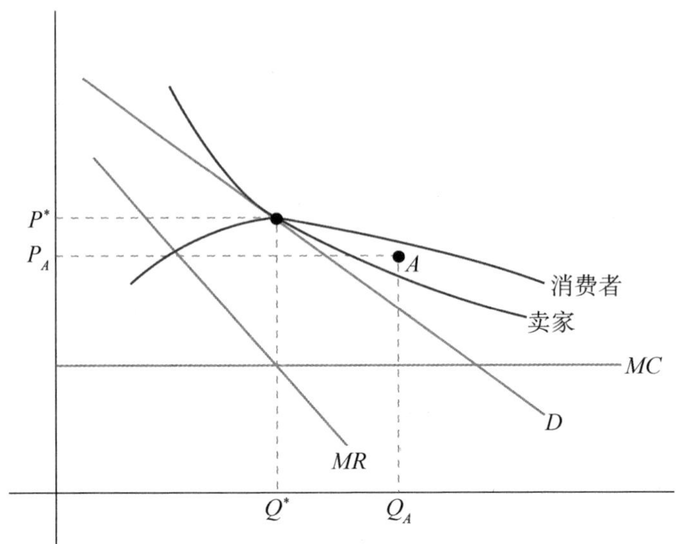

图 13-2：垄断者和消费者都有从垄断方案转移到 A 点的动机。A 点的主要特征是价格低于但产品数量高于市场均衡，位于该点的消费者不在需求曲线上。

切点，如图 13-2 所示。

现画出经过（Q^*，P^*）市场均衡时的消费者无差异曲线，并注意到存在这样一个区域，在这个区域中消费者和垄断者的境况都会比均衡下更好。在图 13-2 中，位于这个区域的点 A 已经被标记出来了。

独家交易、数量折扣和偏离马歇尔需求函数的其他市场结果

142 在等利润曲线和消费者无差异曲线之间的区域，价格低于垄断下的均衡价格，产量高于均衡状态下的数量，消费者偏离其需求曲线。即 $P_A < P^*$，$Q_A > Q^*$ 以及 $Q_A > Q^D(P_A)$。注意，买卖双方都想背弃这一安排。在得到较低的价格 P_A 后，消费者更愿意购入 $Q^D(P_A)$。同样，在协商了更高的 Q_A 数量后，生产者更希望获得 P^*Q_A 的收入。因此，这种情况下双方需要有个承诺。这种情况的一个例子是议定折扣。

这对消费者来说是非常有益的。消费者往往愿意让杂货店使自己偏离原有的需求曲线，因为这给了杂货店更多与生产商谈判的力量。实际上，杂货店通过使消费者偏离自己原有的需求曲线，从而让消费者需求曲线看上去更具有弹性。①

正如克莱因和墨菲（2008）所解释的，这也是为什么这么多快餐店只提供 143
可口可乐或者百事可乐中的一种，而非两者都提供。如果快餐店对可口可乐和百事可乐公司说，如果它们不提供折扣，它们将失去所有的业务，那么快餐店就有更多的谈判能力。向人们推送可口可乐和百事可乐两者之一的能力赋予了快餐连锁店这种力量。通常情况下，通过这一过程实现的降价补偿了消费者因偏离需求曲线而遭受的微小损失。（比如，在只供应可口可乐的餐厅里，他们需要购买比他们实际想要的更多的可口可乐；在只供应百事可乐的餐厅里，他们需要购买比他们实际想要的更多的百事可乐。）

如果买方是异质的，那么受需求约束的垄断者可能会选择一个价格，在这个价格下，一些买方什么也不买。百事可乐可能会选择一个让可口可乐爱好者不喝百事可乐的价格。在这里用到了“全或无”需求曲线，它显示了可口可乐和百事可乐在“全或无”需求曲线以下、可口可乐爱好者需求曲线以上的某一点位置时，两者的情况都会更好。当餐厅通过同意只供应百事可乐，从而以更低的价格购进百事可乐时，可能能达成这一结果。喜欢喝可口可乐的人在这样的餐厅吃饭时，最后喝的是百事可乐，但付的钱却比在同时提供两种品牌服务的餐厅要少。

这种看法也有助于我们思考自然垄断。我们把市场的结构和组织看作一种结果，而不是自然发生的事情。自然垄断模型的问题在于，它没有在更广泛的背景下考虑成本曲线。考虑图 13-3 中的情况，其中边际成本低于平均成本。

自然垄断模型认为，企业定价低于平均成本时，结果是低效的。但是如果 144
我们把这个产品和其他产品捆绑在一起呢？如果能将一个商品和另一种商品捆绑在一起销售，厂商也许就有可能以边际成本出售商品，使得收入足以覆盖成

① 经济“核心论”对买卖双方的交易收益提出了类似的观点。特别参见 Telser（2006，2009）。

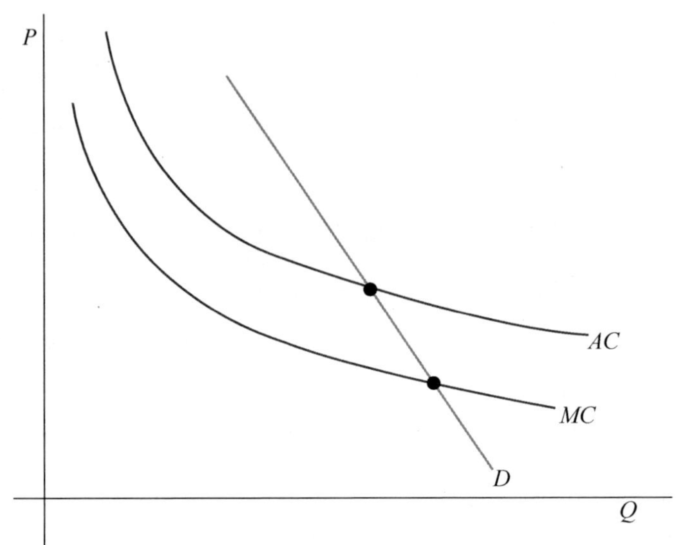

图 13-3：边际成本低于平均成本，因此有效率的结果意味着厂商会在这种商品上赔钱。

本。这就是超市正在做的事情。超市往往并不会单独销售番茄酱。作为一种独立的产品，番茄酱的平均成本高于边际成本。但是，超市把许多商品捆绑在一起，实现了原本在自然垄断的模型下由于番茄酱的成本结构而可能失去的利润。

—第 14 章—

多要素行业模型

行业模型回顾

我们之前学过的行业需求的双投入模型中，得到了四个方程，这四个方程合在一起意味着：

$$S_L \Delta L + S_K \Delta K = \Delta Y$$

上述方程跟生产函数的一阶近似很相像。按照柯布-道格拉斯，这**就是**生产函数。我们之前也得到：

$$S_L \Delta w + S_K \Delta r = \Delta P$$

这是在假设规模收益不变时的成本函数的一阶近似。第一个方程没有假设规模收益不变——如果规模收益恒定不成立，我们就会得到 $S_L + S_K \neq 1$。另一方面，在这种情况下的成本函数的近似会在以下两个重要方面发生改变。S_L 和 S_K 会成为边际要素占比；由于在规模收益不恒定的情况下，产出的改变会影响到边际成本，等式方程也会另外变成 Y 的函数。规模收益不变实际上起了两方面作用：首先由于行业中边际投入和平均投入用途相同，边际要素占比变得与平均要素占比相等；其次边际成本与产出之间变得相互独立。

注意同质性生产保留了等产量线从原点向外呈放射状增加的特征，但它们不一定与到原点的距离成正比。规模收益不变的生产给出了一个沿着
146 $YC(w, r, 1)$ 的成本函数，但是同质性生产给出了一个类似 $g(Y)C(w, r, 1)$ 的成本函数。之前的方程也给出：

$$\Delta Y = \epsilon^{D} \Delta P$$

这即说明我们会沿着行业需求曲线移动。最后，我们得到了替代方程：

$$\Delta L - \Delta K = \sigma(\Delta r - \Delta w)$$

在双要素情况下，或者对一个同质性生产函数，相对要素需求只取决于这两个投入的相对价格。还有一种对多要素模型也适用的替代弹性的延伸：替代的偏弹性，

$$\sigma_{ij} = \left(\frac{\partial^2 C}{\partial w_i \partial w_j} C\right) \Big/ \left(\frac{\partial C}{\partial w_i} \frac{\partial C}{\partial w_j}\right)$$

其中 C 表示成本函数，i 和 j 表示投入 i 和投入 j。重要的是，比如在三要素的情况下，我们是通过增加投入 i 的价格还是降低投入 j 的价格来增加投入 i 的相对价格呢？

回顾一下我们对需求系统的分析，成本函数的所有二阶导数（以及条件需求函数对价格的导数）都是通过加和来缩减方程数量。以替代的偏弹性的形式加和后得：

$$0 = \sum_j s_j \sigma_{ij}$$

其中 s 代表要素支出占比。

多要素行业模型的性质

记住：

$$P = \frac{\partial C}{\partial Y}$$

$$Y=D(P)$$

$$X_i=\frac{\partial C(w_1,\ldots,w_N,\ Y)}{\partial w_i}$$

$$Y=F(X_1,\ldots,X_N)$$

我们该如何看待这个世界上的要素需求？采用规模效应不变并在行业层面 147
上考虑导数$\frac{\partial X_i}{\partial w_j}$。第一个方程全微分得$\frac{\partial^2 C}{\partial Y\partial w_j}=\frac{dP}{dw_j}-\frac{\partial^2 C}{\partial Y^2}\frac{dY}{dw_j}$。由于在规模收益不变的情况下$\frac{\partial^2 C}{\partial Y^2}=0$，所以第二项抵消。现在我们剩下$\frac{\partial^2 C}{\partial Y\partial w_j}=\frac{dP}{dw_j}$。但是$\frac{\partial^2 C}{\partial Y\partial w_j}=\frac{\partial^2 C}{\partial w_j\partial Y}$，$\frac{\partial C}{\partial w_j}=X_j$，并且在规模收益不变的情况下$\frac{\partial X_j}{\partial Y}=\frac{X_j}{Y}$，因此$\frac{dP}{dw_j}=\frac{X_j}{Y}$。这意味着由要素价格变动导致的总价格变动等于该要素占该行业每单位产出的份额。这和规模收益不变暗示的边际份额等于平均份额这一事实有关。通过第二个方程得出$\frac{dY}{dw_j}=\frac{\partial D}{\partial P}\frac{dP}{dw_j}$；用第三个方程得到$\frac{dX_i}{dw_j}=\frac{\partial^2 C}{\partial w_i\partial w_j}+\frac{\partial^2 C}{\partial w_i\partial Y}\frac{dY}{dw_j}$。最后插入相关项得出：①

$$\frac{dX_i}{dw_j}=\frac{\partial^2 C}{\partial w_i\partial w_j}+\frac{X_i}{Y}\frac{\partial D}{\partial P}\frac{X_j}{Y}$$

跟之前一样，在等式右侧的第一项是替代效应，第二项是规模效应。对任何 $i\neq j$，在双投入模型下，替代效应是正的。在多要素投入的模型下，如果 w_j 增加，对其他投入的替代效应均值也是正的。现在注意，我们可以把整个方程以弹性的形式重新改写：②

---

① 另一种得出该条件的方法是将其看作一个线性联立方程组的解。该方程组是通过将 p，Y 和 X_i 关于 w_i（在规模收益不变情况下）的均衡条件进行全微分，同时保持其他因素价格恒定，对 $w_j dp/dw_j$，dY/dw_j 和 dX_i/dw_j 同时求解。分别将 $\partial C/\partial w_i$ 和 $\partial C/\partial w_j$ 替代成 X_i 和 X_j。

② 这里我们采用了 $C=PY$（规模收益不变）和 $X_i=\partial C/\partial w_i$ 以及 $X_j=\partial C/\partial w_j$。

$$\frac{w_j}{X_i}\frac{dX_i}{dw_j}=\left(X_j w_j \frac{\partial^2 C}{\partial w_i \partial w_j}C\right)\Big/\left(PY\frac{\partial C}{\partial w_i}\frac{\partial C}{\partial w_j}\right)+\frac{P}{Y}\frac{\partial D}{\partial P}\frac{X_j w_j}{PY}$$

$$\Leftrightarrow \epsilon_{ij}=s_j\sigma_{ij}+s_j\epsilon^D$$

跟之前一样 $s_j\sigma_{ij}$ 为替代效应，$s_j\epsilon^D$ 为规模效应。注意，我们也可以把需求的自身价格弹性以这种方式分解：

$$\epsilon_{ii}=s_i\sigma_{ii}+s_i\epsilon^D=-\sum_{j\neq i}s_j\sigma_{ij}+s_i\epsilon^D$$

148 因此，自身价格弹性是替代弹性和产出弹性的份额加权平均值。第二个等式是对成本函数的二阶导数求和。

这让我们回到了书中早些时候对马歇尔定律的讨论。在 s_i 和自身价格弹性之间没有明确的关系。这是因为有些 s_j 随着 s_i 的变化而变化(所有的 s 的总和为 1)。马歇尔（1890）指出，如果一个厂商生产一种中间投入品，如果这种中间投入品对顾客来说是一个不重要的要素，它可以在产量上没有太大变化的情况下显著提高价格。然而，这只考虑了规模效应。如果替代效应更重要的话，就像希克斯指出的那样，效果相反。① 马歇尔（1890）的其他观点是正确的：如果对产出的需求 ϵ^D 更加有弹性，那么对投入的需求也更有弹性。此外，投入 i 的自身弹性跟 i 与其他投入之间的可替代性呈负相关。

分析生产

我们可以直接考虑生产函数 $F(X_1, \ldots, X_N)$，或者成本函数 $C(w_1, \ldots, w_N, Y)$。它们产生了不同的一阶条件。由第一个问题得到：

$$P\frac{\partial F}{\partial X_i}=w_i$$

但是由第二个问题得到：

---

① 希克斯，《价值和资本》，1946。

$$X_i = \frac{\partial C(w_1, \ldots, w_N, Y)}{\partial w_i}$$

$$P = \frac{\partial C(w_1, \ldots, w_N, Y)}{\partial Y}$$

针对不同的问题使用不同的方法有助于我们研究。如果我们想保持其他投入的量不变，直接使用生产函数会比较方便。如果我们想保持其他投入的价格不变，则使用成本函数更加方便。在实践中，控制哪个作为变量取决于具体情况。

内生要素价格 149

我们之前是假设在改变 w_i 的时候，其他要素的价格保持不变。考虑以下模型，我们有一个关于 X_j 的供给函数，$X_j^S(w_j)$，它是向上倾斜的。现在我们有均衡条件：

$$X_j^S(w_j) = X_j(w_1, \ldots, w_N, Y)$$

$$X_i = X_i(w_1, \ldots, w_N, Y)$$

$$P = \frac{\partial C(w_1, \ldots, w_N, Y)}{\partial Y}$$

$$Y = D(P)$$

现在，w_j 是内生的。当我们改变要素 i 的价格时，我们允许 w_j 改变。对于纯粹的短期分析，将供给弹性设定为 0，能使得 $X_j^S(w_j)$ 固定。

就像在研究消费者问题一样，我们有多种方式来探讨这个世界。在消费者问题中，我们有马歇尔法和希克斯法。可能某种方法对于研究某些问题来说容易，而另一种方法对于研究其他的一些问题来说更方便。我们这里可以用同样的逻辑。对于该问题，使用生产函数方法会更容易，因为对成本函数求偏导的过程中价格保持不变。

第二部分习题

市场均衡

150 1）Uber（优步）是一家利用电子地图系统匹配付费乘客和司机的公司。当一个乘客使用他的智能手机进入 Uber 的市场时，他能够看到价格 p 以及他等待一辆汽车或一名司机大概所需时间 t。简单来说，假设报价单位为驾驶时间（每分钟）。每个乘客支付的收入，减掉 25％的 UBER 手续费之后，将会转给司机。

a. Uber 的手续费是由乘客还是由司机来交付，这有关系吗？

b. 如果 Uber 试验在一段时间内提升报价，会对乘客的等待时间和乘车次数产生什么影响？Uber 是否提前（向潜在的司机和乘客）宣布该实验，有关系吗？

c. 你可以谈谈 Uber 的最佳价格 p 和手续费比例吗？

d. 市场监管者可以通过设定价格上限来鼓励更有效率的结果吗？

2）人们通常宣称“禁毒战争”给从事国际毒品走私的公司创造了高额利润。思考这样一种情况，美国市场可以获得国外毒品完全弹性的供应，并且可以将这些毒品进口到美国。假设这些走私者在递增的边际成本上有异质性（这里的生产是指将毒品走私到美国并且销售），且在美国的毒品竞争市场销售毒品。

151 a. 如果没有美国政府的强制执行力，什么会影响到毒品的价格、毒品的消费，以及毒品走私犯的利润？国外毒品价格的变动会如何影响美国毒品价格的变动？

b. 现在我们假设美国政府实施一项截获及摧毁进入美国的毒品中的一部分 f 的计划，这种禁毒的努力会如何影响毒品的价格、毒品的消费以及毒品走私犯的利润？

c. 现在我们假设 f 部分的毒品在运输过程中并不是受到美国政府的截获，而是受到其他在美国市场销售毒品的罪犯的截获。那么在这种情况下，f 的变动如何影响价格、消费量和利润？如果 f 的水平和（b）情况中一样，那么价格、消费量和利润跟（b）情况有何不同？

3）一个行业有（大量）固定数量的相同的厂商。每个厂商都生产单一产出 Y，其劳动力和资本符合生产函数 $Y=F(L, K)$。整个行业面临着一条向下倾斜的产出需求曲线和一条向上倾斜的劳动力供给曲线。资本是完全弹性地提供给行业的，所有市场都是竞争性的。

a. 与整个行业的供给弹性相比，单一厂商的供给弹性如何？

b. 与整个行业的劳动力需求弹性相比，单一厂商的劳动力需求弹性如何？

c. 资本价格的变化对单一厂商和整个行业的产出的影响有何不同？

d. 资本价格的变化对单一厂商和整个行业的劳动使用量的影响有何不同？

4）纽约长岛的农民通常把他们的产品运送到古巴。**正确、错误还是不确定**：美国政府针对向古巴出口商品的禁令会伤害到这些农民。

5）一场连夜的冰雹使得一家新车经销店展出的汽车严重受损。顾客们意识到 152
这次自然破坏的存在。**正确、错误还是不确定**：因此，直到该经销店获取一批新车，光顾该店的人会变少。

6）**正确、错误还是不确定**：伊利诺伊州农业用地生产力的下降，将增加该州用于农业的土地英亩数，一直到家庭对食物的需求缺乏价格弹性的程度。

第三部分

技术进步和耐用品市场

—第 15 章—

耐用品的生产要素

要素价格和数量的存量及流量

当我们考虑产出时，我们可以想到三种类型的生产要素。有些生产要素是在服务市场上购买的，例如劳动力；有些生产要素是在资本市场上购买，例如资本投入；有些生产要素是会在生产过程中“消耗殆尽”的，例如原材料。原材料不像资本资产，因为它们没有耐久性。资本会在一段较长的时间内产生一种服务流量。

土地是资本的一个标准例子。事实上，它是历史上最重要的一类资本形式。但是最初并不存在土地“投资”的概念。最近，我们已经在土地数量方面进行了投资。然而，通常情况下我们更多地投资在土地质量上。我们通过排干沼泽、消灭疾病或筑山造田来使土地可用。

房屋也是资本的一个很好的例子。年复一年，它为我们提供住所、隐私空间、存储空间等。

因此，资本存在数量的一面。$K_t = K_{t-1} + I_t - DEP$，其中 I 表示投资，DEP 表示折旧。这类投资包括建造新房屋和排干沼泽以创造新土地。在经济学中，最常见的是让 $DEP = \delta K_{t-1}$。也就是说，昨日的资本以一个恒定的比例在之后的每个时期折旧。我们也不在乎昨天的资本是去年还是十年前造就的。它以恒定的速率进行折旧：

$$K_t = I_t + (1-\delta)I_{t-1} + (1-\delta)^2 I_{t-2} + \cdots = I_t + (1-\delta)K_{t-1}$$

156 整个存量投资用 K_{t-1} 表示。指数折旧体现了这样一种观点，即各个年代的资本都可以被完全替代（只是不按一对一的比率），也体现了无论资本的年代有多久远，资本都以相同的比率折旧。

由于我们分析的是耐用品，我们需要同时考虑耐用品资产的存量和新投资的流量。当资产非常耐用时，这些数字可能会大大不同。以住房市场为例：住房存量远远大于每年建造的新房屋数量。美国社区调查（American Community Survey）估计，美国大约有 7 500 万套单户住宅，而每年建造约 100 万套单户住宅（美国人口普查局 U.S. Census Bureau 2017a，b）。

数量有两个概念，存量和流量。价格也有两个概念，我们之前已经提到过。租金价格 R_t 是我们暂时为资本支付的价格，而资本价格 P_t 是我们购买资产并拥有其剩余寿命使用权的价格。请注意，这并不涉及住房市场中的租户与买主。即使购买了房屋，业主仍会在每个时期内产生一个租金的机会成本，因为业主仍然可以将房屋租出去并向租户收取租金。正如我们可以根据上期的资本金或永续盘存法来写 K_t 一样，我们可以写：

$$R_t = P_t - \frac{P_{t+1}(1-\delta)}{1+r} = \frac{rP_t + \delta P_{t+1} + P_t - P_{t+1}}{1+r}$$

以明年的货币来衡量，租金价格是利息费用加上折旧费用加上资本损失（如果价格上涨，则为负数）。或者，我们可以重组该公式以将明天的购买价格放在等式的左侧，这将得出明天的预期价格与今天的租金和购买价格之间的函数关系。

还有一种方法是：租金价格和资本收益之间的关系是一个可以用初始购买价格解决的差分方程：

$$P_t = R_t + \frac{1-\delta}{1+r}R_{t+1} + \left(\frac{1-\delta}{1+r}\right)^2 R_{t+2} + \cdots$$

因此，我们拥有的资本总额 K 是一个后顾性概念，而资产的资本价格 P 是一个前瞻性概念。

资本品的使用和投资市场 157

一个简单的模型涉及资本品的使用市场。在使用市场中，有一个资本需求计划表。在任何时间点，都有存量资本 K_t。因为我们假设使用市场是出清的，所以资本存量与今天的资本需求共同决定了租金价格 R_t，如图 15-1 所示，我们可以知道所有这些而根本不考虑资本品使用市场的供给端。

请注意，这是资本品的**使用**市场，因此我们在谈论对住房、汽车、耐用的制造业投入品等的使用需求。现在，我们可以考虑涉及资本生产的供给端。我们可以使用许多模型，但是我们将使用一个简单的模型，该模型假设的供应曲线为 $I(P)$，如图 15-2 所示。资本供应商关心的是价格 P_t，而不是租金价格 R_t，因为生产 1 单位资本会在其生命周期内得到回报 P_t。

四个均衡条件

我们对每个时间点组合以下四个方程。

1. **租赁市场均衡**：$K_t = D(R_t)$。如果交易是租赁交易（即公寓），这是明显的；如果交易是购买交易，这是隐性的，因为所有者**没**出租资本，所以每个时期可能产生的租赁费用由他自己承担。

2. **购买价格方程**：$P_t = R_t + \frac{1-\delta}{1+r}R_{t+1} + \left(\frac{1-\delta}{1+r}\right)^2 R_{t+2} + \cdots$。这是模型的前瞻性部分。

3. **投资品市场均衡**：$I_t = I(P_t)$。这是最简单的投资供给模型。

4. **资本的运动定律**：$K_t = (1-\delta)K_{t-1} + I_t$。资本存量的方程为后顾方程式。我们昨天拥有的资本对于推断我们今天拥有的资本非常重要。

158

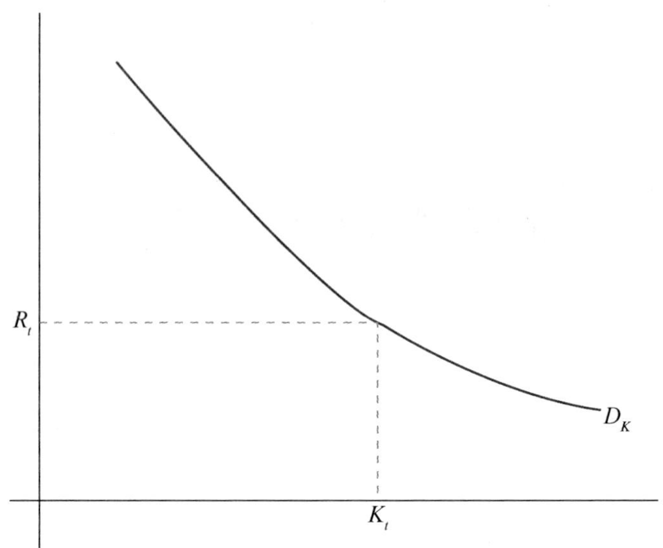

图 15-1：资本品的使用市场。在均衡状态下，今天的资本需求量 K_t 及其相关价格 R_t 处于需求曲线上。

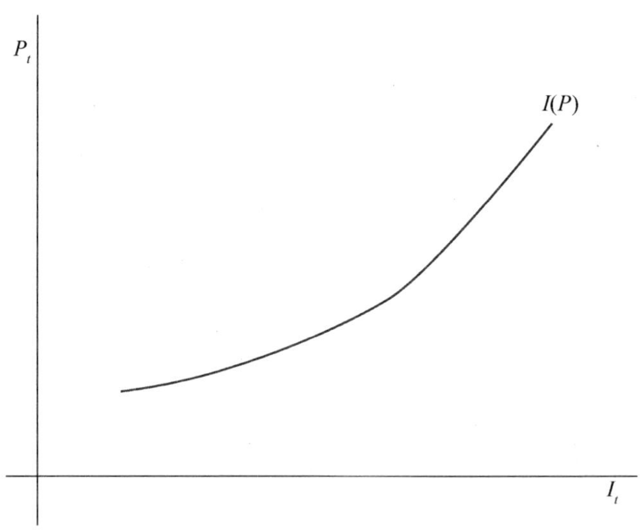

图 15-2：资本品的投资市场。今天的投资 I_t 是根据资本价格 P_t 选择的。

每个时间点下有四个未知数：两个价格和两个数量。

159 例如，我们可以内生化 δ。考虑一个简单的维护模型，在已知降低 δ 所需成本的前提下，可以选择最优的 δ 值：

$$\max_{\delta} P_{t+1} \frac{1-\delta}{1+r} - c(\delta)$$

这是另一种投资形式。稍微扩展一下我们模型的概念，请注意，为了在未来获得更多资本，通过投资更多的维护费用来减缓折旧之外，我们还可以扩大资本的生产。在我们接下来的讨论中，我们假设维护费用被吸收到投资供给函数 $I(P)$ 中。

稳　态

让我们用四个方程式来描述稳态，其中上画线表示变量在稳态下：

1. $\bar{K} = D(\bar{R})$。稳态下的资本必须等于稳态租金率所需的资本。

2. 通过求解几何级数可得 $\bar{P} = \dfrac{\bar{R}(1+r)}{r+\delta}$

3. $\bar{I} = I(\bar{P})$

4. $\bar{K} = \dfrac{\bar{I}}{\delta}$

我们可以使用方程式 1 并结合方程式 2、3 和 4 来写下稳态的供求方程式，从而确定稳态租金率和稳态资本。相应的供求曲线如图 15-3 所示。

稳态扰动

如果我们仅在意稳态本身，那么稳态这一概念其实并没什么意思。我们更感兴趣的是稳态会告诉我们系统发展的方向。如果新的变化导致系统朝着新的稳态迈进，那么变化的路径会是什么样？假设我们处于稳态，但是飓风突然摧毁了一些资本。现在我们拥有的资本 $K_0 < \bar{K}$，那么当期的租金率一定会更高。然后当期的价格也突然上涨，因为价格仅仅是租金的现值。因此，今天的

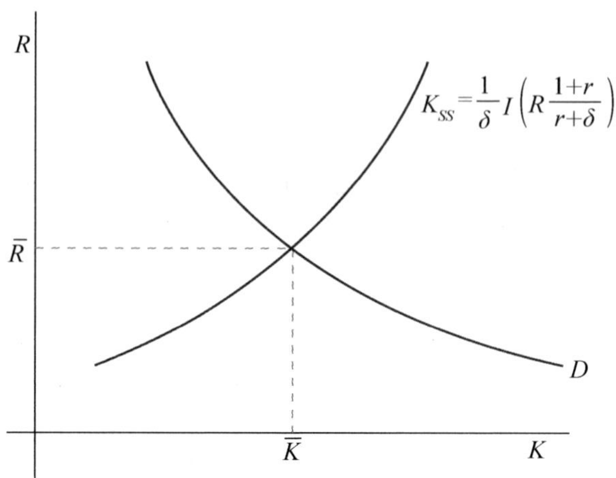

图 15-3：稳态租金率和稳态资本。

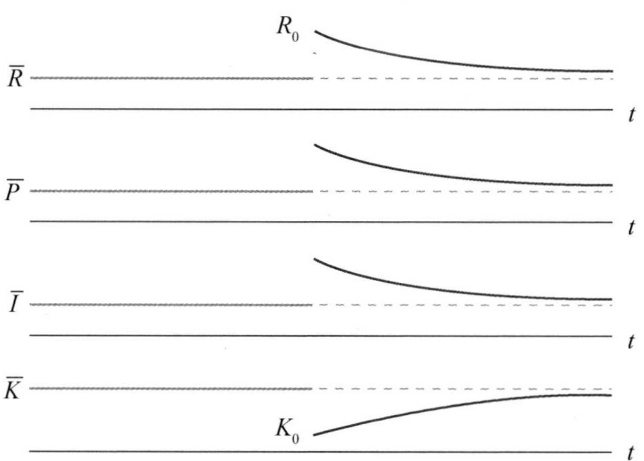

图 15-4：系统返回到稳态。最初对资本的负面冲击使得资本从 $\bar{K}$ 下降到 K_0，这导致租金上升到 R_0。租金与价格有关，因此，将来更高的租金会导致当期价格上涨。由于当期价格较高，因此当期的投资也猛增。

160 投资也增加了，这将导致 K 开始反弹。这些动力将继续发挥作用，我们将逐步回到稳态。请参阅图 15-4。

现在，考虑一下如何求解该系统。给定 K_0，R_0 也已知。但是 P_0 会是多少？给定一个 $\hat{P}_0$。如果 $\hat{P}_0$ 过高，投资最初会大量增加，从而驱动资本存量迅速增加，这将使租金下降得太快从而推翻设置过高 $\hat{P}_0$ 的合理性。如果 $\hat{P}_0$ 太低，我们有相反的问题。投资只会略有增加，这意味着资本存量不会增加太

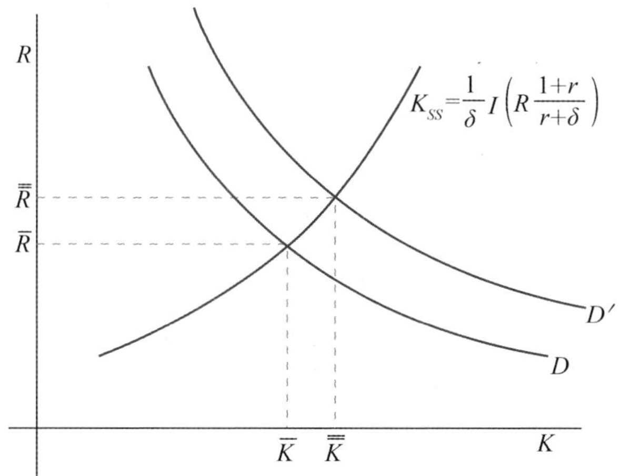

图 15-5：需求上升。在需求猛增的一天，租金将急剧上升，达到 $\bar{K}$ 与新需求曲线 D' 的交点。这导致价格急剧上涨，导致投资增加，并进一步导致资本开始从 $\bar{K}$ 到 $\bar{\bar{K}}$ 向右移动。

多。那么租金将保持高位，这些高租金将意味着 $\hat{P}_0$ 应该更高。

从 $\bar{P}$ 到 P_0 的直接跃升来源于有效市场假说。我们假设有关未来的所有新信息都已整合到今天的价格中。从 $\bar{P}$ 到 P_0 的跳跃就是公开信息资本化的过程。

如果人们的预测过于天真怎么办？例如，假设人们认为更高的租金将永远保持下去。然后，P 的上升幅度将大于 P_0，而投资 I 将跃升至 I_0 以上。但是随后 R 将迅速下降，而 P 将迅速下降，因此我们将获得更快的收敛。

现在，我们将考虑需求的增长。我们将进入具有新产出水平和价格的稳态，如图 15-5 所示。当需求上升时，我们知道未来的资本以及租金都会更高。该图向我们展示了这一点。此外，我们知道价格会更高，租金会更高，我们也 161
知道投资也必须增加。供给曲线的弹性的高低，将决定需求升高的影响更多地体现在资本还是租金价格中。如果供给曲线非常缺乏弹性，更多需求增加的效应将体现在新的租金价格中，而有弹性的供给曲线导致更多需求增加的效应体现在新的资本稳态水平中。

需求增长的动态如图 15-6 所示。请注意，这里的动态与我们销毁资本时非常相似。尽管新的稳态更高，但与以往不同的是，我们仍然在这一过程中追加新资本以满足需求。

请注意，要确定由较高租金所导致的较高价格，就需要公司对未来进行良

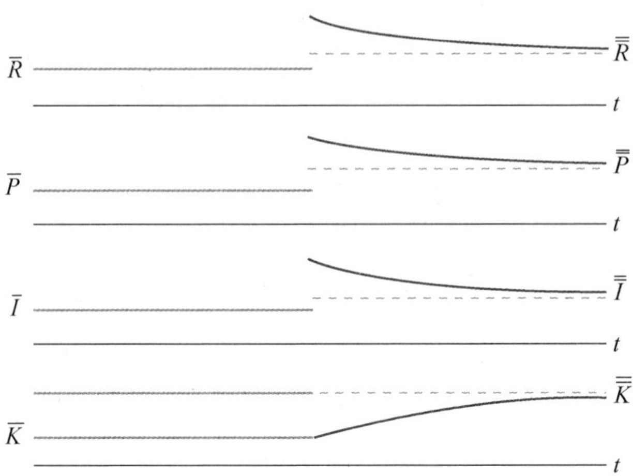

图 15-6：需求增长的过渡动态。由于短期内资本是固定的，因此租金急剧上升，目前的价格急剧上涨，导致投资急剧上升。这导致资本开始收敛到新的稳态。随着资本存量的收敛，租金下降，导致价格下降。投资会随着时间的流逝而放慢速度，系统会趋于一个新的稳态。

好的预测。如果预测的价格过高，投资将过高，资本存量将迅速上升，租金将迅速下降。同样，如果预测的价格过低，投资将过低，资本存量将缓慢上升，而租金下降的速度将很缓慢。当资本寿命很长且折旧率低时，预测资本这一问题将变得非常困难——预测必须在未来很长一段时间内都是准确的。

思考此模型中非耐用品的情况；也就是说，考虑仅持续一个时期的资本品。如果需求增加，那么所有变量都会立即移至稳态。耐用品和非耐用品的区别在于，耐用品的租金、价格和投资将比非耐用品的增加得更多。资本品越耐
162 用，它们的租金、价格和投资增加得越多。考虑一个折旧率 $\delta=.02$ 的长期资产。该资产的使用寿命是 50 年。在稳态下，我们每年仅生产 2%的资本存量。如果需求突然增加 10%，投资将急剧增加。这就是投资比消费波动得多的原
163 因之一。尽管在特定时期内需求增加，但资本存量并未显著波动，因此消费不会显著波动。另一方面，投资可以在短时间内自由调整得更多。甚至进一步假设，将耐久资产 A' 用于生产耐久资产 A。如果对 A 的需求增加，并且投资大幅增加，则对耐久资产 A' 的投资将不得不增加得更多，以满足来自 A 产量增加的更高需求。

现在假设我们有相同的需求增长，但是假设增长不发生在当期，而是发生

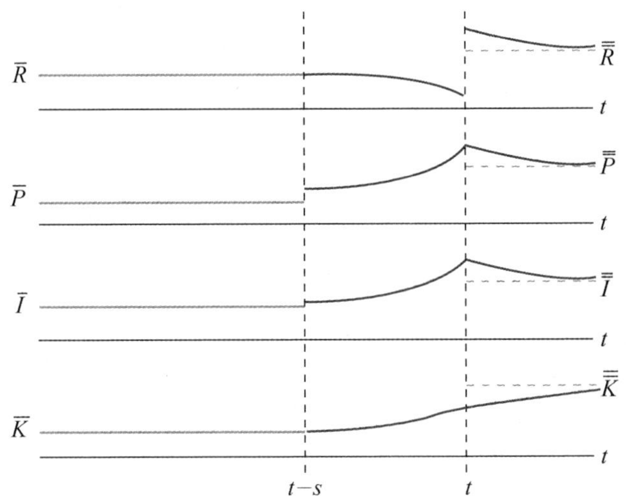

图 15-7：在 $(t-s)$ 时刻，有关未来更高需求的信息被宣布。今天的价格和投资猛增，导致租金下降，资本增加。当在 t 时期实现更高的需求时，租金就会上涨。

在未来某一时刻。当期的租金不会改变，但是因为将来租金会更高，所以今天价格上涨了。结果，今天的投资增加了，资本存量开始增加。因此，租金开始下降。尽管租金在下降，但价格仍在上涨，因为未来的需求增加了。因此，短期内租金将下降。有关这些动态的描述，请参见图 15-7。

请注意，我们无法提前准备好新的稳态所需的全部资本。即便假设我们做到了，我们也将得出一个自相矛盾的结论。如果 $K_t=\bar{\bar{K}}$，则 $R_t=\bar{\bar{R}}$，并且在 t 时期之后 R 继续等于 $\bar{\bar{R}}$。在时间段 t 之前，R 必须低于 $\bar{R}<\bar{\bar{R}}$，因为需求尚未增加并且库存高于 $\bar{K}$。那么我们必须让 t 时期之前的价格小于 $\bar{\bar{P}}$，这意味着 t 时期之前的投资必须小于 $\bar{\bar{I}}$。但是，如果我们在 t 时期之前的投资小于 $\bar{\bar{I}}$，那 164
么就不可能达到 $\bar{\bar{K}}$。

这些动态反映了理性预期和有效市场的思想。我们预期在掌握新信息后，今天的价格会上涨以反映该新信息。这就是为什么我们看到在（$t-s$）时期发生变化的原因；今天的价格正在变化以反映新的信息。这些动态反映了我们在实体经济中看到的繁荣时期。例如，在房地产市场上，当人们认为未来需求将很高时，租金低而房地产价格却高并且还在上涨。此过程描述了完全合理的房地产繁荣。低租金以及高昂和不断上涨的价格并不能证明存在不合理的定价。

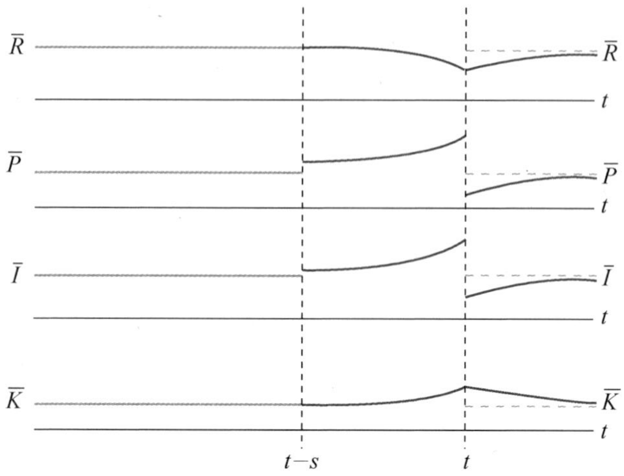

图 15-8：在时间点（$t-s$），我们得知需求可能会在时间点 t 上升。在时间点 t，我们得知猜测是错误的。

现在，我们假设在时间点（$t-s$）处，需求有可能在时间点 t 处增加。在时间点 t 处，我们实际上得知这种预感是错误的；需求保持不变。这些动态如图 15-8 所示。现在，当我们得知需求保持不变时，我们的资本存量就太多了。与上涨相反，租金保持低位，而不是上升。价格急剧下降，因此投资也下降。随着时间的流逝，资本存量恢复到稳态，从而导致租金上升，价格上升以及投资上升回到先前的稳定水平。

现在，这个故事看起来很像 2007 年的美国房地产萧条。我们如何分辨这个故事与“非理性繁荣”故事之间的区别？我们需要考虑，认为将来需求会很
165 高是否合理。我们始终可以写出下面的方程：

$$P_t = R_t + \frac{R_{t+1}(1-\delta)}{1+r} + \frac{R_{t+2}(1-\delta)^2}{(1+r)^2} + \cdots + \frac{R_{t+N-1}(1-\delta)^{N-1}}{(1+r)^{N-1}} + \frac{P_{t+N}(1-\delta)^N}{(1+r)^N}$$

当期的价格必须由我们预计将来会收到的租金加上一定的最终价值而得出。在房地产繁荣时期，我们知道租金很低，但是当期的价格却很高。这意味着人们认为未来价格会很高。我们看到房地产繁荣只是一个非理性的泡沫这一事实。但是在泡沫破灭之前，如果我们说人们期望未来的价格会很高，就是说存在很高的最终价值，确定预期是否理性是非常困难的。换句话说，在房地产

危机中，事实证明人们的期望相对于所发生的事情而言是错误的。但是问题仍然存在：人们对**可能**发生的事情的期望是否有错？非理性繁荣和理性但未实现的预期的区别何在？

166

第16章 连续时间下的资本积累

稳态扰动（续）

在上一章中，我们分析了资本投资模型并将其应用于房地产市场。这里有几个要点。在繁荣时期，房地产市场有两个主要特征：价格高，因此房地产开发商发现这是建造房屋的好时机；但是租金低，因此相应的居住成本是很便宜的。甚至购买昂贵的房屋也是“便宜的”，因为人们认为房屋在升值。

在萧条时期，房地产市场崩溃之后，价格暴跌。实际上，它们经常低于建筑成本。看起来在萧条时期买房是有利可图的。问题在于，我们很难对折旧进行监管，尤其是在出租单户住宅时。这里我们将正式地介绍以上这些观点。

我们思考一下降低利率时市场上会发生什么。因为利率出现在未来租金现值的分母中，所以对于给定的租金值，较低的利率意味着较高的价格。这将使稳态的供给曲线向右移动。那么在新的均衡中，$\bar{\bar{R}} < \bar{R}$，$\bar{\bar{K}} > \bar{K}$，$\bar{\bar{I}} > \bar{I}$，$\bar{\bar{P}} > \bar{P}$。这看起来很像繁荣时期。这种变化如图 16-1 所示，过渡动态如图 16-2所示。在房地产繁荣时期，请注意，我们的利率也有所下降，这对我们看到的房地产繁荣效应所起到的贡献更大。

现在，让我们思考一下收敛到稳态的速度。这里有几个参数很重要。例

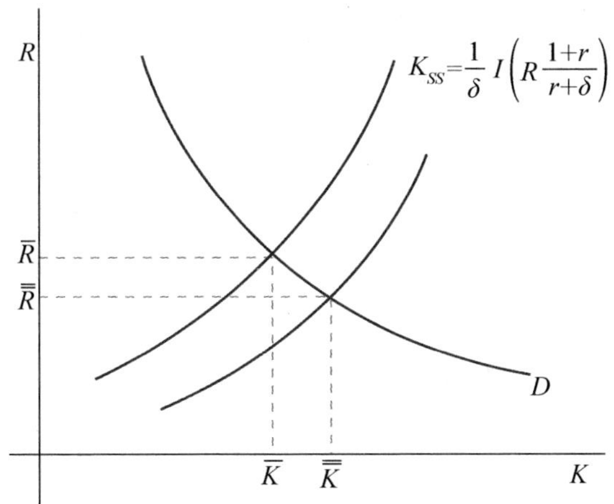

图 16-1：利率下降会使供给曲线向右移动。在新的稳态下，会有更多的资本、更低的租金、更高的价格和更高的投资。

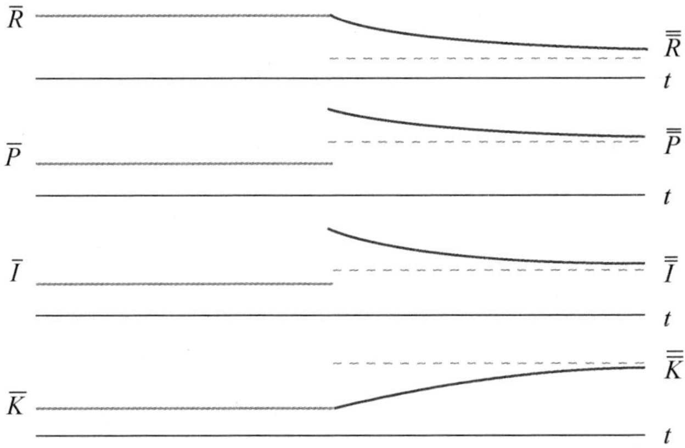

图 16-2：这些过渡动态是由于利率下降而产生的。价格立即上涨，带动了投资，这导致租金开始下降，资本存量开始上升。

如，折旧率非常重要。假设投资 I 是恒定的。然后收敛速度仅由 δ 给出。在时 167
间连续的情况下，$\dot{K}=-\delta K+I$，其中 $\dot{K}$ 给出了瞬时的资本变化率。该方程式
表明，在这些假设下稳态将以速率 δ 收敛。同样，供给弹性也很重要。较高的
弹性意味着更快的收敛。最后，需求曲线的弹性具有影响，因为弹性需求越小
意味着收敛越快。例如，当库存减少时并且当需求更无弹性时，租金上涨更
多，这导致价格上涨，投资上升，这意味着资本存量将上升得更快，以满足新 168
的需求。

请注意，即便我们了解需求即将发生的变化，例如我们在需求变化更早之前就有准确的预测，这并不意味着资本存量将在需求变化发生之前就达到新的稳态。在需求增加之前盖房意味着在短期内会损失一些钱，因为还没有对新房屋的需求。但是类似地，在需求增加之后建造超过原先稳态投资需求的房屋，意味着如果这些房屋已经存在，便可以赚更多的钱。但是尽早建造房屋的成本阻止了在实现更高需求之前达到新的稳态。

利率很低时，未来几乎和过去一样重要。但是当利率很高时，过去比未来重要得多。

连续时间下的四个均衡条件

现在，让我们思考一下连续时间下的整个模型。方程组变成：

1. 租赁市场均衡：$K(t)=D(R(t))$

2. 购买价格方程：$P(t)=\int_t^{\infty} e^{-(r+\delta)(\tau-t)}R(\tau)d\tau$

3. 投资品市场均衡：$I(t)=I(P(t))$

4. 资本的运动定律：$\dot{K}(t)=-\delta K(t)+I(t)$

$2'$. $R(t)=(r+\delta)P(t)-\dot{P}(t)$

有时方程式 $2'$被认为是模型的本原。但是方程式 2 对于所有时间点 t 都成立，因此可以对时间求微分。方程式 2 成立意味着方程式 $2'$成立。请注意，重要的是必须认识到这句话反过来并不成立，即方程式 $2'$成立并不意味着方程式 2 成立。方程式 $2'$不包括表示必须将价格设置为正确水平的边界条件。这很重要，因为我们现在将在图 16-3 中使用方程式 1、3、4 和 $2'$。

我们可以将方程式 1 和方程式 $2'$组合成方程式 5：$K(t)=D((r+\delta)P(t)-\dot{P}(t))$。我们可以进一步将方程式 3 和方程式 4 组合成方程式 6：$\dot{K}(t)=-\delta K(t)+I(P(t))$。现在，一切都由 K、P 和它们的一阶导数来表示。我们
169 将使用这些方程式绘制相图。我们有必要考虑当 $\dot{K}(t)=0$，$\dot{P}(t)=0$ 时的

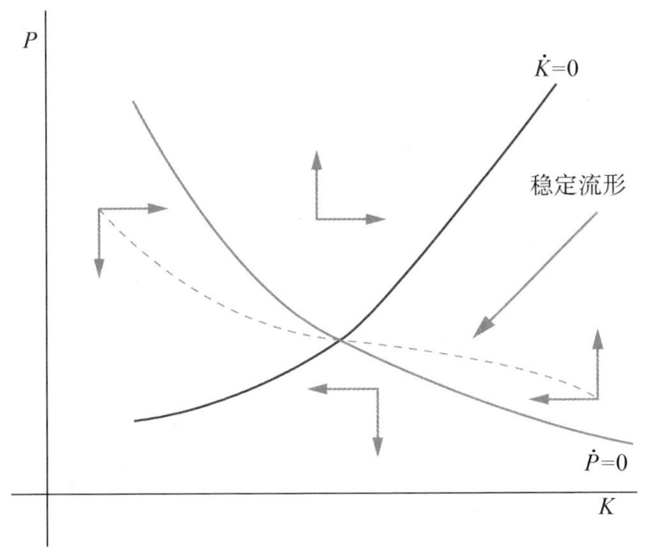

图 16-3：相图。$\dot{K}(t)=0$ 线和 $\dot{P}(t)=0$ 线分别表示何时资本和价格不变。稳定流形是经济收敛到稳态所沿的线，其中 $\dot{K}(t)=0$，$\dot{P}(t)=0$。

稳态。

在 $\dot{K}(t)=0$ 线以上，价格高，因此资本存量正在增加。在图 16-3 中 $\dot{K}(t)=0$ 线以上，我们画出指向右边的箭头。同样，在图 16-3 中 $\dot{K}(t)=0$ 线以下，我们用向左边的箭头描述以下情形：由于价格过低，资本存量在不断减少。在 $\dot{P}(t)=0$ 线的右边，资本存量水平太高，因此价格太低，会随着时间的推移而上升。我们用向上箭头表示。当我们在 $\dot{P}(t)=0$ 的左边时，情况恰恰相反，因此我们用向下箭头表示价格在该线左侧的移动。使用方程式 5 和方程式 6 可以很容易地以数学方式显示所有这些动态。

沿鞍点路径（saddle path）或稳定流形（stable manifold）会收敛到稳态，在图 16-3 的相图中用虚线表示。例如，假设需求当期意外增长，图 16-3 显示了现实需求增加导致的新稳态。当期的资本存量太少，无法满足更高的需求。租金上涨，导致当期的价格上涨。但是价格不能只是简单地任意上涨。鞍点路径提供了独特的价值，在需求增加的情况下旧价格必须上升至此。 170

如果价格跳升到鞍点路径之上或之下会怎样？如图 16-4 所示。

最后，我们讨论一个短视的模型，其中我们将 $P(t)$ 的理性预期方程式替

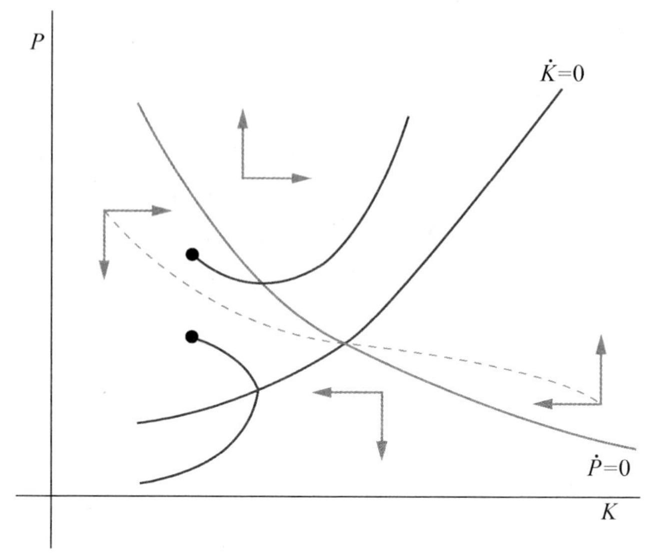

图 16-4：如果价格跳到错误的点，则动态不会导致经济收敛到稳态。

换为：

$$P(t)=\frac{R(t)}{r+\delta}$$

这样，未来的预期冲击将不会产生任何影响。此外，我们会更快地调整到新的稳态，因为 P 不会跳到鞍点路径，而是跳到需求曲线。请注意，得到的稳态将是相同的，并且这看起来与理性预期情况没有太大不同。最后，请注意在这种模型下，如果价格下跌，则持有资本是一件坏事，因为成本实际上高于 $R(t)$。

最后，请注意到如果投资不能为负，那么不确定性会导致人们投资不足。假设有 50%的概率需求将增加 10%，50%的概率需求将减少 10%。那么租金
171 率的初始跳跃将是相等的（相反方向），但是在负向冲击的情况下，租金将更加缓慢地回到稳态，因为在没有负投资的情况下，库存无法迅速向下调整。因此，平均租金较低，当期的价格必须较低。

在下一章中，我们将研究一个具有内生利率的模型，而不是像我们一直假定的那样简单的向上倾斜的供给曲线。

第 17 章

从规划角度看投资

在前两章我们考虑了一个非常简单的投资模型。模型的关键是我们的投资 172
供给曲线呈上升趋势。这就是我们所讨论的动态的来源。较慢地制造产品要比一次制造所有产品便宜。这在实务中有许多原因，例如基础资源的异质性，或生产要素需要多种资本品。通过向上倾斜的供给曲线，生产会随着时间的推移而平滑，以降低总生产成本。这就像成本结构的凸面。向上倾斜的供给曲线或上升的边际成本，对应于总体成本的凸性。因此我们以前表示为涉及多个代理人（例如资本的承租人、新的资本商品的制造者）的市场均衡的行为，可以作为单个生产者的最大化问题加以重申。

取反需求函数 $D(x)$ 并定义函数 $V(x)=\int_0^x D(z)dz$。然后，根据微积分的基本定理，$\dfrac{dV(x)}{dx}=D(x)$。同样，取供给函数 $S(x)$ 并定义 $C(x)=\int_0^x s(z)dz$；那么基于同样的理由，$\dfrac{dC(x)}{dx}=S(x)$。然后我们思考使总盈余最大化的问题：

$$\max\int_0^{\infty}e^{-rt}[V(K(t))-C(I(t))]dt$$

由于 V 和 C 的这种定义方式，在这里我们求导可以得到典型的一阶条件， 173

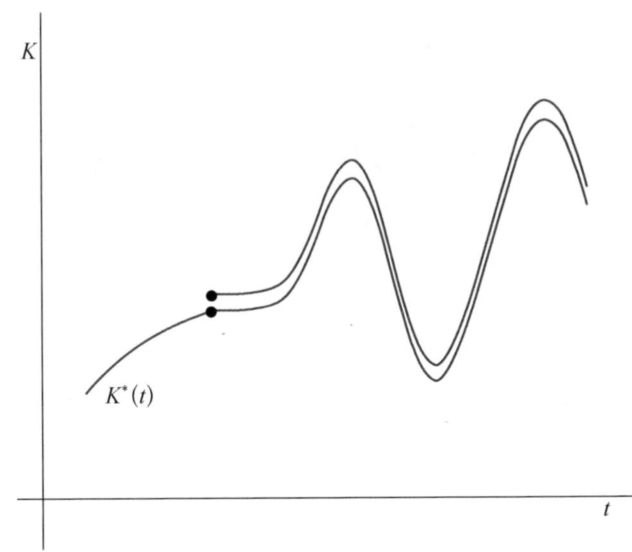

图 17-1：在一个时期内增加 $\dot{K}$，并在剩余时期内保持均衡路径 $K^*(t)$ 上的额外资本 $\dot{K}$。

以$\dfrac{dV(x)}{dx}$和$\dfrac{dC(x)}{dx}$来表达。但是这些仅仅是需求和供给。换句话说，我们表达了一个均衡模型，其中供应量等于需求量，这只是一个最大化问题。注意，除非我们认为需求曲线代表边际社会价值，而供给曲线代表边际社会成本，否则这样的均衡并不能使真正的社会盈余最大化。但是若我们回到需求和供给曲线，通过求导就可以产生真正的均衡。为了找到均衡，我们可以将这个问题改写为：

$$\max \int_0^{\infty} e^{-rt} \left[V(K(t)) - C(\delta K(t) + \dot{K}(t))\right] dt$$

原因是 $\dot{K} = -\delta K + I$。请注意，在此处求导时，我们不会同时将 K 和 $\dot{K}$ 作为变量。如果我们知道资本的初始水平，以及每个时期的 $\dot{K}$，那么我们在每个时期也知道 K。试想我们采用建议的资本路径 $K^*(t)$，然后考虑在一个时期改变 $\dot{K}$，然后在以后的时期中保留这笔额外的资本，也就是说，我们在一个时期
174 改变 $\dot{K}$，在以后时期内固定 $\dot{K}$ 的改变量。如图 17-1 所示。

在此实验中，我们在时间点 t 之后保持资本的增量相等，这意味着总投资必须充分增加。如果我们的资本有一条最佳路径，那么这个实验（就此而言，

任何偏离路径的行为）都不会提升我们的目标函数。换句话说，目标函数的导数为零：

$$C'(t)=\int_{t}^{\infty}e^{-r(\tau-t)}[V'(\tau)-\delta C'(\tau)]d\tau$$

在这里我们简化了表达，将每个函数的参数替换为参数的时间索引。①

这也就是说，边际投资成本必须等于在将来所有时期增加一些资本的现值（以比率 r 折现）。我们通常将$[V'(\tau)-\delta C'(\tau)]$称为净资本收益率，因此等式右侧是净资本收益率的折现值。

或者，我们可以考虑在给定期间内投资一个或更多的资本单位，然后简单地让其贬值。这意味着在一个时间段更改 $\dot{K}$，然后让投资 I 在其他所有时间段中固定下来。该实验也不能提升目标函数：

$$MC=C'(t)=\int_{t}^{\infty}e^{-(r+\delta)(\tau-t)}V'(\tau)d\tau$$

此处我们以（$r+\delta$）的比率进行折现，因为该实验中日期越远，资本增加的部分越小。一条最优路径不仅涉及边际成本等于以 r 折现的未来资本净收益的现值，而且包括边际成本等于以($r+\delta$）折现的未来总收益的现值。

这两种方法对于建模都同样有效，但要保持一致！在处理这些问题时，许多人经常混淆总收益和净收益。

适用于净投资的调整成本

在此前的讨论中，我们考虑了使用**总**回报率的方法，因为我们将边际成本设置为等于以（$r+\delta$）折现的租金的现值。现在让我们去掉投资的供给价格在上升这一假设，也就是说，假设研究处于短期和长期资本供应增加之前。让我 175
们考虑一个调整成本模型。这可以与向上倾斜的供给曲线相结合，但是为了简

① 比如，$C'(t)$ 代表 $C'(\delta K(t)+\dot{K}(t))$。

单起见，现在让我们假设供给曲线具有完全弹性。换一种说法，

$$C(I)=PI$$

所以投资的边际成本是 P。在这个模型设定的世界里，我们的旧模型会给我们带来高度波动的资本存量。但是在这里我们将为更改资本存量施加成本，$A(\dot{K})=\frac{1}{2}A\dot{K}^2$。因此，增加或减少资本的成本很高。我们知道凸性使更快的库存调整带来更高的成本。请注意在许多情况下，这可能不太符合实际情况，因为在现实世界里，随着时间的推移，数量多但幅度小的调整优于数量少但幅度大的调整。我们可以考虑引入一个固定的调整成本，但是在连续时间模型中这没有多大意义。当然，这种假设在宏观经济情况下通常是可以被接受的，因为宏观经济情况汇总了微观事实，从而产生了与我们的连续时间分析基本一致的平稳结果。但是正如我们将看到的那样，这种模型的长期行为与我们刚刚分析的模型截然不同。现在我们解决下面这个最优化问题：

$$\max\int_0^{\infty}e^{-rt}\left[V(K(t))-P(\delta K(t)+\dot{K}(t))-\frac{A}{2}(\dot{K}(t))^2\right]dt$$

和之前一样，在图 17-1 中，我们考虑在一个时间段改变 $\dot{K}$，然后在以后的时期中使其保持不变。此最优化问题的一阶条件，在时间点 t 对 $\dot{K}$ 求导，将是：

$$-e^{-rt}(P+A\dot{K}(t))+\int_t^{\infty}e^{-rt}(V'(\tau)-\delta P)d\tau=0$$

所以，

$$MC=P+A\dot{K}(t)=\int_t^{\infty}e^{-r(\tau-t)}(V'(\tau)-\delta P)d\tau$$

因此在该模型中投资不是立刻发生的，因为资本存量的调整成本很高。但是现在我们考虑稳态：

$$P=\frac{1}{r}(V'-\delta P)$$

这意味着， 176

$$V' = rP + \delta P = (r + \delta)P$$

因此在此模型中，虽然短期内我们的资本供给曲线呈上升趋势，但从长期来看，资本供应具有完全弹性。与之前相比，结构上的差异在于尽管我们的总投资额有所增加，但现在我们只有净投资供给一直在增加。也就是说，调整成本函数是 $\dot{K}$ 的函数，而不是$(\dot{K} + \delta K)$的函数。

内生化利率：新古典主义增长模型

现在，我们将考虑第三种模型。我们将拥有一个单一产品的经济体，此产品可以被消费或投资：

$$Y = C + I$$

$$Y = F(K)$$

因此，我们使用资本 K 生产 Y，而产品 Y 可以被消费或投资。这种表述也意味着消费 C 和投资 I 是完美的替代品。这里我们假设没有呈上升的供给曲线或调整成本。生产可能性前沿如图 17-2 所示。

现在，增加投资的成本是消费上的牺牲。由于我们希望随着时间的推移平稳消费，因此实际上我们的供应价格将上涨。消费者解决的问题是：

$$\max \int_0^{\infty} e^{-\rho t} U(C(t)) dt$$

其中 $C(t) = F(K(t)) - I(t)$，参数 ρ 代表时间偏好。所以，$C(t) = F(K(t)) - \delta K(t) - \dot{K}(t)$。消费者解决的问题变成：

$$\max \int_0^{\infty} e^{-\rho t} U[F(K(t)) - \delta K(t) - \dot{K}(t)] dt$$

保持未来的 $\dot{K}$ 恒定，若在当期增加它，我们得到一阶条件：

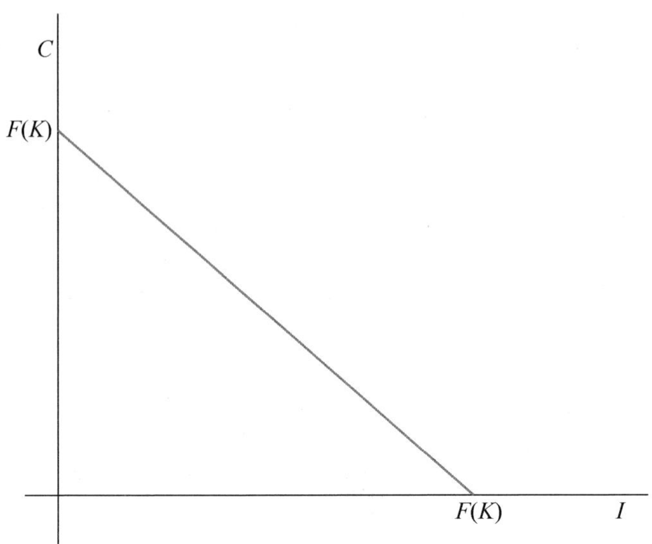

图 17-2：生产可能性前沿。消费 C 和投资 I 是完美的替代品，但它们的组合必须等于生产的总量 $F(K)$。

$$-e^{-\rho t}U'(t)+\int_{t}^{\infty}e^{-\rho\tau}U'(\tau)[F'(K(\tau))-\delta]d\tau=0$$

177 或者：

$$1=\int_{t}^{\infty}e^{-\rho(\tau-t)}\frac{U'(\tau)}{U'(t)}[F'(K(\tau))-\delta]d\tau=\int_{t}^{\infty}e^{-\int_{t}^{\tau}r(s)ds}[F'(K(\tau))-\delta]d\tau$$

等式右边是未来资本净收益的市场价值。等式左边是数字 1，因为资本成本是 1 个消费单位。这是一种简单的基于消费的资本估值。

模型动态源于这样一个事实，即人们不会愿意为迅速建立资本而让自己挨饿。让我们考虑稳态 $U'(\tau)=U'(t)$：

$$\frac{F'(K)-\delta}{\rho}=1$$

这意味着：

$$F'(K)=\rho+\delta$$

因此，在稳态下，资本的边际产出仅取决于两个数字，参数 ρ 和参数 δ。

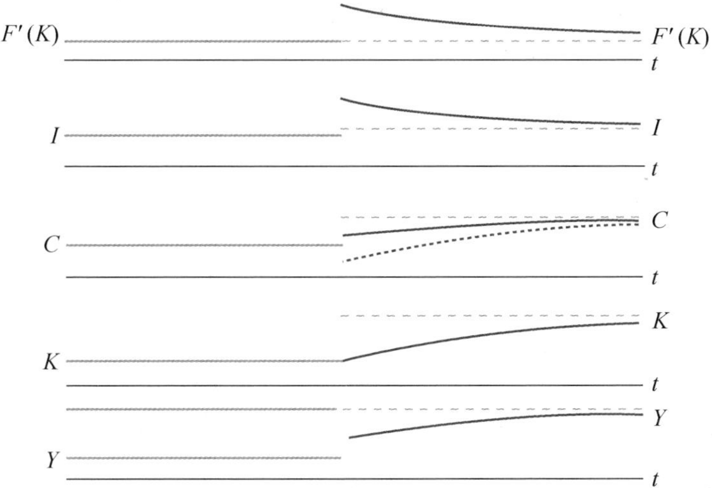

图 17-3：效用函数 F 翻倍的效果。

现在假设在稳态下，我们通过将每单位资本获得的产出增加一倍来改变技术。178
也就是说，我们将生产函数 F 翻倍。此实验的结果如图 17-3 所示。当期资本的边际产出将增加，但是我们知道，由于参数 ρ 和参数 δ 不变，因此资本的边际产出在稳态下必须保持不变。因此，随着时间的推移，资本的边际产出下降并趋向于新的稳态，这意味着资本在增加。由于生产函数 F 翻倍，所以我们也有产出 Y 跳跃上升。投资是值得的，因为资本的边际产出 $F'(K)$ 高于稳态，所以投资会跳跃上升。但是我们不知道短期内消费 C 会发生什么。一方面，人们更富裕，将希望增加消费量，以便随着时间的流逝而平稳消费。另一方面，投资确实值得：因为资本的边际产出是如此之高，所以当期的消费很昂贵。从短期来看，消费量可能会增加或减少，但从长远来看，消费量将会增加。要看到这一点，一阶条件对时间求导得：

$$\dot{C}(t)=-\frac{U'(C(t))}{U''(C(t))}(F'(K(t))-(\rho+\delta))$$

由于效用函数的一阶导数 $U'>0$，二阶导数 $U''<0$，并且资本的边际产出 $F'(K)>\rho+\delta$，我们得到 $\dot{C}(t)>0$。技术改变时，消费量最初是增加还是减少取决于效用函数的曲度，但是在初始跳跃上升或下降之后，消费量将朝着新的更高的稳态水平增加。两种可能的消费路径类型如图 17-3 所示。

179 在这两种情况下，投资路径都可以如图 17-3 所示向下倾斜，尽管在效用函数具有足够的曲度时，投资路径仍可以向上倾斜。

该模型体现了新古典主义增长模型的实质。因为参数 ρ 是一个常数，所以长期资本曲线的供应是水平的。我们拥有长期稳定的弹性供应。否则，供给曲线可能会向上或向下倾斜，这取决于人们在变得更富有时是变得更有耐心还是更缺乏耐心(即参数 ρ 取决于消费水平、收入水平或资本水平)。

如果人们变得更富裕而时间偏好率下降，会发生什么？现在，长期供给曲线实际上将向下倾斜。在图 17-3 所示的实验中，如果随着财富的增加我们变得更有耐心，稳态下的资本的边际产出则会低于原始的稳态水平，因为 F 翻倍了。

该模型非常类似于调整成本模型。这里的调整成本是指迅速调整资本可能意味着急剧改变消费。换一种说法，该模型中的利率是内生的。在时间点 t 和时间点 τ 之间的利率 r 为：

$$e^{-r(\tau-t)}=e^{-\rho(\tau-t)}\frac{U'(\tau)}{U'(t)}$$

投资越多，相对于当前消费，未来消费就越高。因此，相对于当期得到的边际效用，在时间点 τ 中来自额外消费的边际效用降低了，从而推高了利率。这种动力阻止了经济立即达到新的平衡。

—第 18 章—

生产要素供给与需求应用 1

技术进步与资本所得税的分配问题

劳动生产率的定义 180

现在我们想要考虑技术进步。通常我们从生产力的角度考虑技术进步。我们可以通过劳动生产率来衡量生产力：

$$\frac{Y}{L}=\text{单位工作小时的真实产出}$$

我们也可以通过劳动力的边际产出来衡量生产力：

$$\frac{W}{P}=MP_L=\text{劳动的边际产出}$$

这两种生产力的衡量指标分别是劳动的平均产出和边际产出。最后我们可以考虑这两个数字的比率：

$$\frac{W/P}{Y/L}=\frac{WL}{YP}=S_L$$

当且仅当两种生产率的衡量指标均以大致相同的速度增长时，劳动份额才会随时间大致保持恒定。

在互补性存在下对经济增长的解释

但是劳动生产率的增长和实际工资的增长背后是什么呢？我们在这里有一些假设。

181 1. 资本深化（K/L 在上升）。

2. 技术变革（相同的投入下，产出变得更多）。

3. 人力资本积累（人们可能比以前平均拥有更多的技能）。

4. 更好的分配（我们更好地利用我们的资源）。

以上假设的第四点倾向于从宏观角度考虑，而前三点可以从微观角度考虑。还要注意，我们很难将它们视为独立的解释因素。例如，如果我发明了一项新技术，我将需要资金来使我的项目继续下去。同样，当我们看到 $Y=F(K, L)$ 时，我们不会试图问哪部分产出来自资本投入，哪部分来自劳动力投入。但是我们确实要问这样一个问题：每个生产要素在市场中得到多少回报？

简而言之，所有这些生产要素之间都是互补的。我们对所有经济增长的分解都取决于这些增长是如何实现的。例如，假设要获得更多产出，我们必须建造道路和车辆。如果道路本来就存在而我们建造了更多车辆，则车辆似乎是获得产出的关键因素。但是如果情况相反，道路看起来就是关键因素。

以生产水平 $F(K, L)$ 为例。我们如何用资本和劳动力来解释，这一产出水平取决于这两种生产要素是如何获得的。请参见图 18-1，该图显示了两条路径。在较高（较低）路径上，资本（劳动力）先积累。由于生产的互补
182 性，劳动的边际产出在较高的路径上较高，因此我们更多地将产出增加归因于劳动力。相反的情况发生在图 18-1 较低的路径上。[①]

例如，蛋糕的品种可以通过更改鸡蛋、面粉或其他成分的数量来改变。但

---

① 在效用函数中会出现相同的问题，这就是拉氏和派氏数量指数对效用的变化给出不同的答案的原因。

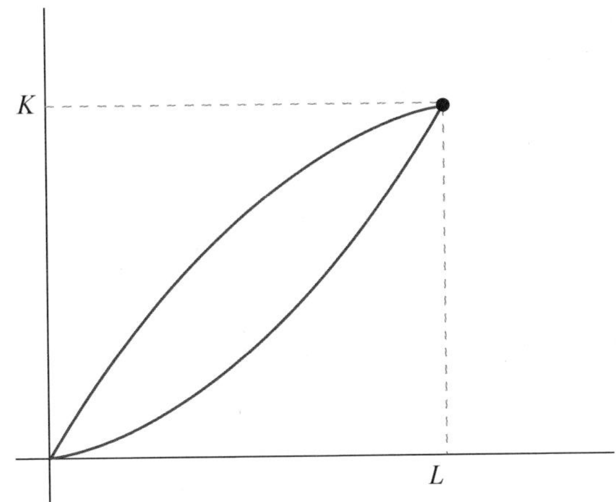

图 18-1：如果按照底部路径沿边距分配，将会有相对丰富的劳动力，并且大部分产出将归因于资本。如果根据顶部路径沿边距分配，则相反的情况发生。

是总体来说，一旦蛋糕作为一个完整的整体存在，我们就无法区分蛋糕某一部分具体由哪种原料组成。

无偏向的技术变革的结果

回到我们的技术进步问题，现在我们将专注于资本深化和技术变革。请注意，$\Delta(Y/L)=\Delta Y-\Delta L$，我们将 Δ 视为百分比变化并利用对数特性。以下公式给出了全要素生产率（TFP）的变化①：

$$\Delta TFP=\Delta Y-\Delta \text{总投入}$$

$$\Delta TFP=\Delta Y-(S_K\Delta K+S_L\Delta L)$$

回想一下，在规模报酬不变的情况下，$S_K+S_L=1$，因为 $F_KK+F_LL=F$，但是上述公式的一般形式并不需要规模报酬不变的假设。我们也可以在价

① 我们可以使用恒等式 $Y=TFP\ F(K,L)$ 来得出这一结果。进行对数和差分处理可以使我们得到：

$$\Delta Y=\Delta TFP+\frac{F_KK}{F}\frac{dK}{K}+\frac{F_LL}{F}\frac{dL}{L}=\Delta TFP+S_K\Delta K+S_L\Delta L$$

格方面度量全要素生产率，就像我们对劳动生产率的实际工资所做的那样：

$$\Delta TFP=(S_L\Delta W+S_K\Delta R)-\Delta P$$

这种衡量将包括技术变革、人力资本变革和更好的分配。总体来说，全要素生产率的增长既反映了产出的增长快于投入的增长，又反映了生产要素价格的增长快于产出品价格的增长。

现在我们假设经济增长仅由资本深化和技术变革驱动。然后我们得到：

$$\Delta Y-\Delta L=S_K(\Delta K-\Delta L)+\Delta TFP$$

因此，劳动生产率的增长可以分解为资本深化 $S_K(\Delta K-\Delta L)$ 和技术进步
183 ΔTFP。这些都是相关的。在新古典主义增长模型中，通过提高资本生产率产生的技术进步将促使资本深化。

TFP 的基于价格的度量也可以重写为：

$$\Delta TFP=S_L\Delta\frac{W}{P}+S_K\Delta\frac{R}{P}$$

如果实际工资和资本的实际租金率都在增长，那么我们必须有技术上的进步。

如果我们的技术突然有了很大的进步，例如 $\Delta TFP=\Delta\frac{W}{P}=\Delta\frac{R}{P}=20\%$，那么新古典主义增长模型会怎么说？经济体将随着资本深化做出反应。回想一下替代弹性：

$$\Delta\frac{W}{P}-\Delta\frac{R}{P}=\Delta W-\Delta R=\frac{1}{\sigma}(\Delta K-\Delta L)$$

在短期内，资本不会（根据定义）深化，并且两个实际租金率将增加相同的百分比。随着资本的积累，$\Delta(W/P)$ 进一步增加，而 $\Delta(R/P)$ 减少。从长期来看，我们得到 $\Delta\frac{W}{P}=\frac{\Delta TFP}{S_L}$。也就是说，全要素生产率增长所带来的好处都将归于实际工资。我们也有：

$$\frac{S_L}{S_K}=\frac{WL}{RK}=\frac{\frac{W}{R}}{\frac{K}{L}}$$

但我们不知道这种变化的方式，因为 $\frac{W}{R}$ 和$\frac{K}{L}$ 都在向上移动。

我们通过供需框架得出了这些长期结果。在生产要素供给方面，我们说资本是完全弹性供应的（$\Delta R=0$），而劳动力不是（$\Delta W\neq 0$）。从这点出发，基于价格的 TFP 度量立即使我们知道所有 TFP 都将作用于工资。当我们添加生产要素需求曲线时（特别是它们的对数线性差分），我们还会发现 TFP 增加了资本劳动比率，其幅度随着替代弹性 σ 的增加而增加。

资本所得税的分配问题

我们可以扩展这个分析框架来解决其他一些经济增长问题，但是这个分析 184
框架已经告诉我们资本所得税的分配问题。资本所得税是支付给政府的资本收入 RK 的 $\tau\in(0,1)$ 的一部分，此税收平均分配给所有劳动者。有了这样的税收，完全弹性的资本供给意味着 $\Delta R+\Delta(1-\tau)=0$，因为根据定义，除非税后的租金率与免税的租金率相同，否则人们不提供任何数量的资本。

让我们在关注税收的同时保持 TFP 不变。根据我们对 TFP 的基于价格的定义，我们得出 $0=S_K\Delta R+S_L\Delta W$。这与供应条件结合可得：

$$\Delta W=\frac{S_K}{S_L}\Delta(1-\tau)<0$$

我们将税率从低税率调高。换句话说，从长远来看，资本所得税会减少工资。这种影响的程度随劳动份额的增加而下降，这很有趣，因为过去二十年来劳动份额下降了。资本税对工资的长期影响可能比以前更负面。

引入生产要素需求方程式，我们得到税收减少了资本密集度，因此降低了平均劳动生产率：

$$\Delta K-\Delta L=\sigma(\Delta W-\Delta R)=-\Delta R\sigma\left(\frac{S_K}{S_L}+1\right)=\sigma\frac{\Delta(1-\tau)}{S_L}<0$$

$$\Delta Y-\Delta L=S_K(\Delta K-\Delta L)=\frac{S_K}{S_L}\sigma\Delta(1-\tau)<0$$

工人不仅在获得工资，而且从税收中获得收入。在劳动力保持不变的前提下，我们上面所说的足以证明工人的工资损失比税率边际提高所带来的税收收入要多。作为总收入的一部分，工人的事后收入的增量为①：

$$S_L\Delta(WL)+\tau S_K\Delta(\tau RK)$$

185 回想一下，Δ表示对数变化：将第一（第二）Δ项乘以劳动收入（税收τS_K），分别得出绝对变化。使用 $\Delta L=0$ 以及上面的资本和工资结果，我们得到工人的“事后收入”随着税收的增加而下降；负的第一项比正的第二项更大（如果有的话）。②

这些结果在资本需求图中很容易看到，如图 18-2。对于任何给定的资本存量 K，总产出（因此总收入）是该资本量左侧需求曲线下的面积。③ 在税前和转移支付之前，均衡的资本租金比率 R/P 在劳动收入（上方）和资本收入（下方）之间垂直划分了该区域。资本所得税增加了 R/P，因此减少了劳动收入，WL。④

要查看对事后收入的影响，请注意，税前资本收入矩形可以在税后均衡租金率 $(1-\tau)R/P$ 的位置进一步分为两部分，上面部分是税收收入，下面部分

① 事后收入是指工人自己的收入减去税金并加上补贴。在这种情况下，工人不缴税，而是从资本所得税中获得收入。

② 工人的事后收入的增加，也可以写成五个项的总和：$S_L(\Delta W+\Delta L)+\tau S_K(\Delta\tau+\Delta R+\Delta K)$。我们假设第二项为零。用正文中的表达式代入 ΔW、ΔR 和 ΔK，我们得到：

$$S_K\Delta(1-\tau)+\tau S_K\left(\Delta\tau-\Delta(1-\tau)+\sigma\frac{\Delta(1-\tau)}{S_L}\right)=\tau S_K\sigma\frac{\Delta(1-\tau)}{S_L}<0$$

③ 假设 $F(0,L)=0$。如果我们允许 $F(0,L)\neq 0$，结果是相同的，但是此时我们必须计算该数量。还要注意，这里的资本需求曲线使劳动力和技术，而不是产出保持不变。

④ R/P 减小了图中所示的劳动收入三角形的底数和高度。

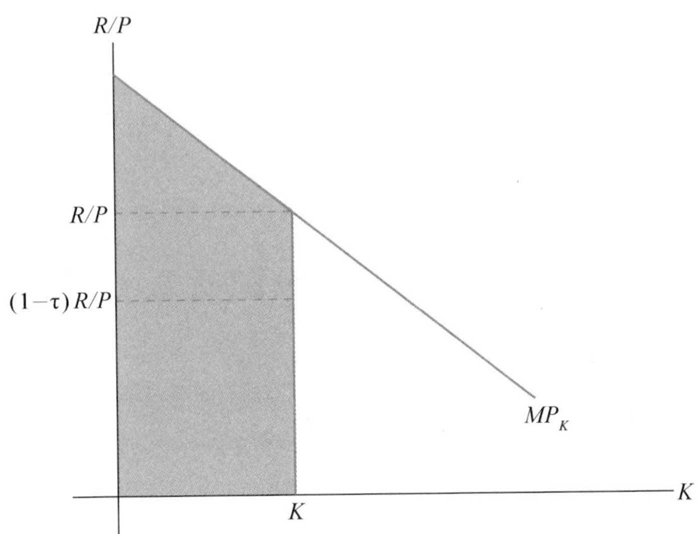

图 18-2：产出和生产要素收入在边际产出下的区域。

是税后资本收益。在资本供应具有完全弹性的情况下，税后租金率与税率无关，因此税率必须提高 R/P 并使经济体向边际产出的上方移动，从而减少劳动收入和税收收入的总和。即使工人获得了全部收入，他们仍然要缴纳无谓的税收损失：额外资本将增加的额外产出超出了提供资本所需的成本。

资本供给在长期有弹性的原因

资本供给反映了其边际成本，其边际成本本身反映了（i）人们延迟消费 186
的意愿以及（ii）生产者生产投资品而非消费品的能力。从长远来看，消费和投资是不变的。它们是处于较高消费/投资水平，还是较低消费/投资水平，取决于技术、税收等等。但是消费水平可以在任意方向上影响（i）和（ii）。例如，人们在富裕（较高的消费水平）时可能会更有耐心，这从定义上讲意味着资本的供应成本更低。换句话说，这个例子中的资本供给和其租金率呈负向关系。关于第（ii）点，投资品的生产可能比消费品的资本密集度更高，这意味着从长远来看，拥有更多资本的经济体以较低的边际成本提供了资本。

新古典主义增长模型在第（i）和（ii）点是中性的。因此，它的长期资本供给曲线既不向下也不向上倾斜：它是水平的。水平的长期供应曲线是本章对生产力和资本税的分配问题进行长期分析的基础。

企业所得税的分配问题

企业所得税不同于资本所得税，因为非企业资本不缴纳企业所得税。我们通过稍微修改生产函数以使其为 $F(K, L)$ 来解决这个问题，其中 K 现在是两个资本输入的同质集合：$G(K_1, K_2)$。这种双资本投入的方法使我们认识到，企业税对企业和非企业资本的影响是不同的。我们还假定产出可用于消费或任何一种投资：$Y=C+I_1+I_2$。投资可以进入任何一个部门，但是就放弃的消费而言，投资类型是完美的替代品。

因为生产函数是同质的，所以我们可以关注单位等量线，它们是 K_1 和 K_2 的组合，恰好形成一个单位的集合资本 K。请参见图 18-3。就放弃的消费而言，任何一种可能性的成本都是斜率 -1 的线与垂直轴相交的地方(因为 K_2 的价格为 1，并且不受税收影响)。

187 如图所示，在等量线也具有斜率 -1 的情况下，社会成本最小化。但是当 K_1 的税率大于 K_2 的税率时，投资者将不会最小化社会成本，因为他们也想避税。相反，他们的 K_1 太少。这通过实线和虚线之间的垂直距离增加了每单位 K 产出的成本。

188 现在我们回到图 18-2。之前，我们假设 K 的税后收益是固定的，因此每个征税单位都可以一对一地增加税前租金率 R/P。但是现在，K 的税后收益也必须增加，因为要获得每单位 K 需要更多的投资。请参见图 18-4。工人的损失不仅是 R/P 和$(1-\tau)R/P$ 之间的梯形 $abcd$，而且是新的税后收益与旧的税后收益之间的梯形 $cdef$。

换句话说，在保持税收收入不变的情况下，通过仅对部分资本而不是对全部资本征税来增加收入时，劳动力就会损失更多。

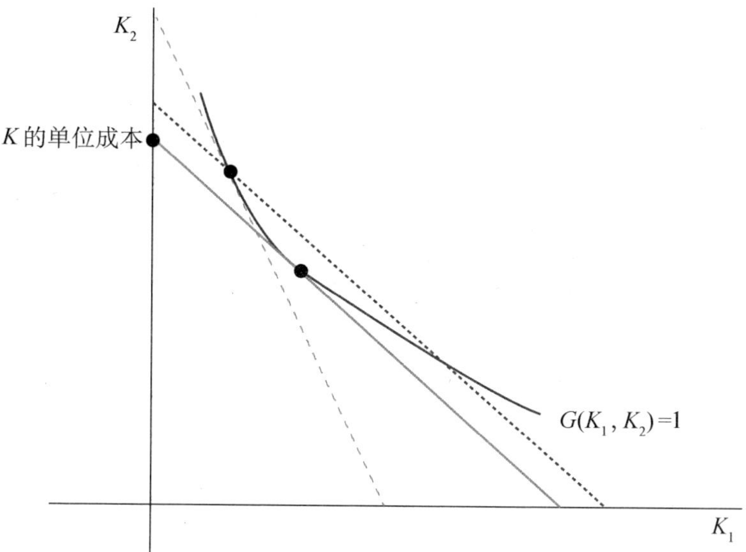

图 18-3：使用单位等量线来度量部门扭曲的成本。

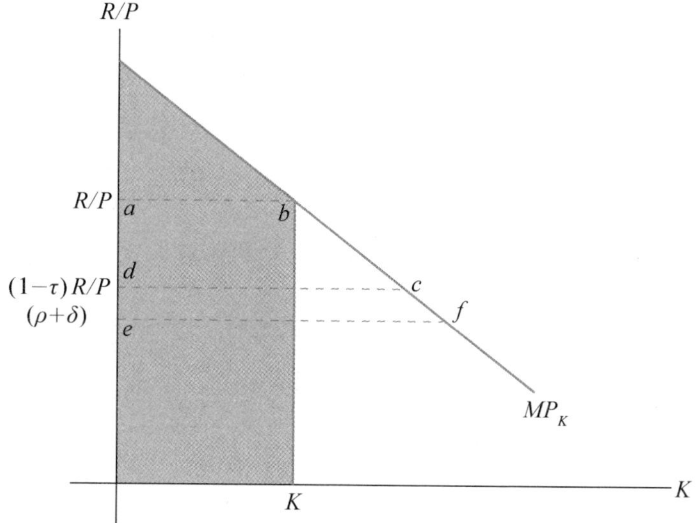

图 18-4：工人因投资构成扭曲而蒙受的额外损失。

—第 19 章—

生产要素供给与需求应用 2

有生产要素偏向的技术进步、生产要素份额和马尔萨斯经济

技术偏向的定义

新古典主义增长模型可以概括为：从长期来看，$\Delta\dfrac{W}{P}=\dfrac{\Delta TFP}{S_L}$ 以及 $\Delta\dfrac{R}{P}=0$。那么长期来看 $\Delta\dfrac{K}{L}$ 是什么样的？我们必须考虑到目前为止我们忽略的一点：技术偏向。参见图 19-1。随着技术的进步，等量线向内移动，因为我们可以使用更少的生产要素投入产生与以前相同的产出数量。如果等量线向内移动时变得更陡，则这是对劳动力的偏向。我们可以通过三种方法来思考这一问题：

1. 在固定的 $\dfrac{L}{K}$ 下，$\dfrac{W}{R}$ 在上升。

2. 在固定的 $\dfrac{W}{R}$ 下，$\dfrac{L}{K}$ 在上升。

3. 更高的 $\dfrac{L}{K}$，更高的 TFP。

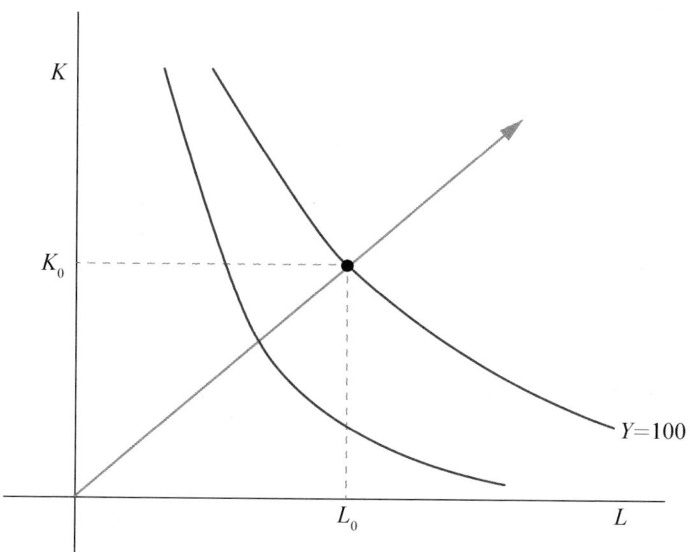

图 19-1：对劳动力的技术偏向。

所有这些都说明了同一件事：当我们向内移动等量线时，我们将其顺时针旋转。

我们如何度量技术偏向？$\Delta B=\Delta W-\Delta R-\frac{1}{\sigma}(\Delta K-\Delta L)$。它也是一个残差项。这是 $\Delta\frac{W}{R}$ 的真实值与我们使用替代弹性（即，如果没有技术偏向）所预测的值之间的差异。如果要使用数量进行度量，则可以写成 $\Delta B=\Delta L-\Delta K-\sigma(\Delta R-\Delta W)$。

从现在开始，我们假设所有变量都是按实际价值度量的（即，将价格标准 190
化为 1），因此我们仅将（对数）实际工资的变化写为 ΔW。在之前的讨论中，我们将全要素生产率的变化与（对数）生产要素价格变化相关联：

$$\Delta TFP=S_L\Delta W+S_K\Delta R$$

为了解释这一点，请记住 $P=MC=$生产要素价格/边际产出。如果边际生产率提高 10%，这将使生产要素价格提高 10%，并保持相同的产出品价格水平。但是我们不知道哪个生产价格会上涨。所以我们不能说更高的全要素生产率体现在工资还是资本价格上。如果在短期内固定劳动力和资本，那么产出的增加将恰好是生产率的增加。

在上一章中，我们还使用双要素需求曲线将生产要素价格变化与生产要素数量变化相关联。现在我们考虑技术偏向不为零这个更一般的情况：

$$\Delta W-\Delta R=\frac{1}{\sigma}(\Delta K-\Delta L)+\Delta B$$

191 有些人还会谈论生产要素增强的技术进步，这不同于技术偏向。在生产要素增强的技术进步中，$Y=F(A_L(t)L(t),\ A_K(t)K(t))$，其中 A_L 和 A_K 分别是劳动力增强和资本增强的技术进步。这甚至都没有告诉我们技术偏向的方向。以柯布-道格拉斯生产函数为例，A_L 和 A_K 确实是同一回事，因为我们有：

$$\begin{aligned}F(A_L(t)L(t),\ A_K(t)K(t))&=(A_L(t)L(t))^{\alpha}(A_K(t)K(t))^{1-\alpha}\\&=A_L(t)^{\alpha}A_K(t)^{1-\alpha}L(t)^{\alpha}K(t)^{1-\alpha}\end{aligned}$$

通常，替代的弹性将决定 A_L 和 A_K 偏向技术发展的方式。如果替代弹性为 1，则两者均为中性。

请记住，我们还可以从产量上度量技术进步：

$$\Delta TFP=\Delta Y-(S_L\Delta L+S_K\Delta K)$$

为了度量技术进步，除了生产要素的占比外，我们不需要了解生产函数的其他方面。度量技术偏向是另一回事，因为它要求我们了解参数 σ，即生产要素的替代弹性。例如，如果我们知道 $\Delta W-\Delta R<0$ 和 $\Delta K-\Delta L>0$，则可以对技术偏向进行符号化。但是总体来说，我们将必须知道替代的弹性来度量技术偏向。

劳动力份额与经济增长的联系

我们已经计算出三个方程式，将不同产量和价格的百分比变化联系起来。这些方程式告诉我们产量变化、生产要素价格变化和技术变化之间在理论上可能的关系。我们通过采用特殊的生产要素供给来应用这些方程式，例如恒定的生产要素数量，或恒定的资本租金率，或马尔萨斯供给（恒定的工资率）。这与上一章中的供求分析框架相同，只是现在技术变革不必以增加劳动力需求曲线的相同百分比来增加资本需求曲线。

回到我们的短期分析（恒定数量的生产要素），生产要素的需求曲线和 192
TFP 定义为：

$$\Delta W - \Delta R = \Delta B \rightarrow \Delta R = \Delta W - \Delta B$$

$$\Delta TFP = S_L \Delta W + S_K \Delta R$$

这两个方程式表明：

$$\Delta TFP = S_L \Delta W + S_K (\Delta W - \Delta B)$$

这个方程式可以简化为：

$$\Delta W = \Delta TFP + S_K \Delta B$$

因此，在短期内，实际工资的变化将受到技术进步以及技术进步偏向的影响。请记住，ΔB 被定义为有利于劳动力的技术偏向，所以对劳动力的正偏向将意味着工资的变化要大于没有偏向的情况。劳动力和资本的相对份额$\frac{S_L}{S_K}$如何变化？根据份额的定义：

$$\Delta \frac{S_L}{S_K} = (\Delta W + \Delta L) - (\Delta K + \Delta R)$$

我们继续使用 Δ 来表示对数变化。在短期内，我们假设 $\Delta L = \Delta K = 0$，所以：

$$\Delta \frac{S_L}{S_K} = \Delta \frac{W}{R}$$

通常，生产要素的相对份额根据以下方程式变化：

$$\Delta \frac{S_L}{S_K} = (\Delta W - \Delta R) - (\Delta K - \Delta L) = \left(\frac{1}{\sigma} - 1\right)(\Delta K - \Delta L) + \Delta B$$

第二个等号源自生产要素的需求曲线。生产要素的份额曾经在很长一段时间，一百年左右，保持不变。在该“传统”时间段内，我们的模型将为 $\Delta S_L = 0$ 和

$\Delta R=0$，这意味着 $\Delta K=\Delta Y$ 和 $\Delta W=\dfrac{\Delta TFP}{S_L}$。

193 更多的细节请考虑以下示例。我们从时间点 0 开始，其中 $\dfrac{Y}{L}=1$，$L=\alpha$，$K=1-\alpha$，$W=1$，$R=1$。假设在时间点 1，我们知道$\dfrac{Y}{L}$将为 10。然后传统模型告诉我们 $W_1=10W_0$，$Y_1=10Y_0$，$R_1=R_0$，$K_1=10K_0$，$L_1=L_0$。劳动力份额保持不变，因为工资增长了 10 倍，而劳动力数量保持不变；资本份额保持不变，因为资本数量增长了 10 倍，而租金率保持不变。

但是如果对一个劳动力份额正在下降的经济体，$\Delta R=0$ 的话会发生什么呢？如果 $\sigma=1$，则必须是 $\Delta B<0$，或者我们对资本有技术偏向。但是，如果 $\sigma>1$，即使没有技术性偏向，还有另一种解释劳动力份额减少的方法：增加资本存量。

考虑图 19-2。在任何转变之前，资本都会得到其边际产出的报酬，而劳动力会得到剩余的盈余。这些在图中用 K 和 L 表示。如果 TFP 无偏向地增加，
194 那么在短期内，需求曲线将向上移动，租金率将上升；也就是说，资本曲线的高度增加了。但是从长远来看，租金率将保持不变，而额外资本和提高生产率所带来的所有收益都将有利于劳动力。资本产生的额外收入只是抵消了积累资本的机会成本。

当 $\sigma>1$ 时，资本积累不能轻易将资本租金率推回原来的水平。与 $\sigma=1$ 相比，我们获得了更多的资本积累。劳动力从这些额外的资本中受益。换句话说，从长远来看，劳动力将获得所有生产率的增长(以 x 轴为界的四边形面积，$\dfrac{K}{L}$ 处的线和两条资本需求曲线)，加上额外资本创造的一些额外产出（这部分劳动力收益是垂直线右侧和水平虚线上方的三角形)。

具有讽刺意味的是，在 $\sigma>1$ 的情况下，技术偏向在减少劳动力份额的同时会给劳动力带来额外的好处。大部分人会认为，劳动力所占份额的下降是对劳动力的一种危害，但是这一结论为时过早。这可能反映了资本深化过程从资本向劳动力的重新分配。

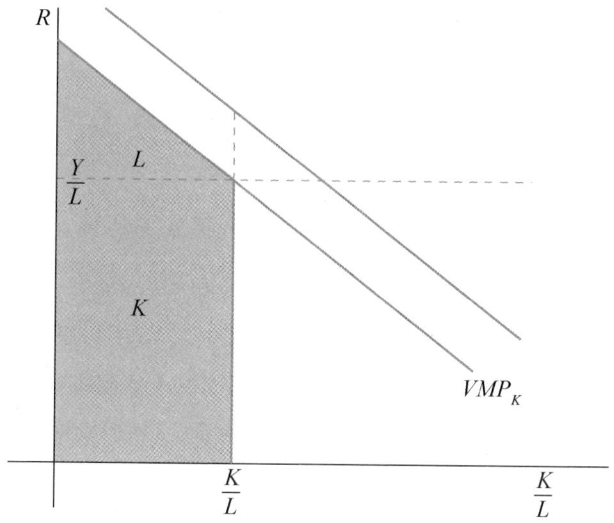

图 19-2：短期与长期比较。VMP 下的总阴影区域表示为 Y/L。K 部分支付给资本，L 部分支付给劳动力。在短期内，资本可以通过更高的租金率获得额外生产力的收益。但是，从长远来看，租金率将保持不变，所有额外的盈余都将有利于劳动力。

结合我们之前的一些方程式，我们得到：

$$\Delta W = \Delta TFP + S_K \left[\frac{1}{\sigma} (\Delta K - \Delta L) + \Delta B \right]$$

不管我们谈论的是短期还是长期，这都将工资变化分解为 TFP 要素、资本深化要素和技术偏向要素。

考虑一个 $\Delta B < 0$ 且 $\sigma > 1$ 的世界，因此技术进步偏向于资本，而资本和劳动力的替代性大于一对一。回顾替代弹性的方程式：

$$\Delta W - \Delta R = \frac{1}{\sigma} (\Delta K - \Delta L) + \Delta B$$

因此，如果 $\sigma > 1$，为了使工资涨幅超过资本租金率（从长远来看必须如此），我们将需要资本深化或技术偏向劳动力。如果从一开始就有技术偏向资本，那么我们将需要进一步资本深化。从短期来看，资本份额将会提高；从长期来看，资本份额将会更大。但这对工人有害吗？不会。提高资本份额的相同过程在提高工资和降低租金率。

195 马尔萨斯特例

请注意，马尔萨斯的模型是我们的变化方程式的特例。但是他没有相信 $\Delta R=0$ 是长期的事实，而是相信 $\Delta W=0$。因为在他的时代，资本（主要是土地）相对缺乏弹性，并且劳动力供应（即人口）对工资变动非常敏感。他认为人们将生更多的孩子来回应更高的工资，直到工资被压低到维持生计为止。在新古典主义增长模型中，我们有一个完全相反的事实，即从长远来看，资本是完全弹性供应的，因此 $\Delta R=0$。

马尔萨斯之后发生了两件事。资本发生了变化，因为土地不再是资本的重要组成部分。人口的积累也发生了变化。现在当人们有更多的钱时，他们通常会在每个孩子上投入更多，而不是生下更多的孩子。

劳动力也得利于资本偏向的技术变革

让我们看一个极端的情况，在这种情况下，技术进步极端偏向于资本。在最坏的情况下，一个工人根本没有资本，那个工人还会更好吗？从短期来看，答案是否定的，但从长远来看，答案是肯定的。考虑图 19-3。在短期内，生产率的提高为资本所有者带来了更高的租金，而支付给工人的金额却减少了（劳动力的三角形在短期内具有相同的基数，但技术偏向导致了高度的缩短）。但是从长远来看，工人获得的盈余比以前多得多。

与经济学中的许多份额现象一样（消费支出份额是另一个例子），我们需要知道是价格在增加份额还是数量在变化。

现在，我们假设一个情况可能对工人更有利。假设我们对工人有极端的技
196 术偏向。考虑图 19-4。现在工人在短期内会获得所有盈余，但长期来看，没有资本深化会给他们带来额外的盈余。

196

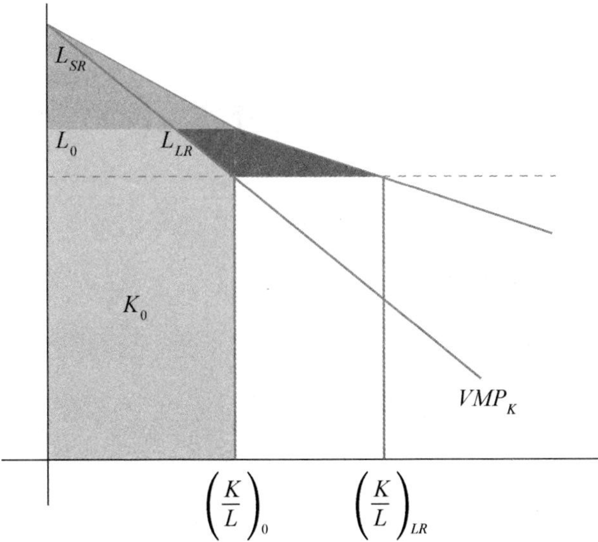

图 19-3：在时间点 0，工人们获得了由水平虚线、VMP_K 线和 y 轴构成的标记为 L_0 的三角形。当生产率提高时，有利于劳动力的盈余会在短期内减少，并由中间的灰色阴影区域和标记为 L_{SR} 的区域给出。从长远来看，以 L_{LR} 标记的整个三角形会有利于劳动力。

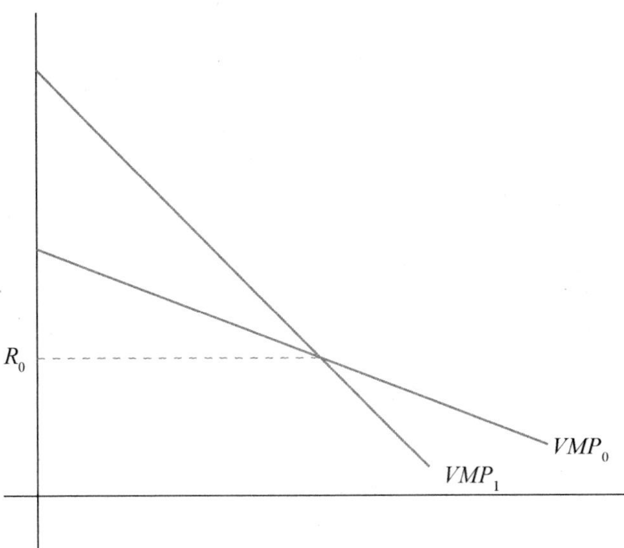

图 19-4：偏向于劳动力的技术变革。在这里不会有任何资本深化。

增加人力资本

197 现在，我们将为该模型添加人力资本。我们将有三项生产要素投入：L_H，高技能劳动力；L_L，低技能劳工；K，物质资本。三项生产要素的价格分别是 W_H、W_L 和 R。我们想考虑长期增长的过程。为此，我们将要考虑(1) 技术增长(TFP 增加)，(2) 资本深化$\left(\frac{K}{L}\text{增加}\right)$，(3) 人力资本深化$\left(\frac{L_H}{L_L}\text{增加}\right)$。

请注意，高技能劳动力 L_H 有多个维度。我们可以思考一下 $L_H = N_H H_H t_H$，或者我们可以认为高技能劳动力的数量是高技能工人的数量乘以他们的人力资本以及他们花在工作上的时间。类似地定义 L_L，我们得到：

$$\frac{L_H}{L_L}=\left(\frac{N_H}{N_L}\right)\left(\frac{H_H}{H_L}\right)\left(\frac{t_H}{t_L}\right)$$

等式右边的第一项是广义的人力资本投资利润。也就是说，我们考虑进入高技能劳动力与低技能劳动力的关系。第二项是人力资本投资的密集利润。我们思考：在高技能和低技能两个类别中，工人有多少人力资本？

我们将假设技术相对于 L_L 偏向 L_H，并且 K 是 L_L 的替代品和 L_H 的互补品。随着资本的增长，它增加了对高技能劳动力的相对需求，并降低了对低技能劳动力的相对需求。

	增长$\left(\frac{Y}{L}\right)$	$\frac{W_H}{W_L}$
(1) 技术增长	+	+
(2) $\frac{K}{L}$	+	+
(3) $\frac{L_H}{L_L}$	+	−

$\frac{L_H}{L_L}$和$\frac{W_H}{W_L}$之间的负相关关系是因为相对于低技能劳动力而言，高技能劳动力的增加将使两组工人的工资更加接近。因此，工人之间的不平等是正力与 198
负力之间的竞争。$\frac{L_H}{L_L}$增加的相对供应有助于减少不平等，但是技术发展和$\frac{K}{L}$的增加往往会加剧不平等。换句话说，如果效应(1)+(2)<(3)，则$\frac{W_H}{W_L}$减小，反之亦然。

第 20 章

健康投资和生命统计值

199 在这一章，我们出于自身利益考虑对健康的投资。我们每个人都对健康进行投资。我们会判断自己的饮食习惯是否合理，我们是否应该去看医生，我们应该服用哪种药物，我们是否应该停止饮酒（或观察自己正在喝多少酒）等等。现代医学涉及药品和医生，但是现代医学也涉及大量的个人投入。从历史上可以追溯到 18 世纪，人们不知道如何使自己更健康，医生也不知道如何使人们更健康。没有多少个人知识可以解决这个问题；当然，现在我们知道，个人选择是健康的主要决定因素之一。其中关键的问题很多，例如人们看哪些医生，服用什么药物，是否大量抽烟，大量饮酒，以及饮食中是否含有大量高脂肪食物。

简而言之，人们现在意识到许多决定会影响他们的健康。因此他们的决定变得更加重要。这里的重点是人们可以通过投资健康来为自己做些什么。这并不意味着他们无法获得现代医学的帮助。现代医学本身已隐含在人们的健康投资中。

健康投资与生命统计值（SVL，也称为统计生命值或 VSL）的微观经济学联系在一起。有越来越多的宏观文献开始研究健康改善和预期寿命增长对整体经济的影响。例如戴维·梅尔策（David Meltzer，1992），阿杰莫格卢（Acemoglu）和约翰逊（Johnson，2007）发表了一些关于健康的宏观方面的有趣论文，但是我们这一章关注的是个人决策的微观经济学。

自我保护方面的投资 200

微观经济学方法下的健康问题有以下几个要点：（1）生命统计值（SVL）；（2）对健康的最佳投资；以及（3）健康作为自我保护。自我保护的定义是人们采取行动以减少不良事件发生的可能性（Ehrlich and Becker 1972）。这是一个重要的概念，因为我们将看到我们为健康所获得的结果非常像自我保护。使用市场保险，我们可以权衡不同情况的边际效用。我们想将资源转移到收入的边际效用较高的状态。例如，我们可能需要购买火灾保险，因为在房屋被烧毁的状态下的金钱比其他状态下的同等金钱价值更高，即俗语中所说的，锦上添花不如雪中送炭。自我保护是不同的，可能是对保险的补充，但不是保险。我们通过改变自身行为来降低不良状态发生的可能性。当我们购买火灾保险时，甚至可能会增加不良状态的发生率，对吗？火灾保险会造成道德风险：如果房屋被烧毁怎么办？保险公司将付清我们的款项。因此自我保护是非常不同的。如果我们没有火灾保险，则想降低发生火灾的可能性，因为这会损失房屋和财产，因此，我们会自我保护。

作为保险和自我保护之间区别的另一个示例，请问一个问题，为什么父母不给孩子购买保险（从实证上讲，他们没有）。一个很好的解释是父母爱自己的孩子，但是只有在孩子死亡状态下他们的边际收入效用更高时，他们才会购买保险。他们会做的是自我保护。父母为了减少孩子死亡的概率会愿意付出高昂的代价，即便牺牲他们自己；但是他们不会为孩子们购买保险。它不是悖论，而是保险和自我保护之间的区别。在分析健康决策时，我们将看到这种区别。

我们从两阶段模型开始，人们在第一阶段出生，第二阶段的生存是一个概率事件。而人的寿命到第三阶段必然终止，即我们无法生存到第三阶段。我们称概率 S 为生存到第二阶段的概率。S 将成为一个函数，该函数可能取决于受教育年限 s 或健康支出 h。我们有以下效用函数：

$$V=u(x_1,\ l_1)+S(s,\ h)\beta u(x_2,\ l_2)+[1-S(s,\ h)]\beta U_D$$

201 其中 x 和 l 分别表示消费和休闲，而 U_D 是死时的效用。现在如果我们死了，可能会有一些效用，可能取决于我们对来世的信念。但是如果我们查看两个 S 项，则有 $S(s,\ h)(U_L-U_D)+U_D$，其中 U_L 是活着的效用。因此，我们真正要看的是生存与死亡之间的效用差异。现在，如果死亡的效用与我们正在做出的所有决定(例如 h 和生存）无关，那么我们可以将其视为一个常数并将其消除。我们通过标准化方法将其化为零，以预测人们的行为。

在之后的讨论中，我们不考虑生存对学校 s 的依赖，因此 h 是唯一改变生存概率的变量。我们假设 $\partial S/\partial h=S'\geqslant 0$，$S''\leqslant 0$，生存率是凹性的——随着我们在健康上的投入增加，我们得到的边际改善会越来越小。

通过标准化方法，我们有了一个简单的两阶段模型的效用函数 $V=U(x_1,\ l_1)+S(h)\beta U(x_2,\ l_2)$，其中 x 表示消费，l 表示休闲，S 表示生存到第二阶段的概率，并且是健康投资的函数。

假设有全额的年金养老保险（包括健康方面的预期支出在内的预期消费等于我们的预期收入)，我们有终身预算约束：

$$x_1+S\frac{x_2}{1+r}+g(h)=w_1(1-l_1)+\frac{S}{1+r}w_2(1-l_2)$$

其中，$g(h)$ 给出了一些促进健康的支出。

我们得到消费一阶条件 $U_{x_1}=\lambda$ 和 $S\beta U_{x_2}=\frac{\lambda S}{1+r}$。因为我们假设使用全额年金养老保险，所以即使模型包含了死亡的不确定性，生存概率 S 也会简化消除，不确定性会从条件中消失。① 我们得到休闲的一阶条件是 $U_{l_1}=\lambda w_1$ 和 $\beta SU_{l_2}=\frac{\lambda Sw_2}{1+r}$。 ②

现在，如果我们对 h 求差分，并使用缩写 $U(2)$ 表示第二阶段的效用水平，

① 如果我们进一步假设 $\beta=\frac{1}{1+r}$(该等式由某些模型得出)，那么消费平滑条件会简化为 $U_{x_1}=U_{x_2}$。

② 再一次，如果 $\beta=\frac{1}{1+r}$ 且 $w_1=w_2$，则 $U_{l_1}=U_{l_2}$。

我们得到：

$$S'\beta U(2)=\lambda\left(g'(h)+\frac{S'}{1+r}[x_2-w_2(1-l_2)]\right)$$

等式左边带来的是边际收益：对健康进行更多投资会提高生存的可能性，S' 为
正值，但这将在第二个阶段发生，因此我们必须将其以参数 β 进行贴现。然后 202
我们将获得效用函数**级别** $U(2)$，这对于理解有关生命统计值的文献至关重要。我们要了解的是效用函数级别，而不是边际效用；这就是自我保护的所在。这就是为什么它与市场保险不同，因为后者是边际效用。

等式右边给出的为边际成本：如果第二阶段的消费大于第二阶段的收入，则边际成本等于直接成本加上年金的增加成本。

我们可以将购买 h 视为购买自我保护。请记住，我们正在购买全额的年金养老保险。但是我们仍然可能想进行自我保护。为什么？自我保护可以最大程度地提高我们的预期折现财富，而保险可以使我们在不同状态的生活更加平稳。即使最优储蓄意味着我们不想在两个阶段之间转移财富，我们仍然希望增加获得第二个阶段效用的可能性。增加 h 的边际收益不为 0。使用消费状态的一阶条件 $U_{x_1}=\lambda$，我们得到健康状态一阶条件的另一种写法：

$$\frac{S'\beta U(2)}{U_{x_1}}=\left(g'(h)+\frac{S'}{1+r}[x_2-w_2(1-l_2)]\right)$$

我们还有另一个原因会导致我们对健康的投资。这种解释来自平均效用和边际效用之间的差异，即效用函数的凹凸性。当降低死亡风险时，我们将获得平均效用；而随着时间的推移，当我们使用保险而平稳消费时，我们将获得边际效用。让我们更明确一点。我们将假设效用函数在时间和阶次为 γ 的情况下是同质的，其中 $\gamma\leqslant 1$。回想一下，阶次 γ 的同质性意味着 $U(2)=\frac{1}{\gamma}(U_{x_2}x_2+U_{l_2}l_2)$。我们可以除以 U_{x_2}。在写结果之前，我们将要分析 $\frac{U_{l_2}}{U_{x_2}}$，这将出现在等式的右边。请注意，我们有 $\beta U_{x_2}=\frac{\lambda}{1+r}=\frac{\beta U_{l_2}}{w_2}$，这隐含 $\frac{U_{l_2}}{U_{x_2}}=w_2$。也就是说，

在给定时间段内，商品之间的边际替代率实际上仅取决于时间成本与商品成本
203 之间的关系(记得商品成本通过标准化方法化为 1)。这并不依赖任何折现，因为我们只关注时段内的替代。现在我们把 $U(2)=\frac{1}{\gamma}(U_{x_2}x_2+U_{l_2}l_2)$ 除以 U_{x_2} 得到：

$$\frac{U(2)}{U_{x_2}}=\frac{1}{\gamma}(x_2+l_2w_2)$$

因此：

$$S'\beta\frac{1}{\gamma}(x_2+l_2w_2)=g'(h)+\frac{S'}{1+r}[x_2-w_2(1-l_2)]$$

在等式的左边，我们现在对“全部消费”进行了调整，即商品消费和休闲消费。它由边际效用和平均效用之差 $\frac{1}{\gamma}$，来加权。我们没有做任何简化成本方面的工作。如果我们考虑 1 个特殊情况 $\beta=\frac{1}{1+r}$，我们可以将表达式重写为：

$$\frac{S'}{1+r}\left(\frac{1}{\gamma}-1\right)(x_2+l_2w_2)=g'(h)+\frac{S'}{1+r}(-w_2)$$

我们可以通过以下方式理解这一点。假设我们选择的 h 不是最大化期望的折现效用，而是最大化期望的折现财富。那我们就求解：

$$\max W=w_1+\beta Sw_2-g(h)$$

对应一阶条件为：

$$\beta S'w_2=g'(h)$$

请注意，这与上面的一阶条件相同(当 $\gamma=1$ 时)。因此，当 $\gamma=1$ 时，最大化 V 等于最大化 W。如果是这种情况，为什么要最大化期望的折现效用——只要最大化期望的折现财富即可。在这种情况下，所有的工作就是自我保护。但这不是问题的全部！当我们有凹度 $\gamma<1$ 时，我们将有 $\frac{1}{\gamma}-1>0$，然后

$g'(h) > \dfrac{S'}{1+r}w_2$。这是什么意思？我们在健康上的花费要比我们在其他方面 204
的花费更多，这仅仅是为了最大化财富。我们可以从效用函数的凹面获得更多好处。因此，当 $\gamma=1$ 或接近 1 时，我们的医疗保健支出主要是出于自我保护的目的，但其目的也在于弥补边际效用与平均效用之间的差。

似乎这种分析只是形式上的胡说八道，但它为我们提供了有关对健康进行最佳投资的理论思考。它告诉我们个体非常重要，因为 γ 是解决此问题的重要因素。当 $\gamma<1$ 时，我们说边际效用和平均效用之间是有区别的。我们也可以说有消费者盈余。它还告诉我们效用函数水平很重要。

预期寿命具有有趣的互补性。如果我们采取行动增加明年的生存率，那么这也将影响到下一年的无条件生存率。假设我们现在有三个阶段。那么我们有：

$$V=U(x_1, l_1)+s_2\beta U(x_2, l_2)+s_3\beta^2 U(x_3, l_3)$$

注意，s_2 和 s_3 是无条件概率。也就是说，s_3 给出了从当前生存到第三阶段的概率，而不是以生存在第二阶段为条件生存到第三阶段的概率。我们可以写道：

$$s_3=P(\text{生存到第二阶段})P(\text{生存到第三阶段}\mid\text{生存到第二阶段})$$

这是一个互补类型的问题。我们生存到第三阶段的可能性越高（以生存到第二阶段为条件），我们就有越大的动机增加生存到第二阶段的可能性。

生命统计值

我们对人们愿意为避免某些风险付出多少钱感兴趣。另外，我们对人们必须付多少钱来承担某些风险感兴趣。早期研究关注的是危险工作，在这些工作中可能会丧命；早期研究也关注没有风险的工作。接着研究者们提出这样的疑问：从事危险工作的人相对于从事危险程度较低工作的人有多少报酬？然后我们可以尝试衡量在边际的人们愿意为承受更高死亡风险而付出的代价。

205 从健康一阶条件来看，我们有一个理论。假设死于工作的额外风险为10 000分之一。我们可以将条件中的 s' 改变 1/10 000，然后简单地评估表达式的另一边要改变多少才能保持相等。这将衡量一个人需要多少新增财富以弥补更高的死亡概率。当然，我们也可以考虑使用间接效用函数。

在数据中，我们已经观察到，如果风险的增长为每年 1/10 000，则每年必须额外支付我们 500 美元。有些研究发现 200 美元至 300 美元，另一些研究发现 700 美元，所以这只是一个平均值。每次概率变化的价格为 500 万美元$\left(即，\frac{500}{1/10\ 000}\right)$。这就是人们谈论生命统计值时的意思。因此，截至 2010 年，美国的生命统计值估计在每个 300 万美元至 700 万美元之间。注意，这取决于财富或收入和 γ。在发展中国家，生命统计值可能约为美国价值的六分之一。但这是否意味着这些人不值钱？不，这取决于我们使用的指标。假设政府正在考虑是否实施旨在减少道路交通事故数量的政策。在美国将有更多的动力去做。在许多情况下，穷国减少其居民死亡的可能性的支出较少。在贫穷国家，人们重视政府可以用这笔钱提供的消费（例如食物），而不是重视道路安全。我们不是在谈论不同个人的道德价值，而是社会对这些事物的相对价值，这取决于一个国家的个人收入。它的确因经验而异。例如，美国的人均医疗保健支出远高于许多其他国家的人均支出。

注意，我们只是使用了一个很小的变化来估计生命统计值。对于死亡概率的重大变化所产生的影响，我们还没有很好的估计。假设我们考虑一个老人，他可以选择服药以将预期寿命延长六个月，并且每年花费 100 000 美元。有人会说：才六个月？但是其他人愿意花很多钱。

现在，让我们考虑一下我们为生命统计值而提出的 500 万美元是否合理。我们将考虑针对年轻人的简单计算。假设在美国，典型收入为每年 40 000 美
206 元。现在，我们将 72 000 美元作为家庭时间的价值加进去，假设每周工作 40 小时，这将占一个人的大部分时间。因此，我们得到的数字是每年全额收入 110 000 美元。但是我们也知道，如上所述，据文献估计 γ 约为 1/2。因此，我

们必须将数字乘以 2。这样就得出了 220 000 美元。然后，我们可以考虑以 0.04 的价格进行贴现；$1/r=25$。我们将 25 乘以全部收入数字得出 550 万美元。

像印度这样的国家呢？那里的平均收入大约是美国的六分之一。假设印度的 γ 与美国的 γ 相同。他们的生命价值应约为美国的六分之一，约为 80 万美元。他们不会愿意花比美国人更多的钱来减少死亡的可能性（因为他们不得不放弃的消费的边际价值更高）。

思考一下美国当下的猪流感恐慌。为什么谨慎行事是合理的呢？类似 1918 年和 1919 年的西班牙大流感一样的传染病的代价是多少？查一下相应数字，并尝试估计如果现在发生 1918 年至 1919 年西班牙大流感那样规模的传染性疾病，代价会是多少。

第三部分习题

技术进步和耐用品市场

207 1）假定电话服务是根据规模报酬不变的生产函数$G(L, K)$里的劳动力L和资本设备K提供。随着时间的推移，此生产函数不变，即没有技术进步。资本设备由具有恒定回报的竞争性行业生产，并且由于技术进步，生产资本设备的实际成本以每年$g\%$的速度下降。资本设备还具有每年δ的物理折旧，并且利率固定为r。

a. 当前的固定资产行业生产率将如何影响当前电话服务的价格？

b. 给定技术进步率g水平下，当前电话服务的价格为多少？

c. 如果实际工资以每年$x\%$的速度增长，电话服务的价格将如何随着时间而变化？

d. 如果g和x都随着时间而恒定，那么电话服务的价格是否会随着时间的流逝而以恒定的速率下降？

2）我们考虑一个可以投资资本K的行业，该行业的贬值幅度为δ。投资商品的价格为q，其供给曲线具有完全弹性。投资一旦进行就无法撤销。资本存量只能由于折旧而减少。工业产出是由资本K和劳动力L产生的，并且具
208 有恒定的回报。对行业产出的需求会随时间变化。在需求高的情况下，行业需求在工业产出Y_H时完全没有弹性；在需求低的情况下，行业需求在工业产出Y_L时完全没有弹性。劳动力在恒定工资W时可被雇佣。当一个时期

的需求较高时，下一个时期的需求仍然较高的概率是 $p > \frac{1}{2}$，需求较低的概率为$(1-p)$。当一个时期的需求较低时，类似的情况成立，下一个时期的需求仍然较低的概率是 p，需求将较高的概率为$(1-p)$。

a. 随着时间的流逝，投资和资本存量的模式将是什么样？

b. 需求高时与需求低时，产品价格将如何变化？

c. 在需求高涨的时期内，随着时间的推移，价格会发生什么变化？

d. 在需求低迷的时期内，随着时间的推移，价格会发生什么变化？

e. 在高需求状态和低需求状态下，资本的边际产出如何变化？为什么？

f. 在高需求和低需求状态下，公司的营业利润将如何变化？

3）考虑牲畜（例如牛或猪）的市场。该行业养有许多牲畜。每年都有一些牲畜被屠宰，而其余的则被保留以进行繁殖（可能还有将来的屠宰）。用 H_t 表示 t 时期的畜群规模。在每个时期，我们宰杀一些牲畜，用 X_t 表示，并保留$(H_t - X_t)$进行繁殖。在下一时期，畜群规模将为$(H_t - X_t)(1+g)$，其中 g 是畜群的自然增长率。饲养每只动物的成本为 \$$C$。

a. 什么时候付款给饲养牲畜的农民，才能使农民保有牲畜而不是现在就屠宰牲畜？

b. 使用你在(a)部分中得出的结果，在市场均衡中牲畜的价格必定会如何随时间变化？为什么？

c. 当对屠宰牲畜的需求随时间恒定时，确定牲畜的稳定状态价格和畜群规模。是否始终有稳定状态价格和畜群规模？为什么？或者为什么没有？

d. 现在假设需求是恒定的，但我们从小于稳定状态下畜群规模的畜群规模开始。当我们趋于稳定状态时，随着时间的推移，畜群规模、屠宰的牲畜数量和价格将如何变化？

e. 现在假设我们处于稳定状态，并且畜群规模、价格和屠宰量保持不变。 209
暂时（一个时期）的需求增长将如何影响当前的屠宰量和价格？它会如何影响未来的畜群规模、屠宰量和价格？

f. 永久性的需求增长将如何影响价格、畜群规模以及随着时间的推移而被

屠宰的牲畜数量？

g. 饲养成本的永久增加将如何影响畜群规模、牲畜价格和屠宰的时间路径？

4）企业现在正对“人工智能”（AI）进行投资，我们将其视为资本投资的一种形式，它比历史上的资本投资更能替代劳动力。

a. **正确、错误还是不确定**：人工智能替代劳动力的程度在很大程度上是工程学或计算机科学的问题，而不是经济学的问题。

b. 通过价格理论的学习，你认为人工智能对支付给工人的实际工资水平有什么长期影响？它对（人工）劳动在 GDP 中所占份额有什么影响？

c. 人工智能对劳动力份额和工资水平的短期影响如何？

5）在灯泡市场上，制造商可以选择灯泡的使用寿命（即，灯泡在永久熄灭之前可以点亮的小时数 h）。灯泡的市场逆需求函数为 $D(n, h)$，其中 n 是所售灯泡的数量。制造灯泡的平均成本和边际成本为 $c(h)$，其中 c 为递增和凸函数。

a. 逆需求函数和边际支付意愿之间的关系是什么？

b. 假设可以容易地观察到灯泡的剩余寿命，那么用过的灯泡的均衡价格将如何与新灯泡的价格联系起来？

c. 我们可以得出结论 $\frac{\partial D(n, h)}{\partial h} > 0$ 吗？如果每个消费者都最多只能购买一个灯泡呢？

d. 如果消费者发现更换灯泡的成本很高，那么它们的成本如何反映在反需求函数 D 中？

210 e. 灯泡的均衡耐久性是否取决于市场是竞争性的还是垄断性的？

f. 对新灯泡征收的“每灯泡税”(per-bulb tax)是否会影响灯泡的均衡耐久性？这是否取决于市场是竞争性的还是垄断性的？

6）年轻人在正规教育中和毕业后都在投资人力资源。有一种技术 $f(h)$ 可以将花在人力资本上的时间转换成中年人的小时工资率，其中 $f'(h) > 0$ 且 $f''(h) < 0$。该函数因人而异的原因多种多样（例如，他们的学习速度）。

a. 在两个本来完全相同的年轻人之间，一个人从父母那里继承了财产，另一个人借钱来进行人力投资。贷款收取的利率随借入的金额而增加。两个年轻人是否积累相同的人力资本？哪个年轻人的人力投资对学校收取的学费变化更为敏感？

b. 对于(a)部分中提到的两个人，你是否期望他们中的一个或两个在上学时工作？请解释。

c. 除了技术 f 和资金来源，你认为年轻人进行不同的人力资本投资还有其他原因吗？这些原因是什么？

7）**正确、错误还是不确定**：由于房屋的折旧率较低，因此计算机制造业的波动性往往不如房屋建筑业。

8）**正确、错误还是不确定**：对工作收入征税会使人们不愿上大学。

9）**正确、错误还是不确定**：当住房价格超过其长期价值并继续上涨时，这充分表明购房者和房屋建筑商对未来没有符合现实的期望。

10）**正确、错误还是不确定**：医生工作很长时间，因为他们背负着医学院的债务。

11）**正确、错误还是不确定**：相对于男性，妇女的就业和工资均增加，表明对女性劳动力的相对需求有所增加。

12）**正确、错误还是不确定**：公司所得税税率的提高减少的工资，少于其为公共财政获得的收入。

参考文献

Acemoglu, Daron, and Simon Johnson. 2007. "Disease and Development: The Effect of Life Expectancy on Economic Growth." *Journal of Political Economy* 115 (6): 925-85.

Becker, Gary S. 1957. *The Economics of Discrimination*. Chicago: University of Chicago Press.

——.1962. "Irrational Behavior and Economic Theory." *Journal of Political Economy* 70 (1): 1-13.

——.1964. *Human Capital*. New York: Columbia University Press.

——.1968. "Crime and Punishment: An Economic Approach." *Journal of Political Economy* 76: 169-217.

——.1971. *The Economics of Discrimination*. 2. Chicago: University of Chicago Press.

——.1985. "Human Capital, Effort, and the Sexual Division of Labor." *Journal of Labor Economics* 3: S33-S58.

——. 1993. *Human Capital: A Theoretical and Empirical Analysis, with Special Reference to Education*. Chicago: University of Chicago Press. http://proxy.uchicago.edu/login?url=http://search.ebscohost.com/login.aspx?direct=true&db=eoh&AN=0329129&site=ehost-live&scope=site.

Becker, Gary S., and Gilbert R. Ghez. 1975. *The Allocation of Time and Goods over the Life Cycle*. New York: Columbia University Press (for NBER).

Becker, Gary S., and Casey Mulligan. 2003. "Deadweight Costs and the Size of Government." *Journal of Law and Economics* 46 (2): 240-340. http://www.jstor.org/stable/10.1086/377114.

Becker, Gary S., and Kevin M. Murphy. 1988. "A Theory of Rational Addiction." *Journal of Political Economy* 96 (4): 675-700. http://www.journals.uchicago.edu/loi/jpe.

——. 1992. "The Division of Labor, Coordination Costs, and Knowledge." *Journal of Political Economy* 107 (4): 1137-60. http://www.jstor.org/stable/2118383.

——.1993. "A Simple Theory of Advertising as a Good or Bad." *Quarterly Journal of Economics* 108 (4): 941 - 64. https://academic.oup.com/qje/issue.

——.2003. *Social Economics*. Cambridge, MA: Harvard University Press.

Demsetz, Harold. 1993. "George J. Stigler: Midcentury Neoclassicalist with a Passion to Quantify." *Journal of Political Economy* 101 (5): 793 - 808. http://www.jstor.org/stable/2138595.

Ehrlich, Isaac, and Gary S. Becker. 1972. "Market Insurance, Self-Insurance, and Self-Protection." *Journal of Political Economy* 80 (4): 623-48. http://www.journals.uchicago.edu/loi/jpe.

Emmett, Ross B., ed. 2010. *The Elgar Companion to the Chicago School of Economics*. Northampton, MA: Edward Elgar Publishing.

Friedman, Milton. 1966. "The Methodology of Positive Economics." In *Essays in Positive Economics*, 3-43. Chicago: University of Chicago Press.

Grossman, Michael. 1972. "On the Concept of Health Capital and the Demand for Health." *Journal of Political Economy* 80 (2): 223-55.

Heckman, James J. 1976. "A Life-Cycle Model of Earnings, Learning, and Consumption." *Journal of Political Economy* 84 (4): S11-44. http://www.journals.uchicago.edu/loi/jpe.

Hicks, Sir John. 1946. *Value and Capital*. 2nd ed. Oxford: Clarendon Press.

Katz, Lawrence F., and Kevin M. Murphy. 1992. "Changes in Relative Wages, 1963-1987: Supply and Demand Factors." *Quarterly Journal of Economics* 107 (1): 35-78.

Klein, Benjamin, and Kevin M. Murphy. 2008. "Exclusive Dealing Intensifies Competition for Distribution." *Antitrust Law Journal* 75 (2): 433 - 66. http://www.jstor.org/stable/27897584.

Klemperer, Paul. 2004. "Why Every Economist Should Learn Some Auction Theory." In *Auctions: Theory and Practice*, by Paul Klemperer, 75 - 100. Princeton, NJ: Princeton University Press.

Lakdawalla, Darius, and Tomas Philipson. 2006. "The Nonprofit Sector and Industry Performance." *Journal of Public Economics* 90 (8-9): 1681 - 98. http://www.science direct.com/science/journal/00472727.

Marshall, Alfred. 1890. *Principles of Economics*. London: Macmillan.

Meltzer, David. 1992. "Mortality Decline, the Demographic Transition, and Economic Growth." PhD Dissertation, University of Chicago.

Mulligan, Casey B. 2012. *The Redistribution Recession: How Labor Market Distortions Contracted the Economy*. New York: Oxford University Press.

Mulligan, Casey B., Russell Bradford, James H. Davenport, Matthew England, and Zak Tonks. 2018. "Non-linear Real Arithmetic Benchmarks Derived from

Automated Reasoning in Economics." *Proceedings of the 3rd International Workshop on Satisfiability Checking and Symbolic Computation*.

Mulligan, Casey B., and Yona Rubinstein. 2008. "Selection, Investment, and Women's Relative Wages over Time." *Quarterly Journal of Economics* 123 (3): 1061-110.

Murphy, Kevin M., and Gary S. Becker. 2006. "The Market for Illegal Goods: The Case of Drugs." *Journal of Political Economy* 114 (1): 38-60.

Murphy, Kevin M., and Robert H. Topel. 2006. "The Value of Health and Longevity." *Journal of Political Economy* 114 (5): 871-904.

Neal, Derek. 1995. "Industry-Specific Human Capital: Evidence from Displaced Workers." *Journal of Labor Economics* 13 (4): 653-77. http://www.jstor.org/stable/2535197.

Pashigian, B. Peter, and James K. Self. 2007. "Teaching Microeconomics in Wonderland." *Journal of Economic Education* 38 (1): 44-57.

Rosen, Sherwin. 1972. "Learning and Experience in the Labor Market." *Journal of Human Resources* 7 (3): 326-42.

——. 1986. "The Theory of Equalizing Differences." In *Handbook of Labor Economics, vol. I*, edited by Orley C. Ashenfelter and Richard Layard, 641-92. Amsterdam: North-Holland.

——. 1988. "The Value of Changes in Life Expectancy." *Journal of Risk and Uncertainty* 1: 285-304.

Smith, Adam. 1776/1904. *An Inquiry into the Nature and Causes of the Wealth of Nations*. Edited by Edwin Cannan. London: Methuen & Co. http://www.econlib.org/library/Smith/smWN.html.

Stigler, George J. 1972. "Monopolistic Competition in Retrospect." In *Readings in Industrial Economics*, by Charles K. Rowley, 131-44. London: Palgrave Macmillan.

Telser, Lester G. 2006. *The Core Theory in Economics*. New York: Routledge.

——. 2009. *The Core Theory in Economics: Problems and Solutions*. New York: Routledge.

Thaler, Richard H., and Cass R. Sunstein. 2008. *Nudge*. New Haven, CT: Yale University Press.

United States Census Bureau. 2017a. "Historical Census of Housing Tables." https://www.census.gov/hhes/www/housing/census/historic/units.html.

United States Census Bureau. 2017b. "New Residential Construction." https://www.census.gov/construction/nrc/index.html.

Viner, Jacob. 1930/2013. *Lectures in Economics 301*. New Brunswick, NJ: Transaction Publishers.

Weyl, E. Glen. 2018. "Price Theory." *Journal of Economic Literature*.

索　引

索引页码为英文原版页码，即本书边码，其中斜体页码指代对应页码的图或表格。排序按英文原文。

A

达龙·阿杰莫格卢，199

后天比较优势，12-16，*15*，121-25，*122*，*123*，*124*

成瘾：将致瘾物列为非法物品的效应，或者说成瘾的负面效应的过度膨胀，70-71；价格对成瘾行为的短期和长期作用，69-72，*70*，*71*；用消费存量来理解成瘾，66-69

加和，212n1；弹性约束，27；希克斯需求函数及加和，37；马歇尔系统的加和，41-42

投资调整成本模型，17，175-76，179

资源、劳动生产率等的分配，181，182

“全或无”需求曲线，140-41，*141*

年金养老保险，201，202

应用：后天比较优势，12-16，*15*；汽油和汽车的需求，62-66，*63*；乙醇燃料补贴，6-12，*7*，*8*，*9*，*11*，*14*；生产可能性边界，106-9，*107*，*108*，*109*；教授价格理论中的使用，4-6；4

要素供求的应用：有生产要素偏向的技术进步、生产要素份额和马尔萨斯经济，189-98，*190*，*193*，*196*；技术进步与资本所得税的分配问题，180-88，*181*，*185*，*187*

价格竞拍模型，3

B

Gary Becker（的阐述）：如何了解工人间的个体差异，110，125；成瘾，67；需求和预算约束，42；价格理论的发展，2；价格变化和购买转移，44；价格理论课程，2，4；公共政策的生产函数，213n1

行为经济学，16

租金梯度模型的边界条件，95，96

预算约束：加和及预算约束，41-42；成本最小化、无差异曲线及预算约束，31，*31*；收入弹性及预算约束，43；无差异曲线及预算约束，*35*，35-36；自我保护方面的投资及预算约束，201；租金梯度模型的预算约束，95；效用最大化及预算约束，21-23，*23*

产量指数和预算线，49-50

买方：买方的无差异曲线，59-60，*60*，140-42，*141*，*142*；价格度量及买方行为，11-12。参见消费者

C

资本：资本及调整成本模型，175-6；资本作为互补品或替代品，133-34；基于消费的资本估值，177；资本的折旧，155-56；资本净收益的现值，174；每单位资本的产出加倍，177-178，*178*；公司所得税对公司和非公司资本的影响，186；资本供给在长期有弹性，186；资本的例子，155；投资和资本，155，156；土地资本，155；资本的“运动定律”，157，168；马尔萨斯经济中的资本，195；资本的净收益，174；产出作为劳动和资本的函数，116；资本及稳态扰动，159-164，*161*，*162*，*163*；资本的生产，157；资本增长带来的短期和长期收益，*193*，193-94；（资本）稳态，159，*160*
连续时间下的资本累积，166-71；资本累积及四个均衡条件的连续时间型式，168-71，*169*，*170*；稳态扰动及资本累积，166-68，*167*
资本偏向的技术变革，195，*196*
资本深化，194；增加人力资本以及资本深化，197；劳动生产率以及资本深化，181，182；工资及资本深化，194
资本需求图，185，*185*
租金价格及资本收益，156
资本品的使用和投资市场，157，*158*
资本所得税的分配问题，184-185，*185*
资本价格，156，157；基于资本价格的投资，157，*158*
价格及资本存量，169-70
资本补贴对就业的影响，133-34
对汽油及汽车的需求，62-66，*63*
环比价格指数，51-55，*52*，*53*，*54*，*55*，*56*，*57*
芝加哥学派传统，1-2
芝加哥价格理论，1-2；芝加哥价格理论和度量，11-12；微观经济学 vs. 芝加哥价格理论，2-4；芝加哥价格理论中的习题类型，73；芝加哥价格理论教学中的案例应用，4-6
截点，55，213n3；禁令和截点，137-38
香烟的价格和消费，58，*58*
柯布道格拉斯生产函数，145，191
比较优势：后天比较优势，12-16，*15*，121-25，*122*，*123*，*124*；生产可能性前沿及比较优势，106-9，*107*，*108*，*109*
竞争及价格理论，2
互补性：随时间的消费及互补性，69；互补性存在下的经济增长，180-82，*181*；互补性及价格理论，2；互补性及社会互动研究，68
互补品，2
互补品：交叉价格项及互补品，66；对汽油和汽车的需求，66；需求增加及互补品，58；劳动力和资本及互补品，133-34
成本函数的凹性，32-33，*33*，34-35，*35*
条件要素需求，113；无条件要素需求和条件要素需求的关系方程，114-15
常数弹性需求函数，135

规模收益不变（CRS），145；行业模型及规模收益不变，145-46；多要素行业模型和规模收益不变，147
生产和消费者需求，63-64
消费者：消费者对商品的选择，29，*29*；异质性的厂商和消费者，91-93，*92*，*93*；消费者和议定折扣，142；价格理论 vs. 微观经济学和消费者，2-3。参见买方
消费者理论，16；误导信息和“可说服性”及消费者理论，60-61，*61*；买方的无差异曲线及消费者理论，59-60，*60*；度量及消费者理论，48；替代效应及消费者理论，21。参见价格指数
消费：增加投资和消费的成本，176；技术变革对消费的影响，178，*178*；投资和消费，186；货币和健康成本及香烟，58，*58*；过去消费对现在消费的影响，67；价格变化对消费的影响，*35*，35-36，*36*，*37*；禁令和消费，138；对管制药品的禁令及消费成本，135-36；未来消费和当前消费的关系，179；短期和长期的消费，118
基于消费的资本估值，177
从消费存量的角度来理解成瘾，66-69
连续时间下的均衡条件，168-71
企业所得税的影响，186-88，*187*
成本函数，30-34，*31*，*33*；成本函数的凹性，32-33，*33*，34-35；成本函数和无差异曲线，35，36；行业模型及其成本函数，127；多要素行业模型及其成本函数，148，149；成本函数的性质，32-33，*33*；用成本函数评估质量变化，55-58，*58*
成本最小化，30-32，*31*，112-14，*113*；需求原理及成本最小化，34-35；租金梯度模型及成本最小化，96；斯勒茨基方程及成本最小化，38
度量生活成本的变化，*52*，52-54
向上倾斜的供给曲线及生产成本，172
适用于净投资的调整成本，174-76
古诺聚合，212n1
租金梯度模型及犯罪率，97，98
成本函数和交叉价格效应，35
交叉价格弹性，26；
希克斯交叉价格弹性，36-37
汽油需求方程及交叉价格项，66

D

需求：预算约束和需求，42；乙醇燃料补贴对需求的影响，7-11，*8*，*9*，*11*，*14*；汽油和汽车的需求，62-66，*63*；希克斯广义需求原理，34-35，*35*；房地产繁荣和萧条下的需求，*164*，164-165；需求增长对稳态的影响，160-164，*162*，*163*，*164*；禁令与需求，137；对管制药品的禁令及需求，135-36，*136*；斯勒茨基方程及需求，40-41；需求理论，25-29，*27*，*29*。参见需求弹性；行业模型
需求曲线：“全或无”需求曲线，140-41，*141*；用线性需求曲线拟合，83；线性需求曲线，80，81，82，83；正态分布的需求曲线，79，*80*，81。参见马歇尔需求曲线
需求弹性：稳态收敛及需求弹性，167-68；马歇尔需求方程及需求弹性，

25-26;轮胎价格及需求弹性，57
马歇尔需求方程，25-26
需求函数：希克斯需求函数 32，36-37；无差异曲线及需求函数，35，*36*
需求系统：需求系统的自由度，43-44；无差异曲线及需求系统，*35*，35-36；短期需求曲线与需求系统的关联，64-66
资本折旧，155-56；房价及资本折旧，166-67
租金梯度模型及距离，97
市场需求是一个分布函数，79-81，*80*，*82*，*83*
管制药品：管制药品的合法化，136-37；管制药品的收入，135-36
耐用品市场：习题，207-9；价格理论及耐用品市场，17
耐用品的生产要素，155-65；四个均衡条件，157-59；稳态扰动，159-65，*161*，*162*，*163*，*164*；价格理论及耐用品的生产要素，2；稳态，159，*160*；要素价格和数量的存量及流量及耐用品的生产要素，155-56；资本品及耐用品的生产要素的消费和投资市场，157，*158*

E

经济增长：互补性存在下的经济增长，180-82，*181*；劳动力份额与经济增长的联系，191-94，*193*
有效市场假说，160
弹性：弹性的约束条件，26-28；交叉价格弹性，26；希克斯需求函数及弹性，36-37；多要素行业模型及弹性，147-48；自身价格弹性，26；价格和产量的弹性，129-30
需求弹性：成本函数及需求弹性，33-34；一般分布函数表示的需求弹性，81；需求的收入弹性，26-29，*27*，*43*；劳动力和资本的需求弹性，133-34
替代弹性：资本深化及替代弹性，183；行业模型及替代弹性，131-32；替代的偏弹性，146；替代弹性和技术偏向，191
供给弹性和稳态收敛，167
斯勒茨基方程的弹性形式，40
从雇主管理的培训方案中获得的人力资本，101-2
资本补贴对就业的影响，133-34
多要素行业模型及内生要素价格，149
内生化利率，176-79
恩格尔聚合，26，43，212n1
恩格尔曲线，28，*28*
均衡：随时间增长的资本及均衡，*173*，173-74；租金梯度模型的均衡，95-96。参见市场均衡
均衡补偿差异，94-100，*95*，*97*，*98*，*99*
均衡条件，157-59；连续时间下的均衡条件，168-71，*169*，*170*
乙醇燃料补贴及玉米均衡价格，7，10
均衡产品质量，81-87
乙醇燃料补贴，3，4，6-12；乙醇燃料补贴作为市场乘数，6-11，*7*，*8*，*9*，*11*，*14*；乙醇燃料补贴的价格理论指导度量，11-12
独家交易，142-44
确定支出，48

支出增长的拉氏和派氏分解，48-51，*49*，*50*；在职投资和显性投资模型，101-2，*102*
广义价格理论，2

F

要素增强的技术进步，191
要素偏向的技术进步，189-91，*190*
要素需求：多要素行业模型中的要素需求，147；替代效应和规模效应对要素需求的影响，120-21
要素需求曲线，192
要素价格：多要素行业模型和内生要素价格，149；全要素生产率和要素价格变化，190
劳动力份额与经济增长，191-94，*193*
要素供求。参见要素供求的应用
快餐链，只供应可口还是百事，143
反馈效应，118
厂商：成本最小化及厂商，112-14，*113*；行业模型，16-17；边际质量成本及厂商，85；生产函数及厂商，109-10；利润最大化及厂商，110-12，*112*；厂商的斯勒茨基方程，114-15，*115*；厂商理论，108。参见异质性的厂商
对人力资本的企业特定投资，104-5
费雪理想指数，51，54，55
翻转课堂，5，211n2
新投资的流量，156
免费午餐，16；干中学及免费午餐，102，*103*

G

微观经济学和博弈论，3
汽油需求方程，66
汽车和汽油的需求，62-66，*63*；乙醇燃料补贴及汽油，6-12，*7*，*8*，*9*，*11*，*14*
吉芬商品，27，41，*41*，47
商品：商品需求的加和约束，27；吉芬商品，27，41，*41*，47；商品需求的同质性约束，27-28；商品需求的收入弹性，26-27，*27*；商品的个人消费者价值，79，*80*；奢侈品与必需品，26；正常品或劣等品，28，*28*
乙醇燃料补贴及政府，6-12，*7*，*8*，*9*
杂货店：将商品捆绑销售以抵消平均成本高于边际成本，144；议定折扣及杂货店，142

H

价格理论及习惯养成，2
健康：健康的一阶条件，202；自我保护方面的投资，199-204
享乐模型，96
异质性的厂商：消费者和异质性的厂商，91-93，*92*，*93*；异质性的厂商的价格和质量，87-90，*88*，*89*，*90*，*91*
约翰·希克斯，34；马歇尔定律及约翰·希克斯，133，148
希克斯广义需求原理，34-35，*35*
希克斯需求的对称性，42
度量生活成本的变化及希克斯需求曲线，*53*，53-54
希克斯需求函数，32；希克斯需求函数的性质，36-37
斯勒茨基方程和希克斯系统，38-41

习题：市场均衡，150-52；价格和替代效应，73-75；技术进步和耐用品市场，207-9
同质性：需求系统和同质性，42；希克斯需求函数和同质性，37；收入弹性和同质性，43
弹性的同质性约束，27-28
房地产繁荣和萧条，164-65，*166*
人力资本，197-98；后天比较优势及人力资本，12-16，*15*，121-25，*122*，*123*，*124*；从雇主管理的培训方案中获得的人力资本，101-2；劳动生产率及人力资本积累，181，182；人力资本的类型，104-5
人力资本分析，2
人力资本深化，197

I

收入：资本所得税和劳动收入，184-85；商品质量随着收入的增加而提高，83-84，*84*，*86*；事后收入，184，185，214n3；租金梯度模型及收入，96-97，*97*，*98*
斯勒茨基方程及固定收入变化，39
收入效应：价格变化的收入效应，*44*，44-47，*45*，*46*；斯勒茨基方程及收入效应，39，40
需求的收入弹性，26-29，*27*，43
印度的生命统计值，206
价格和对购买商品无差异，*79*，*80*
无差异曲线：后天比较优势及无差异曲线，14；买方的无差异曲线，59-60，*60*，140-42，*141*，*142*；消费者对商品的选择及无差异曲线，29，*29*；成本最小化、预算约束及无差异曲线，31，*31*；需求系统及无差异曲线，*35*，35-36；预算约束线与无差异曲线的交点，23，*23*；价格线及无差异曲线，84-87，*85*，*86*，*87*；生产可能性前沿及无差异曲线，107，*108*；质量、异质性的厂商和消费者，87-89，*88*，*89*；质量、利润及公司，89-90，*90*，*91*；产量指数及无差异曲线，49-50；租金梯度模型及无差异曲线，95，96，98；卖方的无差异曲线，140-42，*141*，*142*；工人的无差异曲线，*123*，124
劳动力需求的行业弹性，132-33
行业模型，16-17，126-34；行业模型的四个构成要素，131-32；劳动力需求的行业弹性，132-33；劳动力和资本是互补品还是替代品，133-34；多要素行业模型，145-49；行业模型的性质，126-28，*127*，*128*；行业模型回顾，145-46；从供需角度看待行业行为，128-30，*129*
对人力资本的行业特定投资，104，105
劣质要素，115，*115*
劣质投入品，120-21
致瘾商品的信息问题，70-71
投入品需求函数，111
边际产品的价值等于投入品价格，116，*117*
投入品：产出翻倍和投入品翻倍，*127*；劣质投入品，120-21
利率：内生化利率，176-79；价格以及利率下降，166-68，*167*
反需求函数，172

投资：适用于净投资的调整成本，174-76；资本投资，155，156；消费及投资，186；投资的流量，156；健康投资，199-204；稳态扰动及投资，159-63，*162*，*163*；从规划角度看投资，172-79，*173*，*177*，*178*

投资品市场均衡，157；连续时间下的投资品市场均衡，168

资本品的投资市场，157，158

异质性的厂商和等利润曲线，91-93，*92*，*93*；垄断者的等利润曲线，141，*142*

对劳动力的偏向及等量线，*190*，190-91

J

西蒙·约翰逊，199

K

本杰明 克莱因，143

L

劳动力：资本偏向的技术变革及劳动力，195，*196*；劳动力作为互补品或替代品，133-34；企业所得税对劳动力的影响，*187*，188；禁令对劳动力的影响，137；马尔萨斯经济中的劳动力，195；产出作为资本和劳动力的函数，116；劳动力份额与经济增长的联系，191-94，*193*；短期和长期劳动力，116-17，*117*，*119*；对劳动力的技术偏向，189，*190*。参见人力资本

劳动力需求的行业弹性，132-33

劳动生产率：资本所得税和劳动生产率，184；劳动生产率的定义，180；劳动生产率的增长，180-82，*181*

支出增长的拉氏和派氏分解，48-51，*49*，*50*

拉氏价格指数，*50*，50-51，*52*；费雪指数和拉氏价格指数，54，55

资本的“运动定律”，157；连续时间下的资本运动定律，168

干中学和在职投资，101-3，*103*

合法化乘数，136-37

休闲：消费和休闲，201，203；干中学与休闲的价格，212n1

选址和休闲时间，94

健康投资和预期寿命，204

线性需求曲线，80，81，*82*，*83*

线性联立方程组，214n1

选址问题，94-100，*95*，*97*，*98*，*99*

长期：资本增加的长期收益，*193*，193-94；资本供给在长期有弹性，186；长期消费，118；长期劳动力，116-17，*119*

长期需求：成瘾及长期需求，66-69；汽车和汽油的长期需求，62-66，*63*

成瘾行为的长期价格效应，69-72，*70*，*71*

奢侈品，26

M

维护模型，159

马尔萨斯经济，195

边际效益和成本方程，23-24

边际成本：边际成本低于平均成本，

143，144；边际成本的定义，114；产量增加和边际成本减少，115，*115*；自我保护方面的投资及边际成本，202；产出、要素需求及边际成本，120-21；产出水平等于边际成本，112-13，*113*

最优产出由消费者需求及边际成本曲线决定，128，*128*

生产可能性前沿上的生产的边际成本，106，*107*，108，*108*

投入品的价格和边际产品价值，116，*117*

禁令的边际社会效益，138-39

边际效用：随着时间推移的消费及边际效用，68，69；自我保护方面的投资及边际效用，202-4；价格与边际效用，23-24

价格理论和市场分析，1-2，3-4

市场需求作为分布函数，79-81，*80*，*82*，*83*

市场均衡：习题，150-52；投资品市场均衡，157，168；干中学及市场均衡，102-3；价格理论及市场均衡，3；租赁市场均衡，157，168

市场保险，200

市场，16；乙醇燃料补贴对玉米的影响，6-12，*7*，*8*，*9*，*11*，*14*；价格理论及市场，2-4

阿尔弗雷德·马歇尔，1

无条件要素需求 vs.马歇尔需求，113

马歇尔需求曲线，16，47；环比价格指数及马歇尔需求曲线，53-54，*54*；马歇尔需求曲线的市场结果，142-44

马歇尔需求方程，25-26

马歇尔需求函数，30

马歇尔系统：马歇尔系统的加和与对称性，41-42；斯勒茨基方程及马歇尔系统，38-41

马歇尔定律，132-33，*134*，148

原材料，155

生产函数和最大化，109-10

最大化问题，172-73

度量：消费者理论及度量，48；价格理论及度量，4，11-12

戴维·梅尔策，199

价格理论 vs. 微观经济学，2-4

“猴子”方案，33，*33*

自然垄断，143-44

垄断者：垄断者的等利润曲线，141，*142*；议定折扣和垄断者，142-44

价格理论和垄断模型，2

多要素行业模型，145-49；分析生产及多要素行业模型，148；内生要素价格及多要素行业模型，149；多要素行业模型的性质，146-48

凯文·迈尔斯·墨菲，2，67，143

N

自然垄断，143-44

德里克·尼尔，104

必需品，26

管制药品的负外部性，135，137，213n2

议定折扣，142

新古典主义增长模型，17，179；新古典主义增长模型的长期资本供给曲线，186；新古典主义增长模型中的技术进步和资本深化，182-83

非耐用品需求上升及回归稳态，161-62

需求的正态分布，79，*80*，81

O

在职投资：显性投资模型，101-2，*102*；干中学及在职投资，101-3，*103*
专业化及机会曲线，*124*，124-25
人力资本配置的机会集，122-24，*123*
产出：消费者需求、恒定边际成本曲线以及最优产出，*128*，128；投入翻倍和产出翻倍，*127*；每单位资本产出翻倍，177-78，*178*；产出作为劳动力和资本的函数，116；价格上涨和产出增加，*115*，115；边际成本和产出水平，112-13，*113*
自身价格弹性，26；多要素行业模型及自身价格弹性，147-48

P

派氏价格指数，50，51，52；费雪指数及派氏价格指数，54，55
统计生命值及传染病，206
替代的偏弹性，146
永久库存公式，67
稳态相图，*169*
事后收入，214n3；资本所得税对事后收入的影响，184，185
偏好理论，23
价格控制，3，150
乙醇燃料补贴和价格歧视，10
价格指数问题，12
价格指数，48-58；环比价格指数，51-55，*52*，*53*，*54*，*55*，*56*，*57*；支出增长的拉氏和派氏分解，48-51，*49*，*50*；用成本函数评估质量变化，55-58，*58*
价格-数量关系，81，*83*
价格：价格竞拍模型，*3*；资本价格，*156*，*157*；每年数量和价格的变化，*129*，*129*；由供给侧决定的价格，128；数量的弹性及价格，129-30；习题，73-75；房地产繁荣和萧条及价格，164-66，*166*；价格变动的收入效应，*44*，44-47，*45*，*46*；边际效用及价格，23；稳态扰动及价格，160-65，*162*，*163*；质量及价格，55-58，*84*，84-87，*85*，*86*，*87*；租金价格，116，156；设置价格等于边际成本，*112*，*113*；替代效应和价格，16
基于价格理论的核心论，140-44，*141*，*142*，*143*
价格理论。参见芝加哥价格理论
希克斯广义需求原理及价格效用向量，34
生产：消费者需求及生产，63-64；边际质量成本及生产，85；多要素行业模型与生产分析，148；双要素生产，116-20，*117*，*119*；要素的类型，155
禁令和生产成本，138，*138*
生产函数，109-10；柯布-道格拉斯，145，191；成本最小化及生产函数，112；生产函数的一阶条件，148；多要素行业模型及生产函数，148，149；公共政策，213n1
生产可能性前沿，176，*177*；比较优势及生产可能性前沿，106-9，*107*，*108*，*109*
产品质量：均衡产品质量，81-87，*84*，*85*，*86*，*87*；价格理论及产品质量，2
利润最大化，110-12，*112*

利润的定义，110
禁令的影响，135-39，*136*；敷衍的禁令成本，137-39，*138*；合法化乘数及禁令的影响，136-37；管制药品的销售收入及禁令的影响，135-36
公共政策生产函数，213n1
购买价格方程，157；连续时间下的购买价格方程，168

Q

用成本函数评估质量变化，55-58，*58*
租金梯度模型及住房质量，97-99，*99*
质量-数量问题，83-84，*84*
产量：每年价格和数量的变化，129，*129*；价格和数量的弹性，129-30
数量折扣，142-44
将支出增长分解为产量指数，48-51
准线性效用，82

R

有效市场和理性预期，164
成瘾行为的戒除，70-71
租赁市场均衡，157；连续时间下的租赁市场均衡，168
租金，156；资本收益及租金，156；劳动力的"租金"，116
稳态租金率，159，*160*
租金梯度模型，94-96，*95*；租金梯度模型的性质，96-100，*97*，*98*，*99*
租金：需求上升对租金的影响，161-63，*162*，*163*；房地产繁荣和萧条及租金，164-65；存量及回归稳态，170-71
行业模型和规模收益不变，131
行业模型和规模收益不变，*126*，127-28
管制药品的销售收入，135-36
风险、生命统计值及风险承担，204-5
舍温·罗森，16，103

S

鞍点路径，*169*，169-70，*170*
规模效应：规模效应对要素需求的影响，120-21；劳动力需求的行业弹性及其规模效应，132，134；多要素行业模型及规模效应，147
自我保护：自我保护的定义，200；保险vs.自我保护，200；自我保护方面的投资，200-4
卖方：卖方的无差异曲线，140-42，*141*，*142*；价格度量和卖方行为，11-12
短期：资本增加的短期收益，*193*；短期消费，117-18；短期劳动力，116-17，*117*
短期需求：成瘾及短期需求，66-69；汽车和汽油的短期需求，62-66，*63*；将短期需求曲线与整体需求系统相关联，64-66
短期劳动力的需求弹性，133
成瘾行为的短期价格效应，69-72，*70*，*71*
斯勒茨基对应，38-39，*39*
斯勒茨基方程，38-41；需求系统及斯勒茨基方程，42；斯勒茨基方程的弹性形式，40；厂商的斯勒茨基方程，114-15，*115*；收入效应和斯勒茨基方程加和，46-47

替代效应和规模效应以及厂商的斯勒茨基方程，*119*，120-21
亚当·斯密，16
企业所得税的社会成本，187
社会交互：互补性及社会交互，68；价格理论及社会交互，2
雨果·索南夏因，45
专业化：比较优势及专业化，12，14，*15*；企业特定投资，104-5；人力资本，*124*，124-25；行业特定投资，104，105
统计生命价值（SVL）。参见生命统计值（VSL）
稳态，159，*160*；连续时间下的资本积累以及稳态扰动，166-68，*167*；稳态扰动，159-65，*161*，*162*，*163*，*164*；收敛到稳态的速度，166-68，170-71
短期和长期价格效应以及稳态消费，69-70，*70*，*71*
耐用品资产的存量，156
芝加哥价格理论以及结构性问题，73
替代品：交叉价格项及替代品，66；提高质量及替代品，58；劳动力和资本作为替代品，133-34
替代：收入效应及替代，45；劳动力需求的行业弹性及替代，132；替代的偏弹性，146。参见替代弹性
替代效应，16；消费者理论及替代，21；替代效应对要素需求的影响，120-21；习题，73-75；多要素行业模型及替代，147；斯勒茨基方程及替代，39-40
行业模型和替代方程，146
短期需求曲线和供给，65-66
向上倾斜的供给曲线，172
从供需角度看待行业行为，128-30，*129*
供给函数，111；多要素行业模型及供给函数，149
价格决定及供给侧，128
盈余最大化，172-73
对称性：弹性及对称性，36-37；希克斯需求的对称性，42；收入弹性和对称性43；马歇尔系统的对称性，41-42；与加和以及同质性关联的对称性，37

T

后天比较优势和任务无差异射线，121-22，*122*
税收：资本收入，184-85，*185*；企业所得，186-88，*187*；价格理论及税收，4
资本偏向的技术变革，195-96，*196*；劳动力及技术变革，195，*196*
技术偏向：技术偏向的定义，189-91，*190*；有利于工人的技术偏向，195，*196*；度量技术偏向，189
技术变革：无偏向的技术变革的结果，182-83；技术变革对消费的影响，178，*178*
技术进步/增长：增加人力资本及技术进步/增长，197；习题，207-9；劳动生产率及技术进步/增长，180，181，182；度量技术进步/增长，191
芝加哥价格理论以及 TFU（正确、错误还是不确定）习题，73
核心论，214n3
三商品模型，43-44
效用最大化以及时间约束，21-22，24-25
轮胎的需求弹性和价格，57
全要素生产率（TFP），*192*，193-94；资本所得税及全要素生产率，184；要素

价格变化和全要素生产率变化，190；基于价格的全要素生产率度量，183
交易：比较优势及交易，12；买卖双方的无差异曲线及交易，140-42，*141*，*142*；生产可能性前沿及交易，107-9，*109*
价格理论和交易价格，3
通勤时间模型，94
企业特定投资及营业额，105
双商品模型，43
双要素生产，116-20，*117*，*119*

U

条件要素需求与无条件要素需求的关联方程，114-15
均匀分布，80，82
美国的生命统计值，206
租金梯度模型及城市密度，100
资本品的使用市场，*157*，*158*
生存与死亡之间的效用差异，200-1，202-4
斯勒茨基方程及固定效用变化，39
产品质量和效用函数，82
效用最大化，21-25，*23*；需求方程及效用最大化，25-26；利润最大化 vs.效用最大化，110-11

V

生命统计值（VSL)，199，200，204-6
雅各布·瓦伊纳，1

W

租金梯度模型和工资不平等，96-97，*97*，*98*
工资：资本深化及工资，194；长期资本以及工资减少，118，119；在职投资对工资的影响，101-3，*102*，*103*；对人力资本的企业特定投资及工资，104-5；对人力资本的行业特定投资及工资，104；短期劳动力以及工资减少，116-17，*117*；劳动生产率和实际工资的增长，180；设置工资等于边际产品的价值，*112*；技术进步与工资变化，192；全要素生产率及工资，183
沃尔玛，28
支付意愿计划，136
工作时间的价格，44，212n1